"六位一体"
课程创新系列

从课程创新到
学校育人创新

U0646606

人文以继
自主相成......

——北京师范大学第二附属中学自主课程实验的创新探索

丛书主编：李 奕 杨德军

RENWEN YIJI
ZIZHU XIANGCHENG

BEIJING SHIFAN DAXUE DIER FUSHU
ZHONGXUE ZIZHU KECHENG SHIYAN
DE CHUANGXIN TANSUO

主编：曹保义

北京师范大学出版集团
BEIJING NORMAL UNIVERSITY PUBLISHING GROUP
北京师范大学出版社

图书在版编目(CIP)数据

人文以继 自主相成：北京师范大学第二附属中学自主课程实验的创新探索/曹保义主编. —北京：北京师范大学出版社，2016.12

("六位一体"课程创新系列)

ISBN 978-7-303-21315-3

Ⅰ. ①人… Ⅱ. ①曹… Ⅲ. ①课程建设－教学研究－高中 Ⅳ. ①G632.3

中国版本图书馆 CIP 数据核字(2016)第 238101 号

营 销 中 心 电 话　010-58802181　58805532
北师大出版社高等教育分社网　http://gaojiao.bnup.com
电 子 信 箱　gaojiao@bnupg.com

出版发行：北京师范大学出版社　www.bnup.com
　　　　　北京市海淀区新街口外大街 19 号
　　　　　邮政编码：100875
印　　刷：北京东方圣雅印刷有限公司
经　　销：全国新华书店
开　　本：787 mm×1092 mm　1/16
印　　张：19.25
字　　数：277 千字
版　　次：2016 年 12 月第 1 版
印　　次：2016 年 12 月第 1 次印刷
定　　价：40.00 元

策划编辑：路　娜　　　　　责任编辑：齐　琳　王一夫
美术编辑：焦　丽　　　　　装帧设计：焦　丽
责任校对：陈　民　　　　　责任印制：陈　涛

自主·创新·活力·特色

——写在北京市普通高中自主课程创新实验六年之际

北京市在 20 世纪末已普及高中阶段教育，在 21 世纪如何寻求新的增长和突破，打破"应试"与"同质"两大顽疾？2007 年开始的高中课改，为我们提供了一个涉及课程体系、学校管理、考试、评价、升学制度、教师教学行为、学生学习行为等方方面面系统变革的载体。焕发学校办学活力，促进高中学校特色发展，实现高中教育战略转型，必须从"课程"这一学校教育的核心要素入手。我们抓住以学生发展为本的改革目标，突出学校以课程建设为核心内涵的特色发展，坚持结合实际，打破束缚，鼓励创造性地实施高中课程，重点推进具有前瞻性、引领性的创新项目，不断探索创新、彰显特色。自 2008 年上半年开始，我们陆续在解决新课程促进学校特色发展、信息化与教学方式变革、通用技术课程建设、完全自主安排新课程等方面启动重点项目。特别是结合国家级体制改革试验，开展了高中自主课程实验和高中特色建设试点项目，以促进高中学校的特色发展和多样发展。

高中自主课程实验，是依据教育发展基本规律、高中阶段教育性质和功能、高中课程的基本特点，在相应政策保障前提下开展的促进学生、教师和学校发展的，以课程建设为核心的以校为本的综合性实验。该实验是在全市平稳推进高中新课程实验过程中，根据北京市高中学校实际，力图探索高中课程创新、增强北京市高中教育活力、形成北京市基础教育课程改革特色的系统设计。在工作方面，力图通过学校自主申报和教委批准一定数量的学校在高中课程改革的背景下进行适当"赋权"的自主创新实验，探索高中新课程改革实施的多种途径和可能实现的突破，促进实验学校学生全面而有个性的发展、教师的专业发展和学校的特色发展，丰富北京市高中阶段优质教育资源供给，把握教育需求与资源供给矛盾解决的有效方式，探索高中教育新的增长点和发展方式，发挥在整体实验中的示范、带动和引领作用。在研究方面，力图揭示学校课程结构、课程体系构建和运行的基本规律，课程丰富性、选择性与多样人才培养、人才培养模式变革的内在机制，学校课程整体建设与学校特色发展的基本关系，高中阶段教育价值与独特定位和学生发展的突出特征，为新时期高中阶段教育重点和难点问题的突破奠定基础。

实验推进以"研究引领、行政推动、学校自主、区域共享"为基本思路，在学校层面主要采取以校为本的行动研究法，同时辅之以经验总结法、个案研究法、调查研究法等方法协同推进。实验以项目管理的方式委托北京教育科学研究院基础教育课程教材发展研究中心进行整体的规划、研究、实施、跟踪、监控和提供相关业务支持，并建立了较为规范的常规管理制度、联系人制度以及校际交流、年度总结、调研反馈、资源共享等保障机制。实验的主要过程包括：（1）筹备阶段：进行理论研究和实验设计，系统梳理高中新课程基本理念、主要内容、推进思路、世界经验等，研究高中课程的"自主创新"与"实现路径"，初步形成"六位一体"整体性课程创新实验框架。（2）首轮实验：指导10所学校围绕"六位一体"设计、论证和开展实验，厘清学校育人目标、办学理念、发展定位，分析学校课程需求、课程基础、课程资源，课程创新政策、制度空间和基本条件等，重在课程结构设计、适宜性调整和创新实施。（3）二轮实验：强化实验顶层设计，进一步清晰行动路径，新增13所学校开展实验，指导学校在课程结构、内容整合、课程实施等方面加大探索力度，设立专项并建立机制，规范过程管理，加强课程资源和成果总结。（4）三轮实验：对首批实验学校进行周期复审，追踪第二批学校实验，梳理周期成果并推广，尝试在更大范围开展实验，直接促成义务教育阶段课程创新实验——"遨游计划"的开展，进一步开展实验的纵深研究。

六年的实验极大地增强了实验学校的办学活力，形成了首都高中"六位一体"课程创新模式，即基于课程方案和课程标准的"课程目标自主、课程排课自主、课程内容自主、课程实施自主、课程评价自主、课程主体(选择)自主的'六位自主'和以三级课程整体建设为核心"的整体性学校课程创新(一体)。建构了针对学校课程体系的基本分析框架，探索了课程创新与学校特色发展的动态互促机制，指导实验学校形成了促进学生全面而有个性发展的课程体系，围绕课程创新实验开展了高中阶段教育价值和基本定位、多样化人才分类培养、学校整体课程结构科学性与合理性、整体课程框架下的教与学模式变革等系列专题研究，形成了具有北京特色的高中阶段课程创新实体，积累了一批高质量的辐射全市的课程资源，拓展了以课程建设为核心的新的研究问题和实践领域。实验在高中学校、区县及市内外发挥了积极的示范和引领作用，受到教育部、兄弟省市区和北京市区县的广泛关注和一致肯定。

课程实验是一种有目的、有计划、有步骤的研究活动，又是一种现实的学校教育教学实践。六年两轮实验，我们突出在研究的基础上推进学校以课程创新为核心的系统变革，强调实验研究的规范性和专业力量的支持，并组织专家组对实验进行现场的周期复审，全面梳理学校的实践探索和创新经验，形成这套周期研究成果的报告丛书。丛书展现了实验学校六年的研究历程、学校关于实验价值和课程建设的思索、实验取得的实际成效、存在的不足和以后的发展方向，既体现学校鲜明的个性和特点，又蕴含北京市高中课改的价值取向和基本思考。更为重要的是，通过实验的先期摸索，为我们对高中课改重点和难点问题的突破提供了方向和思路上的启示，同时拓展了课改深入发展中的新问题和实践领域。随着实验的深入推进，我们在研究视角、研究内容、研究方式和研究成果等方面都有不同程度的突破和创新，努力使实验推进有思想、有智慧、有实践、有创新、有远见、有魄力。

在深入推进教育综合改革的新阶段，自主课程实验担负着更为重要的历史使命。我们需要从课程这一学校育人的核心载体出发，努力践行立德树人，加强社会主义核心价值体系教育；需要在创新人才培养、育人模式变革、满足学生个性化教育需求方面进行更深入的探索；需要在学业水平考试和综合素质评价、学科考试、文理融通、外语等科目社会化考试等方面理出新的思路；需要在进一步增强学生的社会责任感、创新精神和实践能力，促进学生的身心健康、体魄强健，提高学生的审美和人文素养方面有更强针对性的措施。站在阶段节点上审视过去、展望未来，自主课程实验对于教育发展将被赋予更多的改革意义和期待。此套丛书的出版，意味着在新时期我们的高中学校应以一种主体的姿态进行自我发展的突破和超越，走以课程创新为核心的可持续发展之路，并在改革中体现应有的责任与担当。期待在教育领域全面深化改革的新形势下，更多的高中学校能自信的开展持续深入的以校为本的课程改革实践，遵循教育发展的基本规律，注重改革的系统性、整体性、协同性，努力构建既具有首都特色、充满活力，又有利于学生全面而有个性发展的课程体系，促进学生和教师共同成长，促进高中教育教学质量的不断提高和学校办学特色的形成，全面推进素质教育的实施。

李　奕

2014 年 11 月 3 日

前 言

PREFACE

    北京师范大学第二附属中学始建于 1953 年，是一所校园优美、设备先进、师资优秀、校风好、学风正、教学质量高，在社会上享有很高声誉、在国际上有一定影响力的市重点中学，是北京市首批重点建设的普通高中示范校之一。自 20 世纪 90 年代以来，我校一直秉承"三兼优、一发展"的育人目标，既继承了优良的传统，又与时俱进，开拓创新，在教育、教学、科研、管理等方面进行了科学、有效、深入的探索和实践，取得了骄人的成绩，使这所传统名校焕发出新的生机与活力。

    学校一直坚持人文、自主的学校文化理念。育人方面坚持"尊重学生自主，倡导人文教育，重视环境熏陶，强调道德实践"的教育主张，形成"人文素质教育"和"自主性发展"。管理上倡导"人文管理"，具体表现是"学校管理要'目中有人'，重视观念的定向和指导作用，发挥情感的亲和力与凝聚力，营造博爱思想的高品位文化氛围"，核心是"人本"与"和谐"。德育上实施"欣赏型德育"，倡导德育的人文性，自主性，强调通过立美创造实现德育过程德美交融，引导学生在欣赏中完成道德自主构建。在教学方面，学校倡导"有效教学"的理念，保持优质的教学质量，满足不同层次学生的情感需求、认知需求和升学需求。与此同时，学校开展一系列重要的国际交流活动，不断开阔师生的国际视野，引导师生关注人类发展的现状和前景，不断提升跨文化意识，提高对中外文化异同的探究意识和鉴别能力。

    课程改革是学校教育改革永恒的主题。我校的课程改革自 20 世纪 90 年代初开始，至今已有 25 年，学校始终将尊重学生差异、满足不同类型学生需求和发展作为改革的出发点和归宿。课程改革从内容、目标和学习方式三方面循序渐进，经历了从局部到整体，从个别学科到全面推进，从针对部分学生到惠及全体学生的发展之路。

　　1990年，我校针对一些基础好、天资优、学习力强的学生，开设了理科实验班。针对这些学生，在数学、物理、化学等学科探索大容量、高难度、快进度的教学实验，解决学生"吃不饱"的问题。1995年，为满足对人文和社会科学具有浓厚兴趣，立志向人文和社会科学领域发展的学生需要，恢复创办文科实验班（"文化大革命"前曾有文科实验班），矢志不移地为大学文科专业输送高素质、复合型的新生，把为国家培养人文、社会科学预备人才作为培养目标。2007年，北京市全面启动高中新课程，市教委将我校作为高中自主安排课程改革实验样本学校。在这轮改革中，我校将国家课程、地方课程、校本课程（包括实验班的特色课程）全面整合，统筹安排，形成了"6＋1＋1"课程实施体系。在完善文理实验班课程的基础上，为其他学生设计了"侧文"和"侧理"的特色课程，扩大了学生自主选择机会，一定程度上满足了学生不同的兴趣和发展需要。2010年，我校首先在普通班推出了"艺术课程"的改革实验。在必修艺术课程的基础上，增加了合唱课程和舞蹈课程。将艺术课程改革作为突破口，目的不在于提高学生的艺术技能，也不在于拓展学生的艺术知识，重在让学生学会审美。与此同时，针对普通班中对科学技术具有浓厚兴趣，善于在"做"中学，对自主探究有较强欲望的学生，学校开设了"项目式学习实验班"。围绕必修课程中的部分核心概念，联系现实科技、社会、生活等真实问题，设计专题，通过小组合作、动手实践、自主探究和解决问题的方式完成学习过程。2011年，基于多年课程改革积累的经验和对学生兴趣、需求的认识，尝试开设了"社科特色班"和"数字化学习特色班"。至此，我校的课程体系基本上能够满足不同学生的课程需求，"班班有特色，人人有所长"的多元课程体系日渐形成。

　　25年的课改探索和理论求索使我们坚信：普通高中教育需要学生全面发展，更需要多元选择，学有所长，只有学生个性充分发展才能满足社会的多元需求。高中阶段课程设置，应适当压缩共同基础，通过长善救失，在课程内容、课程目标以及学习方式等方面要有充分选择的空间，引导学生在选择中发现兴趣所在，在尝试中找到适切的发展方向。

曹保义

2016 年 6 月于北京师范大学第二附属中学

目录

CONTENTS

第一章　历史进程中的课程改革

　　第一节　实践需求催生课程改革 ……………………………… 3

　　第二节　理论发展指导课程改革 ……………………………… 5

　　第三节　国家政策支持课程改革 ……………………………… 7

第二章　人文自主引领课程建设

　　第一节　课程建设的指导思想 ………………………………… 13

　　第二节　课程建设的价值坚守 ………………………………… 16

　　第三节　课程建设的目标定位 ………………………………… 19

第三章　开放灵活的宏观课程结构

　　第一节　宏观课程结构概述 …………………………………… 25

　　第二节　宏观课程结构的目标与任务 ………………………… 28

　　第三节　宏观课程结构的设计与实施 ………………………… 33

　　第四节　宏观课程结构的合教育性 …………………………… 52

第四章　统一课程追求学生全面发展

　　第一节　艺术课程改革 ………………………………………… 57

　　第二节　体育课程改革 ………………………………………… 68

　　第三节　德育课程改革 ………………………………………… 73

第五章　特色课程关注学生个性化发展

　　第一节　文科实验班的课程建设 ……………………………… 107

　　第二节　理科实验班的课程建设 ……………………………… 131

　　第三节　项目式学习实验班的课程建设 ……………………… 149

第四节 社科特色班的课程建设 …………………… 168

第五节 数字化学习特色班的课程建设 …………… 170

第六章 学生需要贯通课程改革

第一节 学生指导体系满足学生需要 …………… 177

第二节 学长制引导学生需要 ………………… 184

第三节 实时调研明晰学生需要 ……………… 192

第四节 教学模式调动学生需要 ……………… 200

第七章 教师成长比翼课程改革

第一节 教师探索应答课程改革 ……………… 207

第二节 团队合作共进课程改革 ……………… 214

第三节 课改研究推动教师成长 ……………… 218

第八章 学校管理护航课程改革

第一节 人本和谐的管理理念 ………………… 229

第二节 制度先行的管理策略 ………………… 234

第三节 管理对象止于团队 …………………… 238

第九章 指向更好未来的课程反思

第一节 学校核心价值引领课程改革 …………… 251

第二节 课程改革是在继承中的创新 …………… 267

第三节 学校教研精准推动课程改革 …………… 273

第四节 面向未来的自主课程建设 …………… 284

第一章

历史进程中的课程改革

"二附中一直具有不等、不靠、不要的习惯，靠自己才能真正成为办学的主人，老师们有了自主发展的空间就有了积极主动性，学校才能成为'出经验，出人才'的地方。"在现任校长曹保义的记忆中，北京师范大学第二附属中学的改革就从来没有中断过，他至今依然清晰地记得林福智老校长曾说过的一句话："你可能是一个合格的教师，但不一定是合格的二附中的教师。"

第一节　实践需求催生课程改革

我校成立于1953年，自建校之初，我校就有这样一个定位：教育改革的实验基地，教育教学的实习基地。从世界范围来看，杜威于19世纪末在芝加哥创办实验学校，检验和完善自己的教育思想，同时为学生提供教育实习的机会，并鼓励中小学教师到大学里学习各类课程，首创大学与中小学合作的机制。我国自1922年新学制改革以来，综合大学和师范院校纷纷设立"实验中小学"或"附属中小学"，建立合作关系。正是由于这样一种出身，我校自建立之初就追求成为一所有责任感、有担当、有理想、有情怀的学校。顾明远先生曾经说过："二附中不仅要培养优秀的高中毕业生，还要研究如何培养优秀的高中毕业生。"我校前任校长林福智也指出："作为全国最高师范学府——北京师范大学的附中，她应当办成一所具有先进性、试验性和示范性的一流中学。"基于这样的历史使命，从20世纪60年代开始，北京师大二附中根据不断变化的时代要求、社会背景、学生需要、教师特点等实践需要，因时因地制宜地进行了一系列的探索和改革，在教育实践领域产生了重要的影响。

随着教育的普及和集体教学形式的产生，学校教育通过班级授课制解决了更多人的受教育问题，但与此同时也不得不面对这种教育组织形式所固有的局限。以学生相同的年龄和基本相当的知识水平为标准进行编班，一个教师按固定的课表、以统编的教材面向众多学生进行集体授课，很难照顾到每个学生的个性特点和学习差异。面对有些学生对自然科学有浓厚兴趣而有些学生更为喜欢人文或社会科学、有些学生思维能力强而有些学生动手能力强等问题，北京师大二附中在1963年首创"文科实验班"，1965年创办"理科实验班"，2011年开设"项目式学习实验班"（项目实验班）并进行艺术课程改革，2012年开办"社科特色班"和"数字化学习特色班"等，通过一步步地摸索和改革，形成了今天"班班有特色，人人有所长"的覆盖所有学生的特色班和特选课程体系，尽力在集体教学中照顾学生的个性特征和学习差异，开发不同学生的特殊潜能。其中，文科实验班主要是为了满足对人文学科具有浓厚兴趣并有志于将来从事人文社会科学工作的学生的发展需求，旨在为高校培养高素质的复合型文科预备人才，以适应社会发展对高素质文科人才的需要；理科实验班主要是为了满足对自然科学有浓厚兴趣并具有扎实的自然科学学科基础的学生的发展需求，旨在为高校输送全面发展、专长突出的高水平理科预备人才，以适应国家发展对高素质理科人才的需求；项目式学习实验班主要是为了满足有较强的学习能力和动手实践能力的学生的发展需求，旨在培养能够综合运用知识技能解决实际问题和具有创新精神的科学技术领域预备人才；社科特色班主要是为了满足对社会科学方向的学习和发展有特殊志趣的学生的需要，通过加强人文与社会领域的学习激发学生的学习积极性和自主性，增强学生的自我导向能力，促进学生健康和充分地发展；数字化学习特色班主要是为了满足学生的个性化学习需求，通过引入数字化手段改善和丰富教与学的形式，提升学生的数字化素养，增强学生的沟通与协作能力，全面提高学生的学习能力和学业水平。

与此同时，我校全面整合国家课程，对必修课程进行改革和优化，致力于为学生全面发展打好共同的基础，如将物理、化学、生物和技术课程整合为"科学与技术课程"，突出科学与技术、科学与社会的联系；开设"人文实践课程"，加强人文社会实践活动等。

为了满足社会发展、人的发展、课程发展等一系列实践需求，我校在长久的实践中自觉探索高中教育的规律，完成学校的育人任务。深入理解国家课程的要求，确保高中教育阶段的基础性；同时充分发挥学生和教师的积极性，在课程内容、课程目标以及学习方式等方面为学生提供充分的选择空间，我校较好地实现了高中课程基础性与多样性、选择性的兼顾，真正地践行着让学生全面而有个性的发展的教育宗旨。

第二节　理论发展指导课程改革

课程改革是一项非常复杂的活动，关涉到过去、现在和未来，关涉到个体、国家和人类等，通过对教育实践进行穷根究底的反思而产生的深刻、融贯的理论思想可以为课程改革提供有力的指导。

知识的选择和传递对学校教育的重要性不言而喻，现代教育改革的核心问题之一就是选择什么样的课程知识的问题。因此，知识观的发展变化对课程改革有着重要的影响。从历史上看，"知识"的概念有一个历史转变过程，在认识论领域，现代知识强调知识的客观性、实证性、绝对性、确定性、终极性、普遍性、价值中立性等；19世纪末20世纪初以来，特别是20世纪中叶以来，人们从不同领域对现代知识的客观性、普遍性、中立性不断展开批判，知识的文化性、境遇性、价值性受到关注，人们开始认识到知识是可证伪的、是多样性的、是受着价值指引的。

知识观的变化也带来了课程观的发展。在知识的客观性、绝对性和普遍性被一致强调时，科学知识被认为是最有价值的。如斯宾塞于1859年提出"什么知识最有价值"这一问题，他认为"在能够制定一个合理课程之前，必须确定最需要知道些什么……必须弄清楚各种知识的比较价值"，并明确地表达了自己的观点："什么知识最有价值，一致的答案就是科学。""学习科学，从它的最广义看，是所有活动的最好准备。"[1]在这种课程观的指导下，因为课程被认为是凝聚了人类认识精华的高级知识或精英知识，所以学习主体对课程知识只能"顶礼膜拜"，学

---

[1]　斯宾塞. 斯宾塞教育论著选. 胡毅，王承绪，译. 北京：人民教育出版社，2005：11，44，45.

生学习的主要任务就是机械地再现客观的知识，而不需要进行任何独立思考和判断。而当前的课程改革已经对以往的这种课程观提出了批评。随着知识的客观性、普遍性受到质疑，科学课程不再仅仅是要求学生掌握科学知识和技术，还应引导学生从社会、历史、哲学等角度全面、深刻地理解科学与人类的关系，对已有的科学知识进行批判和挑战等。随着不具备实证性、普遍性的人文知识、地方性知识、个体知识等得到关注，本土课程、校本课程、人文课程等的开发和建设成为了课程改革的一个重要内容，学习主体的个性经验、对知识的批判和探究得到鼓励，集体的灌输式教学遭到反对而真正意义上的讨论法、实验法、实践法等以问题为核心的师生自主探索知识和意义的教学法得到提倡。如在1902年发表了现代课程理论的开创性著作《儿童与课程》的杜威主张："抛弃把教材当作某些固定的和现成的东西，当作在儿童的经验之外的见解，不再把儿童的经验当作一成不变的东西；而把它当做某些变化的、在形成中的、有生命力的东西；我们认识到，儿童和课程仅仅是构成一个单一的过程的两级。正如两点构成一条直线一样，儿童现在的观点以及构成各种科目的事实和真理，构成了教学。从儿童的现在经验进展到以有组织体系的真理即我们称之为各门科目为代表的东西，是继续改造的过程。""学校科目相互联系的真正中心不是科学，不是文学，不是历史，不是地理，而是儿童本身的社会活动。……通过这些活动作为媒介把儿童引入更正式的课程中，这是可能的，也是值得向往的。"①

　　正是以深刻、全面的理论作为指导，我校在课程改革中始终坚持按照教育规律进行一步步的探索。我校的课程改革致力于促进学生全面而有个性的发展，根据学生的优势智能及需求倾向为其设计相适合的培养目标及实现途径，力求全面带动学生的素质提升，努力实现不同类型学生的充分发展。

---

　　① 杜威. 学校与社会·明日之学校. 赵祥麟，任钟印，吴志宏，译. 北京：人民教育出版社，2005：116，9—10.

第三节　国家政策支持课程改革

2001 年 6 月，教育部发布了《基础教育课程改革纲要(试行)》和义务教育阶段各学科课程标准，新课程改革进入实验阶段。《基础教育课程改革纲要(试行)》提出基础教育课程改革的具体目标为：(1)改变课程过于注重知识传授的倾向，强调形成积极主动的学习态度，使获得基础知识与基本技能的过程同时成为学会学习和形成正确价值观的过程。(2)改变课程结构过于强调学科本位、科目过多和缺乏整合的现状，整体设置九年一贯的课程门类和课时比例，并设置综合课程，以适应不同地区和学生发展的需求，体现课程结构的均衡性、综合性和选择性。(3)改变课程内容"难、繁、偏、旧"和过于注重书本知识的现状，加强课程内容与学生生活以及现代社会和科技发展的联系，关注学生的学习兴趣和经验，精选终身学习必备的基础知识和技能。(4)改变课程实施过于强调接受学习、死记硬背、机械训练的现状，倡导学生主动参与、乐于探究、勤于动手，培养学生搜集和处理信息的能力、获取新知识的能力、分析和解决问题的能力以及交流与合作的能力。(5)改变课程评价过分强调甄别与选拔的功能，发挥评价促进学生发展、教师提高和改进教学实践的功能。(6)改变课程管理过于集中的状况，实行国家、地方、学校三级课程管理，增强课程对地方、学校及学生的适应性。[1] 转变课程功能、优化课程结构、更新课程内容、转变学习方式、改革课程评价、优化课程管理，这六个方面为新课程改革确立了具体目标，也确立了核心内容。

2007 年，教育部办公厅印发《教育部办公厅关于 2007 年推进普通高中新课程实验工作的通知》，提出为积极推进普通高中新课程实验工作，决定进一步扩大实验范围。北京、湖南、黑龙江、吉林和陕西省将

---

[1]　中华人民共和国教育部. 基础教育课程改革纲要(试行). 2001.

于 2007 年秋季全面进行普通高中新课程实验，并明确提出 2010 年以前高中新课程将在全国全面推开。通知进一步指出，2007 年进入新课程实验的省份要坚持教材选用政策，保证每个学科教材选用 2 种以上；要整合本省（区、市）专业力量，建立起咨询、研究和实践指导的专家队伍，为高中新课程的实验提供专业支持；要建立起以样本学校为龙头推进实验的工作机制，把学校作为新课程实验基地，在学校层面研究和解决问题，培植典型经验，带动面上实验工作的进展；要建立起以校为本的教研制度，激发广大教师参与课程实验和教学改革的积极性，引导教师通过自我反思、同伴互助、专家指导等方式，深入研究教学中的实际问题，不断提高教学质量，促进教师个人的专业成长；要注意学习和借鉴先期实验省份的有益经验，针对新课程实验可能遇到的困难和问题，组织力量开展专题研究，形成具有针对性和可行性的对策措施。① 这些举措的积极开展为新课程改革提供了有力的支持和保障。

2010 年，国家和北京市的中长期教育改革和发展规划纲要（2010—2020 年）相继颁布实施，明确提出全面提高普通高中学生综合素质，深入推进课程改革，全面落实课程方案，推动普通高中多样化发展，鼓励普通高中办出特色。北京市在规划纲要中提出要积极探索学校多样化发展新途径，开展新型综合高中和特色高中建设试点，推动普通教育与职业教育的融合，为学生提供多元化的学习机会和资源，形成独特的教育风格和学校文化；发挥优质高中在特色办学中的示范和带动作用；建立健全推动普通高中多样化发展的督导评价制度；加强普通高中课程建设，推进教育教学改革；深化高中课程教材改革；加强研究性、实践性教学，建立学生发展指导制度，培养学生的创新精神、实践能力和社会适应能力，引导学生自主学习和个性发展；探索高中和大学的合作途径，开展创新人才培养基地建设试点，为学有余力的学生开展拓展性学习提供资源支持；进一步加强内地少数民族班及学校建设，高质量完成培养任务。②

---

① 教育部办公厅关于 2007 年推进普通高中新课程实验工作的通知 . 2007.
② 北京市中长期教育改革和发展规划纲要（2010—2020 年）. 2011.

　　新课程改革的稳步推进为我校的课程建设带来了新的发展契机。从课程实践的发展过程来看，我国过去一直是以国家课程为主导，但各个地区和省市的发展有着明显的差异和特色，统一的、一元化的国家课程不能满足不同地方、不同学校的不同需求。随着课程改革的推进，国家、地方、学校三位一体的课程管理体系渐渐被确立起来，在国家课程领导的基础上增强地方课程开发的自主性得到了越来越多的支持。北京师大二附中的课程改革和建设正是基于这样的背景而发展起来的。2007年北京市全面开展高中新课程改革实验，市教委将我校作为高中自主安排课程改革实验样本学校，为我校主动、自主以及创造性地开展新课程改革实验提供了广阔空间。《普通高中课程方案》和各学科课程标准为我校进行课程改革提供了有力依据，新课程方案构建了学科类课程与活动类课程相结合、必修课程与选修课程相结合的优化课程结构，确立了国家、地方和学校三级课程三级管理的体制，赋予学校较大的开发和设计校本课程的自主权。国家和北京市的中长期教育改革和发展规划纲要（2010—2020 年）颁布实施后，我校课程改革和课程建设迎来了新机遇和新挑战。我校清醒地认识到，要在新一轮课改浪潮中保持竞争优势，办出特色，就必须在课程建设上将"促进学生全面而有个性的发展"（《国家中长期教育改革和发展规划纲要（2010—2020 年）》）作为学校各项工作的宗旨。为了更充分地把握课程改革所面临的新机遇，我校不断解放思想，确立不拘一格培养人才的教育理念，尊重学生的个人选择、鼓励学生的个性发展、满足学生的多元需求；同时立足实际，丰富课程类型、探索各类学生的有效培养策略、促进教师发展、优化管理机制等。

第二章

人文自主引领课程建设

　　课程是学校教育的主要载体，教育上的任何变化其落脚点和出发点都是课程。课程改革具有很大的复杂性，它涉及学校的方方面面，需要教师、校长、学生乃至学校的角色定位都发生相应的变化。单就课程这个学校教育子系统而言，课程的培养目标、课程结构、课程内容、教学、评价、课程管理和实施将会发生一系列的连锁变革。这些将引起学校教与学的方式、生活的方式发生变化，即课程改革将会引起学校文化的变化。反过来，学校文化也会阻碍或引领课程改革。改革成功与否同学校文化跟课程改革之间是否形成良性的互动制衡有很大的关系。正如富兰所言："重大的改革不是在实施单向的革新，它是在变革学校的文化和结构。"经验表明，那些跟学校已有文化背离的课程改革基本上是不成功的，不深入的，难以维持下去，而成功的课程改革，其背后的改革理念大多同学校已有的文化理念相契合。幸运的是，我校历经数十年累积而成的以人文、自主为核心的学校文化在学校的课程改革中承担的正是引领和促进的作用。

第一节　课程建设的指导思想

　　指导思想是开展某项工作所必须遵循的总原则、总要求和总体方略，有定向和指导的作用。所以，教育改革的指导思想尤其重要，它绝不仅仅是写在文本上给别人看的套话，而是扎根于改革者心中起到鼓励、斧正行动的自觉意识。我校在课程改革中的指导思想包括以下四个方面。

一、全面实施素质教育是总原则

　　20 世纪 80 年代，我国教育理论界因应试教育的诸多弊病而对素质教育做了广泛和深入的探讨，90 年代，国家开始在政策层面上加强对素质教育的引导。1999 年 6 月，第三次全国教育工作会议召开。这次会议以素质教育为主题，把素质教育提高到事关国家发展大局的重要地位，表现为《中共中央国务院关于深化教育改革全面实施素质教育的决定》的出台颁布。随后我国教育领域开始全面转向素质教育，以素质教育为理念指导各级各类教育工作的开展。2001 年《基础教育课程改革纲要》可视为素质教育理念在课程领域中的实践探索。新课程改革的核心目标为课程功能的转变：改变过于注重知识传授的倾向，强调形成积极主动的学习态度，使获得基础知识与基本技能的过程同时成为学会学习和形成正确价值观的过程。即从单纯注重传授知识转变为引导学生学会学习，学会合作，学会生存，学会做人，打破传统的基于精英主义思想和升学取向的过于狭窄的课程定位，而关注学生"全人"的发展。[①] 新的课程功能可以概括为主动学习意识和能力的养成，让所有的学生都能获得发展，让学生的所有方面都能得到成长。基于对素质教育理念和新课程改革思想的理解，我校在教育教学中探索并落实：课程与社会生活和学生发展方向的结合，强调知识的学习和应用并重，创新学生指导体系，优化学生评价体系，提升学生的学习能力，为学生的终身可持续发展打好基础，促进学生全面而有个性的发展。

二、普通高中新课程改革是具体指导

《普通高中课程方案(实验)》指出新的高中课程要能够实现以下五大目标：课程内容上精选学习必备的基础内容，增强与社会进步、科技发展、学生经验的联系，拓展视野，引导创新与实践；课程结构要适应社会需求的多样化和学生全面而有个性的发展，体现出重基础、多样化、有层次、综合性的特点；课程实施要有利于引导学生主动学习，能提高学生自主学习、合作交流以及分析和解决问题的能力；课程评价上建立发展性评价体系，改进校内评价，实行学生学业成绩与成长记录相结合的综合评价方式；课程开发上需赋予学校合理而充分的课程自主权，为学校创造性地实施国家课程、因地制宜地开发学校课程，为学生有效选择课程提供保障。应该说这五大目标在目的和路径上都是非常清晰的。《北京市普通高中课程改革实验工作方案(试行)》则强调赋予每个学校自

---

① 朱慕菊主编．走进新课程：与课程实施者对话．北京：北京师范大学出版社，2002：13.

主探索本校课程开发和建设的权利，鼓励并支持学校自主探索。既有了理念上的明确指导，又有了行政层面的支持和保障，我校积极探索建设有校本特色的课程体系，创造性地提出并贯彻"有效教学"理念，并对不同层面的课程功能做出明确区分，国家课程要高质量、高效率地实现学生全面发展的目标，选修课程提供可选择和多样化的课程，用以促进学生的个性发展；拓展课程资源，更新课堂教学理念，丰富学生的学习方式，着重培养学生的创新精神和实践能力。

三、学校的内涵发展是硬道理

在学校改革与发展中使用内涵和外延的概念，更多是在隐喻的意义上来讲的，前者表示内容和实质，后者表示外观和形式。受经济学中发展观的影响，一段时期内学校发展比较注重规模、物理环境、仪式活动等，但理论和实践证明这些都是在教育外围敲敲打打的举动，学校的发展唯有在教育内部的诸因素上有所体现才能真正推动学校和学生的健康成长。学者郑金洲认为学校内涵发展首先是相对于规模的质量发展，以学校"软实力"提高为主旨；其次是相对于粗放发展的精细发展，将学校中的教学、德育、师生互动等作为学校改革与发展的关注重点；再次是相对于同质发展的特色发展，在特色的形成和品牌的培育中使学校上升到一个新的更高的水平；最后是相对于模仿发展的创新发展，它是源于内部变革力量推动的一种发展。[①] 具有六十多年历史的我校能够在历史的选择中脱颖而出且蒸蒸日上，其发展历程正是表现为一种内涵发展的特点，其发展的驱动力来自内部，发展的成果也表现在教育内部各要素之上。发端于世纪之交的课程改革也延续着这一传统。课程改革的重要使命之一就在于进一步深化学校已有的"人文"和"自主"的特色。强调以学生为本，尊重学生的差异，挖掘学生的潜能，给学生提供广阔的发展空间。以教师为本，尊重教师的创造，鼓励教师制定个人专业发展规划，全面促进教师专业发展和团队建设。围绕学习型学校的建设目标，建立有效的学习机制，养成系统思考的习惯，树立超越自我的信念，发

---

① 郑金洲.学校内涵发展：意蕴与实施.教育科学研究，2007(10)：23—28.

挥创新潜能，形成更加和谐、进取和创新的校园氛围。

四、学生的多样化发展是目的

《史记·孔子世家》记载孔子"弟子盖三千焉，身通六艺者七十有二人"。是说孔子的学生特别多，其中有72人实现了全面发展，能够六艺皆通。又有"孔门十哲"之说，讲的是孔子最为优秀的弟子。但这些弟子的优秀之处分别体现在德行、言语、政事、文学这四个方面。孔子被尊为"万世师表"，其中一个原因就是他做到了因材施教。从学生发展观念的角度来看，因材施教其实就是承认并成就每一个学生的独特发展。所以，多样化发展是对学生整体而言的，对学生个体来说，多样化发展表现为学生有着与众不同的发展方向和程度。就学生的特点来说，每个学生因其先天素质、后天环境以及素质与环境之间的交互作用都不同，其对发展的期望和需要自然是不同的；就社会存在来说，所谓"和实生物、同则不继"，只有每一个人都有自己的独特性，相互之间才能有合作和补充，才能实现社会的存续。我校在承认、挖掘和引领学生的多样化发展上可谓下足功夫。一直坚持多样化发展的方向，为了每一个学生的发展，为了适应社会对人才的多样化需求，大胆改革，积极创新，为不同特点、不同志向的学生设置不同的特选课程，满足不同潜质学生的发展需求。推进培养模式多样化，为创新人才的培养提供更好的环境，探索发现和培养创新人才的途径。

第二节　课程建设的价值坚守

欧文·拉兹洛（E. Laszlo）认为："区别一个社会与另一个社会的不仅仅是金钱或自然资源的财富，而且并首先是它的人民的价值观念、积极性和创造力。"[1]因此，价值观念是区分不同社会的重要指标。同样，

---

① 欧文·拉兹洛编.多种文化的星球.戴侃，等，译.北京：社会科学文献出版社，2001.

价值观念亦是区分不同文化的重要因素。一般认为，价值观念是文化的核心要素，了解了一所学校所奉行的价值观念，基本上就能够知晓该学校的学校文化。而学校文化与学校课程改革之间存在着制衡关系，若该校既有的学校文化及其价值理念是消极的、违背教育本真的，则学校课程改革需坚定勇敢地打破消极文化的阻碍，在改革中重建学校文化；若学校既有的文化及其价值理念是积极的、遵循教育规律的，则学校课程改革需通过改革进一步坚持和发展此种文化。我校在六十多年的发展中所形成的人文、自主两大核心价值观念，恰好是一种积极的、值得坚守的学校文化。

一、以课程建设目的彰显人文与自主

同传统的国家课程一统天下相区别，新课程提出了国家课程、地方课程和学校课程三级课程体系，期望学校通过课程层次的权重以及自主建设课程来实现学校之间的差异化发展，进而实现学生全面而有个性的发展。近年所提倡的"国家课程校本化"则是进一步给学校赋权使其在课程建设上更加符合学校的实际需要。在这样一个宽容的政策背景之下，我校基于学校实际和学生需要不断建设着自己的课程体系。但我校进行课程建设并不是为了迎合课程改革的外在要求，而是有其内在的目的。经过多年观察，学校发现理科实验班的孩子们智力和能力水平高于同龄人，喜欢独立思考，善于做出决策；有很强的接受力，愿意主动地接受挑战和战胜困难；具有优良的学习品质，意志力强，在数理学科方面有兴趣，优势潜能明显，对未来的发展有追求。但他们身上也有明显的不足，如人文情怀相对匮乏，形象思维能力不足；阅读与写作能力有待提高；乐群性不足，倾向于少参与社交活动、不偏好与人打交道的心理状态。科学无国界，但文化有疆域。文化既能滋养科学，更有把握科学的方向，也是人格健全的重要保证。为了提升孩子们的人文素养，学校加强了理科实验班的人文学科课程建设，开设语文和英语的"阅读与写作"专修课程，整合历史、地理、政治等学科知识，提升形象思维能力，培养学生分析问题的全面性和综合性，使学生关注社会生活，正确地看待社会现象。

二、以课程结构实现人文与自主

《易经》云："观乎人文以化成天下。"物相杂谓之"文"，"物"又指种类。人文即人群相处种种复杂的形象。衍生开来即是各种不同之物并存的状态。此外，"文"源自"纹理、花样"，可指多样。这是中国古人的人文观念，尤其重视"文"。西语中"人文"是指摆脱神对人的禁锢，重视人的需要和独立精神，视"人"为一切的出发点和目的。因此西语的"人文"观念尤其重视"人"。二者合之，可将"人文"理解成承认和回应多样化的人的多样化需要。"自主"顾名思义为自己做自己的主人，在一切事情上都是积极主动而非被动的。基于对学校文化中这两个核心价值观念的尊重，我校从全校所有学生的需要出发、为学生的自主发展设计，建设成结构复杂而针对性强的课程体系。学校的课程结构由必修课程、选修课程、特修课程三大块。选修课程又分为学科拓展类校本课程和综合实践类校本课程。综合实践类校本课程又分为综合选修课程和特色活动选修课程。且必修中也有选修。总之，充分体现一个"选"字，学习方向可选、学习程度可选、学习方式可选、学习进度可选，这背后体现的是浓郁的"人文"精神。而"可选""有的选"则使学生的"自主"发展落到实处。且如此多的课程，不也体现出学校的"自主"了吗？

三、以课程开发过程凸显人文与自主

行动研究提出了一个创新性的理念，即"教师作为研究者"。这是对教师角色的颠覆性认识。就课程开发角度来说，传统上是把教师作为课程执行者看待，但如今却是把教师视为课程的开发者、执行者和修订者。我校成立了课程开发体系，包括课程指导委员会、学科指导组、备课组和任课教师四个层次。各个层面都自主确定工作重点，自主策划行动方案，自主组织方案实施，自主参与评估调控。学校课程管理委员会聘请校内外课程专家和学科专家成立专家组，在充分研讨论证的基础上，制定了《北师大我校自主排课方案（草案）》。然后又通过教代会、教学工作会、学代会等多种途径，面向全体师生征求意见和建议。依据师生意见和调查数据统计结果，学校召开课程建设专题研讨会，反复修订并最终确定了《北师大我校高中课程方案》。从这一过程中不难发现，方案确立过程学校充分调动每位参与者的积极性，发挥每位参与者的创造性，聆听每位参与者的意见和建议，真正做到教师是课程建设的主人。

四、以课程实施体现人文与自主

广义的课程是包含着课程实施过程的。再好的课程设计如果是以违反教育规律、违背学校价值追求的方式呈现给学生的，其效果也会大打折扣，甚至会有反面效果。所以睿智的学校不会放弃对课程实施过程的引导和控制。我校充分发挥学校课程管理委员会的作用，在课程实施中聘请专家，深入备课组，深入学生，深入课堂，广泛了解教师的疑难问题，了解学生的感受，体验课堂教学过程。对课程改革落实情况、课堂教学实效性以及校本选修课的实施进行调研，为学校课程改革提出建议，为相关人员提供咨询指导。与此同时，学校还成立了"学生发展指导体系"，从学生身上入手，提高学生的选择意识，培养学生的选择能力，帮助学生树立正确的自我认同与自我规划。而对教师个性和专长的尊重，淡化管理强调支持的管理氛围又为课程实施中的人文与自主的体现提供了师资保障。

第三节　课程建设的目标定位

一、课程建设的总体目标

第一，构建利于实现课程目标的校本化课程体系。

高中新课程改革的一个核心目标是为了促进学生全面而有个性的发展，尤其要加强学生的创新精神和实践能力的培养。针对课程目标，将国家课程、北京市教委规定的选修课程和丰富多样的校本课程全面整合，形成与课程目标和理念相统一的学校课程体系。使其有利于学生全面而有个性发展；有利于对学生创新精神和实践能力的培养；有利于学校有序、高效地实施和管理课程；有利于教师实施和开发课程；有利于学生自主选择课程。

第二，探索利于不同志趣学生发展的必修课安排方式。

为了有利于不同志向和不同兴趣的学生的发展，在学校课程整体体系的基础上，将人文与社会和科学领域中的政治、历史、地理、物理、化学、生物学科的必修课程，设计出不同的排课方式。为学生形成有个性的与自身发展志向相适应的课程修习计划创造了条件。均衡协调高中三年必修课程，可尽量避免所学科目过多，缓解会考科目过于集中的现象，减轻学生的负担。

第三，整合利于师生有效教学的课程内容。

在实施必修模块和北京教委规定的选修模块的教学中，依据不同模块内容间的逻辑关系和我校学生的接受能力，适当调整模块间内容组合，并依据我校人文教育特色，适时适量地融入部分校本模块的教学内容。通过调整体现出教学内容的综合性，期望提高模块教学的效率，体现学校的办学特色，利于我校学生群体学习潜能的发挥。

二、课程建设的具体目标

(1)全体教育教学管理人员和教师学习、理解、认同高中课程改革的基本精神，自觉接受先进的教育思想和理论，并能付诸教学实践，从而树立正确的学生观、教学观、课程观、质量观和评价观。

(2)加强学校课程建设，提高教师课程开发的能力。编制并逐步完善体现新课程理念，有利于学生全面而有个性地发展，突出学校特色，多层次、选择空间大的学校课程方案。确保国家必修课程100%开出；最大限度地开出国家选修Ⅰ课程；建设既符合学生需求，又切合教师实际专业能力，相对稳定，有学校特色的选修Ⅱ课程。实现每个教师起码能够开出一门具有较高质量的选修Ⅱ课程。

(3)加强课堂教学研究，坚持"有效教学"的理念，创设有利于引导学生主动学习的课程实施环境，提高学生自主学习、合作交流以及分析和解决问题的能力。

(4)进一步完善校本教研制度，促进教师成为"学习型、研究性"教师，促进教师的专业发展，进一步提高教师队伍的综合素质。

(5)改进学校评价制度，建立符合新课程要求的发展性评价制度和教育教学水平检测体系，推进学生学业成绩与成长记录相结合的综合评价方式，充分发挥评价导向功能，促进学生健康发展和教师业务水平的不断提高。

（6）探索新的管理机制，探索行政班与教学班相结合的管理模式，探索导师制的实施方法，构建学生选课指导制度和学分制教学管理制度，建立并逐步完善与新课程相适应的学校教育教学管理制度。

（7）充分利用新课程为学生创设的空间，探索文艺、体育、科技和学科等优秀学生的培养模式。

（8）大力开展课程研究，进一步加大文实验班课程改革的力度，建设特色鲜明的文科实验班课程，并以此为先导，不断深化全校课程改革。

第三章

开放灵活的宏观课程结构

第一节 宏观课程结构概述

课程结构是课程改革中非常关键的部分，课程发展史表明课程内部构成的演变主要表现为课程结构的转变。课程结构的改革也是课程改革的重点和难点，是改革涉及的最实质变化部分之一，课程改革的其他各个方面如课程内容的变化、学生的学习、教师的教学、课程的评价以及课程的管理等都与课程结构的变化密切相关。

课程结构也被称为课程体系、课程组织，是对课程内部各个组成要素的组织、排列和配合。在《简明国际教育百科全书·课程》中，与课程结构密切相关的词条有两个。一条的英文是"Curriculum Organization"，中文译文为课程组织，其实从英文本身来看与课程结构十分接近，"课程组织是指将构成教育系统或学校课程的要素，加以安排、联系和排列的方式。这些要素包括这样一些一般因素：教学计划与方案，学习材料，学校器材与学校设备，教学力量的职业知识以及评价与检查体系的要求等。学校或学院的气氛，社会、社区、家庭对学校的支持，学生的能力和兴趣以及教师的风格与策略，这些因素虽不很明显，但也是同样重要的。准备加以组织的课程比各学科或领域的大纲内容要丰富得多：它是学习的环境，教师的目标与价值观，和学生的学习经验。组织课程是一项关键而又复杂的任务，教育系统的全部工作都建立在它的上面"。另一条的英文是"Disciplines Structure"，中文译为学科结构，"在课程发展中，'结构'一词是指课程内容之间的逻辑关系和心理学方面的关系。……现在，一般的倾向性做法是在高年级采取逻辑结构的内容教学，而在低年级采取心理学结构的内容教学"。这一词条的内容又与课程微观结构接近。[①] 在哲学上，结构是"指系统中各组成要素之间相互联系与相互作用的方式。结构标志着系统的组织化、有序性的程度。系

---

① 丛立新．课程论问题．北京：教育科学出版社，2000：204．

统的有序性越高，结构越严密"①。由以上这些内容可以看出，课程结构在某种意义上即为课程组织所要达到的结构形态，课程结构同时包括宏观和微观两个维度，宏观课程结构要解决的问题是：根据培养目标，设置哪些课程？如何设置这些课程？各种内容、各种类型、各种形态的课程怎样相互搭配和相互结合，以达到整体优化的效应？而微观课程结构要解决的问题是：每门课程的内容如何兼顾知识、儿童和社会的需要与可能？

　　我们在本章所要讨论的是课程的宏观结构，即在学校课程的设计与开发过程中将所有课程类型组织在一起所形成的课程体系的结构形态。宏观课程结构的确立以既定的课程目标和各类课程固有的价值为依据，明确各种课程类型在课程体系中的地位差异和比例关系。宏观课程结构是课程目标转化为教育成果的纽带，是课程实施活动顺利开展的依据，在课程的设计与编制中发挥着承上启下的作用。

　　宏观课程结构的确立，以对课程类型的分析作为基础，课程类型的划分是形成课程结构的前提条件。从不同的角度和标准出发，课程被划分为多种不同的类型。如从课程内容的属性出发，课程被分为学科课程和经验课程；从课程内容的组织方式出发，课程被分为分科课程和综合课程；从课程计划对课程实施的要求出发，课程被分为必修课程和选修课程；从课程设计、开发和管理的主体出发，课程被分为国家课程、地方课程与校本课程；从课程的性质出发，课程被分为显性课程和隐性课程；等等。

　　从历史发展来看，随着课程类型的不断增加，思考不同的课程类别的意义、价值及其在课程中的地位逐渐成为确立课程结构时必须解决的问题：应当包括哪些课程类型？不同类型的课程各自具有什么样的功能？各类课程在课程总体中应当占有什么样比例？有人坚持学科中心论，认为课程内容的选择和组织应该围绕学科逻辑顺序；有人坚持学生中心论，认为课程内容的选择和组织以学生的经验、兴趣和需要为重

---

① 　冯契主编．哲学大辞典．上海：上海辞书出版社，1992：1286.

心;有人坚持社会中心论,认为课程不能脱离社会现实和社会实践中的具体的问题。我校认为,这些主张都有一定的价值,都可能对设计一套完整的课程结构体系做出某种贡献,但单独秉持其中任何一种观点都不能完全满足我校对课程的价值追求。课程建设不能脱离学科的逻辑结构和基本原理,也不能脱离国家和社会的需要,更不能脱离学生的兴趣和发展需求,一种综合的观点才是适合的。过去,课程结构存在着严重的不合理性,学科课程、分科课程、必修课程、国家课程占据着主导地位,经验课程、综合课程、选修课程、地方课程和校本课程则微乎其微。随着社会历史的发展和教育改革的推进,单调的课程类型和失衡的课程结构对学生发展造成的不良影响渐渐得到重视,课程结构的改革得到了支持。如国家对校本课程开发的鼓励就是我校探索新的课程资源、开发适应学生不同发展需求的多样课程的契机。

作为北京师范大学的附中,我校肩负着出经验、出人才的使命,始终坚持探索和践行课程改革。高中新课程改革以来,我校在总结和梳理以往经验的基础上,努力使课程建设更加尊重学生的兴趣爱好、资质水平和未来发展。我校建立了课程开发的专业团队,在课程开发过程中综合考虑各种因素的影响、各类课程的价值,如为了突破分科课程的限制而将不同学科进行整合,以更加适应学生的生活和个人需要,帮助学生对所学内容形成真正的理解;积极进行校本课程的建设并不断完善,将国家课程、地方课程和校本课程组织成为一套较为完整的课程结构体系,并通过评价和反馈机制不断进行完善等。

经过探索和改革,我校建立起了以下的宏观课程结构:

表 3.1 "6+1+1"课程结构

	国家课程(学科领域)	学科拓展类校本课程	综合实践类校本课程
课程安排	第1～6节 (每节40分钟)	第7节 (70分钟)	第8节 (60分钟)
课程宗旨	为学生的发展打下共同基础,保证学生的全面发展	尊重学生差异,使学生学有所长,促进学生个性发展,适应社会对多样化人才的需求	提供灵活多样的学习和体验方式,侧重合作交流和自主探究,提高学生的创新精神和实践能力

续表

	国家课程(学科领域)	学科拓展类校本课程	综合实践类校本课程
课程内容	主要完成国家课程中的必修和必选的内容	以必修和必选课程为基础,安排与学生发展志向相一致的学科拓展内容	活动内容以各种活动主题形式呈现,包括社团类、课题研究类、科技类、学术类、体育和艺术类等
课程实施	历史、地理、物理、化学、生物、艺术、体育等学科为学生提供可自主选择的修习计划,按照教学班上课,其他学科按照行政班上课	学生必须在每天开设的该类课程中选择一种,将选择同类课程的学生编成教学班进行授课	学生依据爱好和兴趣自主选择,按照活动组、课题组、社团等组织形式开展以学生为中心的活动
学习形式	按照行政班上课	按照教学班上课	按照社团、课题组、教学班或其他的组织行式进行活动

宏观课程结构中的"6"主要安排必修课程和必选课程,培养目标重在促进学生全面发展,为学生打好共同的基础;第一个"1"主要安排学科拓展类校本选修课程,培养目标重在发展学生个性,使学生学有所长;第二个"1"主要安排综合实践类校本选修课程,培养目标重在培养和满足学生的学习兴趣,为提高学生的创新精神和实践能力提供条件。

第二节　宏观课程结构的目标与任务

宏观课程结构的建设在整个课程改革中发挥着承上启下的重要作用,其目标和任务是根据培养目标来选择和组织不同的课程,确定各种内容、各种类型、各种形态的课程怎样相互搭配和相互结合以达到整体优化的效应。根据国家对高中课程结构的整体规定来看,宏观课程结构的建设关涉多个方面的问题,如学科课程和综合课程的组织问题、必修课程和选修课程的配置问题、国家课程和校本课程的关系问题等,这些问题指示了我校开展宏观课程结构建设的目标和任务。

一、有机整合国家课程、地方课程和校本课程

国家课程是由国家统一组织开发并在全国范围内实施的课程，主要在于通过课程体现国家的教育意志。国家课程是一个国家基础教育课程方案的主体部分，面向全国所有学生，保证所有学生都享有获得知识、发展智力的权利，为任何一个积极的有责任感的公民实现自身价值和自身发展提供支持，对学生在接受学校教育期间应达到的标准做了明确规定，从总体上规定了不同学段的教育目标，体现了国家对学生发展的基本要求和共同的质量标准。

地方课程是由地方组织开发并在本地实施的课程，主要在于通过课程满足地方社会发展的现实需要。地方根据国家的教育方针和课程计划，在关注学生共同发展的同时结合本地的优势和传统，反映地方经济、文化发展需求，自主开发并管理实施课程，这种课程强调因地制宜，具有较强的针对性，可以弥补国家课程所没有涵盖或无法完全考虑的内容空缺，促进国家课程的有效实施；还可以调动地方参与课程改革的积极性并培养地方的课程开发能力。

校本课程则是由学校根据本校实际情况自主开发并在本校实施的课程，主要在于通过课程展示学校的办学宗旨和特色，促进学生的个性发展，提升学校的办学水平。校本课程的多样性和灵活性可以照顾学生的个别差异，满足学生多样化的需要；校本课程的开发，要求教师要成为课程建设的领导者，充分了解学生的发展特点和现实需要并以此为基础来参与课程改革，对教师提出了较高要求同时也为教师的专业发展提供了重要契机。

国家课程、地方课程和校本课程，都是课程结构中不可或缺的重要组成部分，在课程设置方案中都占有一定的课时比例，并通过具体的科目、门类落实到学校的教育教学中去，发挥各自独特的育人功能。因此，将三类课程有机地整合在一起，促进它们彼此增进关系的发挥对课程结构实现均衡有着重要意义，是我校宏观课程结构建设的重要目标和任务之一。

二、合理配置选修课程和必修课程

必修课程是某一教育系统或教育机构规定学生必须学习的课程种类，是为保证所有学生的基本学习而开发的课程，在于培养和发展学生的共性。必修课程是强制性课程，是国家或社会的权威在课程中的体现，可以承担起多种功能如传递主流文化；帮助学生掌握系统知识，形成特定技能和态度；帮助学生获得某一教育程度的文凭和某种职业资格；促进科技、政治、经济的发展，等等。必修课程能够全面反映课程目标的要求，是实现既定教育任务的主要途径；但由于过分注重学生的共性发展，易于忽视学生的个性，易于走向极端的社会本位倾向。

选修课程是某一教育系统或教育机构里中学生可以按照一定规则自由选择学习的课程种类，是为适应学生的个性差异而开发的课程，在于培养和发展学生的个性。选修课程是选择性课程，可以承担起多种功能如适应学生的个性差异，包括文化背景差异、发展水平差异、兴趣爱好差异等，满足学生个性化的发展需要，促进每个人的个性发展；适应不同区域社会经济发展差异，满足不同地区对有着不同文化知识结构的人才的需要；适应民族文化差异，满足不同民族对本民族文化的认同和归属需求。

学生的发展，既具有共性又有差别，我校为了实现促进学生全面而有个性的发展这一教育目标，在确立宏观课程结构时以合理配置必修课程和选修课程为重要任务之一，努力将适应学生共同需要的必修课程与适应学生不同需要的选修课程结合组成一个有机整体。并且明确必修课程与选修课程之间不存在主次关系、主从关系，选修课程不是必修课程的陪衬或附庸，不是随意的、浅尝辄止地学习就可应付的课程，而是经由共同标准的评估保证其学习有效性的课程，选修课程与必修课程相辅相成，共同成为宏观课程结构的有机组成部分。

三、均衡发展学科课程和经验课程、分科课程和综合课程

学科课程，是以文化知识为基础，从不同知识领域选择一定的内容并根据知识的逻辑体系组织的课程。学科课程是最古老、使用范围最广的课程类型，主要在于传承人类文明，使学生掌握、传递和发展人类积累下来的文化遗产。学科课程按照学科自身的逻辑体系组织课程内容，

有助于学生获得体系完整、逻辑严密的学科知识，也容易组织教学和评价，有利于提高教学效率。学科课程能够很好地体现学科的学术性、结构性和专业性，在培养尖端人才和发展国家科学技术等方面具有不可替代的基础性作用。但学科课程容易脱离学生的现实生活经验，从而导致轻视学生的兴趣爱好、忽略学生的个性发展等不良后果；学科课程也容易忽视社会的现实和需求，从而导致课程内容僵化、缺乏活力和吸引力；学科课程在教学实践中也很容易更为偏重知识授受而导致教学方式呆板单一，重视知识记忆而轻视学生的知识理解和能力发展。

分科课程和学科课程所指的对象一致，分科课程也就是学科课程，只是学科课程着眼于课程内容的性质，分科课程则更强调将学科组织为自成体系的知识系列，强调不同学科之间的相对独立性，从而获得教学内容的系统性、清晰性和教学效率的高效性。与此同时，分科课程和学科课程一样容易导致对学生生活经验、社会现实需求等的忽视从而不利于学生的个性发展、教学内容的更新以及教学方式的多元发展等。

经验课程也被称为"活动课程"，是以学生的需要和兴趣为出发点、以学生的主体性活动经验为组织方式的课程形态。学生是生活在特定的社会和文化中的，经验课程强调学习者的直接经验的价值，把学习者的经验及其生长需要作为课程建设的出发点，关注学习者的需要和兴趣，有助于帮助学习者成为真正的学习的主体；经验课程的主题和内容来源于现实生活，有助于发展学生的实践和创新能力。同时，经验课程并非忽视学科知识和人类文化遗产，而是将其以学生的经验为核心整合起来，有利于学生更好地学习文化知识并以此为基础实现个性的发展。但经验课程也有其自身的局限性，经验课程以学习者的经验为组织中心，不利于学生掌握系统完整的学科知识，易导致学生在向学术领域更高层次发展的时候力不从心；经验课程在实施中容易导致"活动主义"，即为了活动而活动，但学习者的经验活动并非都有教育价值，也并非所有的活动都有同样的教育价值，把握不当会极大地影响教学效率和教育质量；经验课程的实施要求教师具有较高的专业知识技能和教学组织能力，对相关教学设施的要求也较高，在师资条件不具备的情况下较难很好地开展。

综合课程是与分科课程相对应的，是有意识地运用两种或两种以上学科的知识观和方法论去探究一个中心议题，是采用各种整合方式使教育系统中分化的要素和成分形成有机联系的课程形态，在于使学生掌握综合性知识并形成解决问题的能力。综合课程与分科课程相对，与经验课程有着密切的相关性，如我国新课程改革设置的综合实践活动课程，就是典型的经验课程。综合课程也有着与经验课程相似的优势和弊端。综合课程打破了分科课程固有的界限，实现了课程内容有机整合，有利于不同学科间相互开放、相互作用、彼此关联从而促进文化或学科知识的健康发展；综合课程能够增进课程内容与现实生活的联系，将学生的发展与当代社会生活有机联系在一起而不是人为地剥离开，能够鼓励学生的学习热情；综合课程能够促进学生心理发展的整体性，综合的、探究取向的课程能够为学习者提供更多机会来帮助其发展和完善有意义的知识和技能，增强学习者的学习动机和自我效能感。但综合课程难以向学生提供系统完整的专业知识，不利于高级专业化人才的培养；在课程内容的组织上存在较大难度，容易造成各种内容的拼凑现象；课程实施的难度较大，对教师的专业能力和专业素养要求较高。

学科课程和经验课程、分科课程和综合课程作为不同的课程形态，对学生的发展都有着无可替代的作用。学科课程和分科课程在学生掌握系统性、逻辑性和专业性的知识方面发挥着重要作用，而经验课程和综合课程在学生掌握知识间的内在联系和发展解决实践问题的能力方面发挥着重要作用，它们彼此联系、相辅相成。而且，学科课程和经验课程、分科课程和综合课程的区分都是相对的，学科课程中可以渗透有经验活动课程，经验课程也可以将学科课程很好地组织在其中；分科课程包含知识之间的某种程度的综合，综合课程作为课程计划的一部分也是呈现为某种分科的形式，它们彼此是相互依赖、相互作用的。因此，将它们有机地整合在一起，促进它们彼此取长补短、相辅相成作用的发挥对课程结构实现均衡有着重要意义，是我校宏观课程结构建设的重要目标和任务之一。

第三节　宏观课程结构的设计与实施

为了实现宏观课程结构建设的目标和任务，即有机整合国家课程、地方课程和校本课程，合理配置必修课程和选修课程，均衡发展学科课程和经验课程、分科课程和综合课程，我校进行了一系列探索，具体如下：

一、国家课程与必修课程

国家课程和必修课程都是课程方案的主体部分，是为保证所有学生的基本学习而开发的，在于培养和发展学生的共性。基于它们的共性，我校将国家课程设在必修模块。其中语文、数学、英语、政治、技术、体育（必修部分）的教学将学生安排在行政班上课，历史、地理、物理、化学、生物的教学则由学生自主选择修习计划，并依据所选择的类型进入重新编制的教学班上课。具体安排如下所示：

表 3.2　国家课程设置

类别	开设模块		
	高一年级	高二年级	高三年级
语文	必修 1、必修 2、必修 3、必修 4	必修 5、选修 1、选修 2、选修 3	选修 4、总复习
数学	必修 1、必修 4、必修 5、必修 3	必修 2、选修 1-1、选修 1-2、选修 2-1、选修 2-2、选修 2-3	选修 4-1、选修 4-4、选修、总复习
英语	必修 1、必修 2、必修 3、必修 4	必修 5、选修 6、选修 7、选修 8	选修、总复习
物理	必修 1、必修 2、必选 1-1	必选 3-1、选修 3-2、选修 3-3、选修 3-4、选修 3-5	选修、总复习
化学	必修 1、必修 2、"化学与生活"	"化学与生活""化学反应原理""有机化学基础"	选修、总复习
生物		必修 1、必修 2、必修 3、"生物技术实践"	"现代生物科技专题"、选修、总复习

续表

类别	开设模块		
	高一年级	高二年级	高三年级
历史	必修1、必修2、必修3	"历史上重大改革回眸""中外历史人物评说"	选修、总复习
地理	必修1、必修2、必修3	必修3、"旅游地理""自然灾害与防护"	选修、总复习
政治	必修1、必修2	必修3、必修4、"经济学常识""国家和国家组织常识"	选修、总复习
艺术	"音乐鉴赏""美术鉴赏""艺术特色课程"	书法、摄影、陶艺制作、音乐剧赏析、瑜伽、绘画	
信息技术	"信息技术基础""算法与程序设计""多媒体技术应用""网络技术应用"		
通用技术		必修1、必修2	
体育与健康	必修1、必选1以及专项选修：田径、足球、羽毛球、乒乓球、篮球、排球、艺术体操、武术	必选3、必选4、必选5、必选6以及专项选修：田径、足球、羽毛球、乒乓球、篮球、排球、艺术体操、武术	田径、篮球、健康教育以及专项选修：田径、足球、羽毛球、乒乓球、篮球、排球、艺术体操、武术
研究性学习	完成培训、一个课题和总结感悟	完成一个课题研究	自主课题研究
社区服务	不少于5个工作日	不少于5个工作日	自主参加社区服务
社会实践	军训	社会实践一周，内容可选择	社会实践一周，内容可选择

表3.3 部分学科必修课程安排

学科 \ 年级	方向	高一 学段 1	2	3	4	高二 学段 1	2	3	4	高三 学段 1	2	3	4
政治	方向Ⅰ	2	2	2	2	2	2	4	4	第1、2学段继续完成余下的与学科方向一致的选修模块。第3、4学段安排总复习			
	方向Ⅱ	2	2	2	2	2	2	2	2				
历史	方向Ⅰ	2	2	2	2	4	4	2	2				
	方向Ⅱ	2	2	4	4								
地理	方向Ⅰ	2	2	2	2	2	2	4	4				
	方向Ⅱ	4	4	2	2								
物理	方向Ⅰ	4	4	2	2								
	方向Ⅱ	2	2	2	2	4	4	4	4				
化学	方向Ⅰ	2	2	4	4								
	方向Ⅱ	2	2	2	2	2	2	4	4				
生物	方向Ⅰ					4	4	2	2				
	方向Ⅱ					4	4	4	4				

该部分课程目的是为学生的发展打好共同基础，保证学生的全面发展。需要对此表中的一些内容进行说明的是，必修课程和选修课程的区分也不是绝对的，选修课程又分为限定选修课程与任意选修课程两类，限定选修课程是指在规定的范围内学生按一定的规则选择所要学习的课程，如学生必须在若干组课程中选修一定组数的课程，或在若干门课程中选修一定门数的课程等；而任意选修课程则是不加限制地由学生自由选择所要学习的课程。

二、校本课程与选修课程

校本课程是由学校根据本校实际情况自主开发并在本校实施的课程，其多样性和灵活性可以照顾学生的个别差异，满足学生多样化的需要；选修课程也是为适应学生的个性差异而开发的课程，可以促进学生的个性发展，还可以适应不同区域的发展差异及其对不同文化知识结构人才的需要。基于这种共性，我校将选修课程的设置和校本课程的开发紧密联系在一起。具体说来，我校的校本课程包括学科拓展类校本选修课程和综合实践类校本选修课程。

1. 学科拓展类校本选修课程

学科拓展类校本选修课程，是指在每一学科开设若干选修模块或专题，每一模块或专题有明确的教育目标和具体的内容纲要，模块或专题之间相互独立。学科拓展类校本选修课程在内容选择上以必修课和必选课程为基础，在课程设置上则旨在通过不同的选修模块满足不同学生学习基础的差异、兴趣爱好的不同、发展志向的个性化选择以及社会对多样化人才的需求等。考虑到学科内部的逻辑关系，每学期安排的模块或专题与必修课程和必选课程的对应内容协调一致，具体安排如下所示：

表 3.4　学科拓展类校本课程内容大体分类

校本课程	分　类		课程实施
学科拓展类校本选修课程	通选类	语言文学类　　数学类 文科综合类　　理科综合类	每学期开设模块 30—40 个，学生根据自己的发展方向选修
	特选类	文科特选类　　理科特选类 项目特选类　　综合特选类	每学期开设模块 15—20 个，学生根据自身专长选修

表 3.5　部分学科拓展类校本选修课程

年级 类别	高一年级	高二年级
语文	古典诗歌赏析 四大名著赏析 古汉语文字魅力 现当代散文赏析 修辞的鉴赏与实践 文言文思维拓展训练	中国当代先锋文学与改编影视作品赏析 阅读与赏析1 阅读与赏析2 语文学习能力拓展1 语文学习能力拓展2 文言文精彩语段品读训练
数学	初中数学探究 初、高中数学衔接 函数思想方法选讲 数列不等式应用分析 三角与向量问题选讲 圆和三角函数选讲	圆锥曲线研究 几何证明选讲 应用问题选讲 直观图与三视图 导数应用 算法初步、极坐标、参数方程 数形结合思想

续表

类别＼年级	高一年级	高二年级
英语	听说时空 1 听说时空 2 领略英语的文字魅力——基础篇 领略英语的文字魅力——提升篇 英语大赢家（基础篇） 英语大赢家（提升篇）	听说时空 3 听说时空 4 精选阅读与词汇进阶 1 精选阅读与词汇进阶 2 实用写作 语法精研
文综	政史时空 1 政史时空 2 区域地理 1 区域地理 2 中国古代史 世界哲学智慧	政史时空 3 政史时空 4 经济思维 人类文明变迁 中国古代哲学思想 文综专题选讲
理综	物理思维、实验方法 1 物理思维、实验方法 2 走入神奇的化学世界 形形色色的元素世界	物理思维、实验方法 3 物理思维、实验方法 4 化学思维方法 生物实验技术 化学实验拓展 生物专题选讲
特选	项目研究基础 1 项目研究基础 2 项目研究实践 1 项目研究实践 2 先秦文学 唐宋文学 阅读与写作 1 阅读与写作 2 理综专题研究 1 理综专题研究 2 中国历史选讲 1 中国历史选讲 2 区域地理基础方法之世界 区域地理基础方法之中国 人类政治文明的变迁 人类社会经济的变迁	项目研究实践 3 项目研究实践 4 明清文学 现当代文学 阅读与写作 3 阅读与写作 4 理综专题研究 3 理综专题研究 4 世界历史选讲 1 世界历史选讲 2 跬步千里走世界 小流江海游中国 市场经济初步探索 经济思维的养成 数学思维拓展 A3 数学思维拓展 A4 数学思维拓展 B3

续表

类别　　年级	高一年级	高二年级
特选	数学思维拓展 A1 数学思维拓展 A2 数学思维拓展 B1 数学思维拓展 B2 英语综合阅读 英语综合写作	数学思维拓展 B4 实用文体写作 大学英语 英语语感阅读与写作 英语文化背景

这一部分课程主要在于满足学生的个性化需求，促进学生有特色地发展，使得学生学有所长。需要补充说明的是，我校开设了特选课程体系，是通过借鉴我校多年在文科实验班课程改革中的经验并根据学生的需求和社会的需要开发的，指的是将国家课程和校本课程中的一部分内容组合为不同方向的课程群，以为不同潜质和不同特点的学生提供充分发展的机会。特选课程非常关注课程内容的广度和深度，通过在内容的广度上进行延展来满足学生的多样化需求，通过在内容的深度上不断拓进来满足文科、理科、社科等班级的学生的特殊需求。特选课程的具体结构及部分特选课程内容如下所示：

表 3.6　特选课程设置简表

名称	对象	负责部门
文科实验班特选课程	文科方向优秀学生	教学处
数理优秀学生特选课程	数理方向优秀学生	教学处
项目实验班特选课程	科技方向优秀学生	教科室
PGA（全球通用证书项目）高中课程班特选课程	准备出国留学学生	国际部
综合特选课程	全体学生	体艺处、教科室、教学处
拔尖创新人才工作室	具有拔尖创新潜质的学生	教科室

表 3.7　文科实验班特选课程

课程	内容和形式	目的
科学课程	将物理、化学、生物和技术学科的必修内容整合为"科学与技术领域"，分为四个模块	加强学生科学基本素养

续表

课程	内容和形式	目的
阅读课程	分阶段为学生开列文史社科类书籍的必读和选读、精读和泛读书单	通过阅读获取知识、培养思维和指导人生
拓展课程	包含数学专题选修、英语专题选修、语文专题选修、综合文科专题选修、艺术专题选修和综合专题研究课程等	突出"宽、厚、实"的特点,全面提升学生的人文学科能力
讲座课程	包含文史类、经济类、法律类、时政类、艺术类、中外文化交流、生涯规划等门类	增长知识,开阔视野,激发学生学习动力,树立远大的人生理想
人文活动课程	包含读书会、文学创作、戏剧表演、书籍出版、社科研究、志愿活动、国际交流等	培养学生的人文实践能力
人文社会实践课程	文科实验班社会实践线路分为长途线路和短途线路。长途线路主要是地域文化考察,如"徽文化""秦汉唐文化"等线路。短途线路指北京市内及周边的线路	知行合一,增长见识,提升学生认识深度,强化学生的责任感和使命感,锻炼学生的综合能力

表 3.8 数理优秀学生特选课程

课程	内容和形式	目的
拓展课程	以专题形式呈现,以学科知识为基础进行补充、整合和深化,引导学生深入探讨和研究,产生有价值的生成性成果	提高认知水平,加强思维训练,提升分析和解决问题的能力
竞赛课程	为在数学、物理、化学、生物和信息等学科有浓厚兴趣和一定特长的学生开设学科竞赛选修课程	培养学科尖子生,为学生发展特长提供支持
专修课程	一类是"阅读与写作"课程,一类是实验课程,包括"生物实验观察""化学实验与技巧"和"物理实验与技巧"等	促进学生平衡发展,促进学生的可持续发展,提升学生的综合素质
讲座课程	校内讲座与校外讲座相结合,关注科技前沿,重在科学精神和科学方法	丰富学生的心灵,提高学生的境界

续表

课程	内容和形式	目的
研究课程	为在课题研究方面具有一定特长的学生提供较高水平的平台支持，与高校和研究院所联合培养	提升学生的科研能力和创新能力
人文与科技社会实践课程	采用长短期相结合、科技与人文相结合的方式	激发学生的学习兴趣，锻炼学生的意志品质，促进学生全面发展

表3.9　项目实验班特选课程

课程	内容和形式	目的
人文与社会	以必修内容为基础，整合学科内容，设置若干项目采用"项目学习"的方式	丰富学生的学习方式，激发问题意识，提升探究能力
项目研究基础课程	项目研究基础课程Ⅰ主要包括项目研究概论、项目研究方法和项目研究实例，以及项目研究所需的实验技术和基本理论	引导学生走进项目研究，为进入项目铺设知识基础、能力基础和意志力
项目研究特选课程（一）	包含工程与技术方向、物质与材料方向、生命科学与生物工程方向、信息技术与网络安全方向、地球科学与技术方向，学生根据兴趣自主选择2个方向完成相应项目。	项目研究中培养和提升学生的执着精神和创造力，提高学生综合解决问题的能力。项目研究特选课程（一）引导学生根据基础和兴趣体验项目研究过程；项目研究特选课程（二）以培养学生发现问题，综合运用，科研和创新能力为主要目标
项目研究特选课程（二）	项目研究注重综合性、跨学科、有深度，采用校内外双导师制共同指导学生完成项目	
讲座课程	必选部分：人文与科技相结合 自选部分：科技热点和科技前沿为主	以拓宽学生视野，激发兴趣和内驱力为目标，引导学生树立正确的人生观
社会实践课程	采用长短期相结合、科技与人文相结合的方式，增加野外科考项目	培养团队合作和实践能力，增强社会责任感

表 3.10　PGA(全球通用证书项目)高中课程班特选课程

课程	内容和形式	目的
国际课程	引入 GAC(全球评估证书)国际课程,加强学术语言、批判思维和西方文化教学	通晓多元文化,拓展国际视野,衔接国际高等教育
特需课程	ACT(美国大学入学考试)、托福和 SAT(学术能力评估测试)等特需课程	为学生升学提供针对性的支持
精英课程	AMC(全美数学竞赛)培训课程,AP(美国大学预修课程)统计、AP 经济、AP 物理和 AP 微积分等课程	提升学生的学业能力和思维水平,为学生将来的专业学习打好基础

表 3.11　综合特选课程

课程	内容和形式	目的
舞蹈课程	以舞蹈为载体的综合学生主题活动	培养学生观察模仿能力、即兴表现能力、创造求新能力、交流合作能力和综合融化能力
合唱课程	以合唱为中心的综合学生主题活动	丰富人文知识,培养团队精神和多元思维方式
PBL(问题式学习)课程	在学科教学中,引入"项目学习"的方式	培养学生动手实践和科研能力,丰富学生的学习方式
社科课程	加大社会科学内容的深度和宽度,增加应用文科的内容,注重交叉学科的联系	培养实践型文科人才,为学生的专业发展提供支持
外语课程	增加除英语外的第二外语的学习,如日语、法语等	提高学生的语言能力,培养外语人才

2. 综合实践类校本选修课程

　　我校开设的综合实践类校本选修课程是由学科组、教师个人和学生自发提出课程方案(方案包含活动目标、活动内容、活动方式、时间安排、组织形式和必需的物质条件等),然后由学校统一组织实施的课程。综合实践类校本选修课程以"活动主题"为中心来进行组织,每种课程包含若干活动主题;每次活动围绕某一主题展开,以学生的自主学习和直接体验为主,教师主要提供支持或辅助。考虑到综合课程包括三种基本类型——如果课程的中心议题源于学科知识，那么这种综合课程是"学科本位综合课程"（或"综合学科课程"）；如果这个中心议题源于社会生活现实，那么这种综合课程是"社会本位综合课程"；如果这个中心议题源于学生自身的需要、兴趣和经验，那么这种综合课程是"经验本位综合课程"（或"综合经验课程""儿童本位综合课程"）。我校的综合实践类校本选修课程又具体分为学科类、科技类、课题研究类、社团类、体育和艺术类等，每个类别依据学校条件和学生的需要开设一种或几种活动课程，具体安排如下所示：

表 3.12　综合实践类校本课程内容大体分类

校本课程	分类	课程实施	校本课程
综合实践类校本选修课程	综合选修类	学术类　文学类　文化类 技术类　职业类　社科类 体艺类　科学类　生活类	每学期开设模块 40—50 个，学生根据自身的兴趣和爱好选修
	特色活动类	大型主题活动系列 学论语讲修养系列 班级综合竞赛系列 专题社会实践系列 青年志愿服务系列 党团特色活动系列	三年整体规划。全校集中安排的大型活动与根据年级特点安排的主题活动相结合；统一安排的活动与自主设计的活动相结合；必须参加的活动与自主选择的活动相结合
	讲座类	每学期 4—8 次	
	课题类	每年设置 80—100 个课题	
	社团类	每年设置 30—35 个学生社团	

表 3.13　部分综合选修类课程

经济数学	生活中的心理学
Arduino（一款开源电子原型平台）创意电子制作	生涯发展与自我规划
FTC（FIRST Tech Challenge）2015 机器人程序设计	诗词鉴赏与写作
iOS APP（苹果公司移动操作系统应用程序）开发入门（Swift 语言）	史书研读
TED（Technology Entertainment Design）演讲与英语学习	书法碑帖临摹与创作

续表

VB(Visual Basic)趣味程序设计	数字化英语学习拓展实践
茶·器·水——中国茶道和谐之美	水彩画技法
传统文化经典阅读通识课程	四大名著纵横谈
创客 DIY(Do It Yourself)实践	素描
创客空间 A：Arduino 电子技术	通用学术英语
创客空间 B：计算机辅助设计	微型植物繁殖
创意工坊	无线电航空模型原理与制作
大学先修课程——大学化学	习茶·茶汤之美
大学先修课程——微积分	戏剧鉴赏与实践
大学先修课程——中国文化	学生干部领导力提升与学生活动设计
大学先修课——电磁学	英美文学、戏剧赏析
大学先修课——计算概论(C++)	英语辩论理解批判思维、哲学与道德
大学先修课——微积分	英语实用写作技巧
大学先修课——中国通史	英语演讲学习与实践
地理类纪录片的赏析	影视赏析
电子控制技术及简易机器人	有机化学基础
地图绘制实践课程	中国古代文化史
数学思维训练(竞赛)	综合材料油画创作
化学竞赛	情迷俄罗斯
高中政治理论思维培养与拓展	区域地理基础方法之世界
歌唱——声乐技巧训练	日语
韩语	萨提亚与心理能量提升
航空模型飞行控制	社会心理学
合唱	深沪股市技术分析和心理模拟训练
化学创新思维训练营	基于安卓系统移动设备小软件的编写
机器人竞技类比赛项目	基于工程挑战赛的设计
基础英语	计算概论
基于 FTC 项目的机器人设计与研究	经典影片分析与学生微电影创作

表 3.14　部分学生社团

棋社	话剧社
科技化学	轻音社
辩论社	书画社
国学社	魔方社
科普化学	环游世界社
汉服社	数学模型社
动漫社	天江天文社
创意写作社	机器人社
EF 摄影社	一五学社
模拟联合国社团	科技俱乐部
六弦吉他社	志愿团
电影社	心理学社
哼唧街舞社	WUG 音乐社
舞蹈团	桌游社
排球队	电视台
篮球社	手工社
足球社	游戏设计工厂
轮滑社	航空社
合唱团	增材制作社
美术社	双语社

综合实践类校本选修课程的主要目标在于通过丰富多彩的活动来为学生提供灵活、多样的学习和体验方式，充分体现学生的主体性，激发学生的求知欲，发展学生的爱好和特长。与此同时，综合实践类校本选修课程还让学生广泛地参与实践，掌握一定的科学研究方法，学会自主探究和合作交流，并形成科学的态度和精神，提高学生的实践能力和创新精神。

"中学生人际交往"校本活动类课程的开发与探索

一、课程实施依据

(一)实施素质教育的有力措施

人际交往是参与交往活动的人的素质的整体体现,以心理素质为基础的人际交往能力是人的基本素质的重要组成部分。有针对性地对青少年进行人际交往素质的培养能够促使个体素质更为全面、和谐地发展,是全面提高青少年的素质、实施素质教育的有力措施。"高中生人际交往"校本课程是青少年素质教育不可或缺的一个重要内容,是青少年在其成长与发展过程中能否与周围环境和个人进行良好的交往、沟通,建立良好的人际环境,维持、改善和提升人际关系,这是有效提升个体适应高中学习生活至关重要的一个方面。

(二)切合我校的育人目标

我校自建校以来长期坚持贯彻德、智、体、美全面发展的方针,以"三兼优、一发展"即人格发展和身心发展兼优、知识基础和能力基础兼优、人文素养和科学素养兼优、个性得到健康发展作为培养目标,坚持"尊重学生自主,倡导人文教育,重视环境熏陶,强调道德实践"的教育主张,形成"人文素质教育"和"自主性发展"的育人特色。实施"中学生人际交往"校本课程就是紧紧围绕我校的育人目标,以培养学生的自我认知能力、交往能力,提升礼仪修养能力为核心内容,通过学生的自主参与实现其人格发展和身心发展兼优,个性得到健康发展的核心目标,突出了学校教育的持续性特点,强调了学校教育为未来社会服务的功能。

(三)切合高中生成长的需要

初高中处于青少年期和青年前期,是个体逐渐走向成熟的特殊发展阶段,迫切需要获得他人及社会的认同,因而大多数中学生有着更为强烈的交往愿望,希望能够通过广泛的人际交往,确立自我,走向独立。但是,由于他们还没有完全走向社会,心智还没有达到完全成熟,在社会意识、社会行为等方面还没有多少切身的感受,在人际交往方面还缺乏相应的经验积累,尤其是从小学升入初中,初中升入高中,在这个新的生活环境里还存在着适应问题，特别是人际关系的适应，因此有针对性地进行人际交往能力方面的培训对于中学生更好地适应学校生活、应对未来的社会生活有着重要的意义。

二、课程体系

本课程作为校本选修课，每周一节课，每节课60分钟。

（一）课程目标及定位

人际交往能力的学习和锻炼是每一个青少年适应学校生活、走向社会必须完成的毕生发展课题之一。"中学生人际交往"校本课程是以学生的心理发展为立足点，以学生的心理需求及实际需要为基础，以培养学生的良好的人际交往能力为目标。通过本课程的学习使学生认识自我、了解人际交往及其基本礼仪的知识和规律，运用人际交往的功能发展人际关系，掌握人际交往的言语和非言语方式，改善人际交往中不恰当的认知方式和交往方式，促使学生更好地适应学校生活，为今后走入社会打下人际交往的基础。

本课程属于综合实践活动类课程，课程的组织主要围绕活动来开展，注重学生在互动活动中的体验，引导学生自主建构知识体系、主动探索应用实践，在课程教学中，尽管也有知识、理论的传授，但教学仍以学生的直接体验为核心、以活动的形式将人际交往的知识内化为学生的发展需要。

（二）课程内容设置

1. 提升自我认知能力

自我认知是在与他人交往过程中，根据他人对自己的看法和评价而发展起来的，并随着个体的成熟不断发生变化并持续人的一生。人的任何活动都离不开自我认知，积极、正确的自我认知是个体健康成长的基石。青少年时期，是继幼儿、儿童时期自我认知迅速发展的第三个重要阶段。这一阶段，人的自我认知会因其生理、心理的逐渐成熟发生突变，尤其是"成人感"的出现使青少年不再满足于家庭中亲子关系的建立，而是寻求在更大范围如在学校中得到老师和同学的认可和接纳，这对其自信心、自尊心的建立，学校生活的适应以及与老师、同学良好人际关系的形成发挥着关键性的作用。本课程计划从两个层面提供认识自我的方法：第一个层面是从自身出发，从生理自我、社会自我和心理自我的角度以及现实自我和理想自我的角度了解自己；第二个层面是从他人的角度出发，从老师、同学的评价了解自己，从而引导学生正确认识自己、悦纳自己，纠正不恰当的自我评价，建立积极的自我认识，从而提高自我认知的能力。主要的课程内容设置是"我的自画像""我的人生五样""生命线"等。

2. 普及交往礼仪知识

礼仪是人际交往中的行为规范，从个人修养的角度看，礼仪是一个人的内在修养和素质的外在表现；从交际的角度看，礼仪是人际交往的一种实用艺术，是一种用以处理人际关系的交际方式；从传播的角度看，礼仪既是在人际交往中必须遵行的律己敬人的习惯形式，也是在人际交往中约定俗成的示人以尊重、友好的习惯做法。[①] 在高中阶段普及交往礼仪知识可以引导学生掌握人际交往中基本的礼仪规范，如在交往中如何称呼、如何介绍、如何握手、如何交谈、如何问候、如何答谢等内容，此外介绍在公众场合着装、站姿、坐姿、走姿的基本要求和规范，即培养学生在人际交往中体现饱满的精神状态、诚恳的待人态度、端庄的谈吐、得体的仪表礼节、大方的表情动作。借此帮助学生提高个性修养，增强自信，实现自我完善，建立良好的人际关系，获得他人和集体的认可。

3. 提升人际交往能力

人际交往是人与人之间以一定方式接触，通过交互活动实现人与人之间物质、精神、自然和社会信息的交流，形成人与人之间相对稳定的心理关系。这种动态人际交往通过交往双方的交际活动形成静态人际关系的过程，其结果表现为人际关系的和谐或冷漠、融洽或紧张。人际交往能力是指人建立、完善、改变、协调、处理人际关系的表现，具体可分为人对人际关系的感知能力、适应能力、协调能力。

---

① 金正昆.社交礼仪教程.3版.北京：中国人民大学出版社，2009：2.

本课程主要是从这三个方面入手提升学生的交往能力：从学生个体对自身和他人个性及外部特征、行为方式和内心世界的认识能力，对周围人际关系、群体关系的洞察力，即提升人际交往的感知能力；通过各种活动不断调整学生个体的认识、情感、意志和行为方式、适应人际环境熟悉与陌生、顺境与逆境的变化和维系良好人际关系的能力，即提升人际交往的适应能力；积极创设人际环境，保持人际关系主动平衡发展，建构和谐人际关系的基本能力，即提升人际交往的协调控制能力，同时掌握在人际交往中最基本的技能，如倾听、沟通、赞赏、非言语沟通等内容。

（三）主要活动形式

1. 角色扮演

角色扮演融合了认知、技能、情感的各个领域，它是对选定的问题进行情境表演的一种方式，是一种不必排练的即兴表演。[①] 在情景模拟中主要表现为扮演、再扮演、预演、角色倒置、哑剧和空椅法、角色辩论会等形式。本课程根据教学的需要，通过特定人际交往情境的设置、学生入情入理的表演，通过学生对角色的想象、创造、感受、思考与体验，使学生真切感受各种人物角色的心理，从角色扮演中得到启发，从而改变认识和行为的一种有效方法。

如在"沟通无极限"角色扮演活动中，学生分别扮演高一学生小雪、小雪的异性朋友小辉、小雪的同性好朋友小美、小雪的父母以及班主任。故事是由小雪和小辉在网上频繁的互通邮件引起的五个角色之间的交流沟通。第一次角色扮演，学生在角色扮演的过程中完全按原有剧本进行，切身体验各个人物的角色心理和沟通方式，从彼此交流不畅、沟通冲突中真实感受并用心思考，提出问题、找出原因和应对方法，并在教师的引导下找到最佳的沟通策略。在第一次角色间沟通的启发下，第二次角色扮演中学生完全按照自己的理解尽情发挥，将学习到的沟通知识、感受和经验应用到此次角色扮演之中，获得新

---

① 王爱芬. 浅析角色扮演法及其在学生心理发展中的意义. 教育理论与实践，2007，27：91—93.

的感受，积累新的交往经验，形成有效的沟通模式，进而不断提高他们的交往能力。

2. 拓展游戏

拓展游戏打破了以往传统的教育模式，是体验式学习的一种有效运用。拓展游戏是通过精心设计的内容项目和教师的引导、启发，让学生在实际参与、亲身体验、感受分享、认识提升中进行自我认知与探索，并最终运用到社会实践中。本课程借助这种独特的游戏方式，让学生在游戏的中通过人际互动、竞争合作、相互沟通，从游戏的奇妙结果中受到启发和启示，促进学生人际认知和交往行为的建立或改变。

如拓展游戏"爱在指尖"，学生通过两两互动，彼此所伸出的1—4个手指的不同含义及相应行为动作，在活动的过程中深切地体会：无论是自己还是他人，在人际交往中我们都有一个共同的倾向——希望别人能承认自己的价值，支持自己，接纳自己，喜欢自己。但任何人都不会无缘无故地喜欢我们、接纳我们。别人喜欢我们也是有前提的，那就是我们也要喜欢他们，承认他们的价值，也就是说人际交往中喜欢与讨厌、接近与疏远是相互的。最后得出结论：在人际交往中应遵循交互原则。对于交往的对象，我们应首先主动敞开心扉，接纳、肯定、支持、喜欢他们，这样别人才会接纳、肯定、支持、喜欢我们，营造良好的人际关系。进而引导学生主动与人交往，如微笑、主动与人打招呼，主动帮助别人，主动关心别人等方式了解人际感知力，建立良好的交往心态。

3. 案例分析

在本课程中运用案例分析法是想借助人际交往的典型案例，通过对其中某个问题的具体教育情境的描述，引导学生对这个特殊情境和人物进行分析讨论，目的是培养学生对自己及他人行为方式和内心世界的认识能力，提升人际交往的感知能力。

如网络上的一个经典案例——"人际交往PAC"案例（情景对话）：

甲：有没有看见我的英语书啊？（这句话用不同的语气说，既可以

是指责性的父母状态，也可以是客观询问的成人状态，还可以是撒娇的儿童状态）

乙（第一种回答，父母状态）：你这个人怎么总是这样！自己的东西老是东丢西放的，我又不是你的秘书，自己找去！（此时，乙的指责让甲的一个找不到书的小问题上升为不良的生活习惯的高度，甲因没找到书而着急，可乙正好可以借题发挥批评甲，为此，彼此心里都会不痛快）

乙（第二种回答，成人状态）：在你书柜的第二层里。（就事论事回答问题——节省时间）

乙（第三种回答，成人状态）：你好好想想放哪儿了？我帮你找找吧。（虽然没能提供需要的答案，但友好帮忙的态度让人也觉得舒服）

乙（第四种回答，儿童状态）：这是你的书，我怎么会知道呢？又不关我的事儿！（不知道就推开）

通过对所述案例进行分析讨论，引导学生认识到在人际交往中每个人的人格结构，不管他的年龄、性别、职业等因素，都可分为三种状态：父母状态 P，成人状态 A 和儿童状态 C。父母状态是指在交往中表现出来的以权威性和优越感为标志的个性状态；成人状态是指在交往中客观、冷静、平等待人并能以从容不迫、谋求双赢的态度处理问题；儿童状态是指容易冲动、任性撒娇、感情用事的幼稚而缺乏理性。引导学生认识到这三种状态本身无所谓好坏，关键是在遇到问题时，我们如何根据具体情况来决定自己采取何种状态应对。举例来说，一般情况下，当交往双方出现争执、产生矛盾时，通情达理、沉着稳重的成人状态是比较合适的处理方式。此时，我们要善于识别彼此所处的状态，控制好自己的情绪，然后尽可能把对方盛气凌人的父母状态或意气用事的儿童状态引导到成人状态上来，避免因偏激情绪和不良态度而造成的争吵。

在本课程实施的过程中非常注重学生多样性的学习方式，根据课程的不同内容和学生需求，灵活地运用分组讨论、互述自评、社会调查、实践锻炼等方法，有时一节课中以一种活动形式为主同时结合几个活动形式开展，转变那种单一的以知识传授为基本方式、以知识结果的获得为直接目的的学习活动，强调多样化的实践性学习方式。

（四）课程评价方式

"中学生人际交往"课程评价的主要方式为：第一，重视评价内容的过程化。在课程实施的过程中对学生的学习，主要是对学习动机、学习效果、学习过程等进行全面的评价，目的是通过对学生的学习质量水平做出判断，肯定成绩，找出问题，促进学生对学习过程进行积极的反思，从而更及时地调整学习状态或方式。第二，突出评价主体的多元化。在本课程实施的过程中，摒除教师单一的评价主体，将学生自我评价、组内互评、组间互评相结合，目的是使学生在评价的过程中能够从互相交流、互相启发中更全面地认识自我、完善自我，发现自己的潜能。第三，强调评价形式的多样化。本课程主要通过课堂表现、活动参与、书面作业、谈话了解等形式全面评价学生的学习情况。同时，在课程的实施过程中也在有意识地充分发挥评价的导向和激励作用，引导和调动他们人际交往的潜能和主动性。

三、开发探索

经过一年的探索和实践，我们发现校本课程开发的过程也是促进教师专业成长，形成新思想、产生新理念的过程。在这个过程中教师参与校本课程开发，使得课程开发成为教师专业生活的一部分，教师理性地反思现有课程，在提高课程意识和实施效果的同时也激发了教师学习的愿望，促进教师不断地提高专业化水平，同时也更加明确高中生人际交往课程作为一门综合实践活动课程，教师的角色定位已经不仅仅是课程的实施者，而是整个活动的组织者、指导者、合作者，更加明确教师作为"平等中的首席"需要在互动活动中不断引导学生在平等、接纳、和谐的人际氛围中学会观察、善于沟通，掌握在人际交往中最基本的技能，提升人际关系的感知能力、适应能力和协调能力。

随着课程的逐步深入，在课程的开发和实施过程中，我们深刻地意识到充分地尊重和满足学生的心理需求、贴近学生的实际需要并促进学生个性富有差异的发展是课程实施效果的重要衡量标准，因而在课程实施的过程中力求通过不同的方式了解学生的需求及时设置和调整课程的内容和活动形式，如在开课前进行问卷调查、定时（每节课后）和不定时地交流及反馈、通过课堂的参与情况以及向任课教师和班主任了解学生的情况。随着课程内容的不断丰富，如何达到课程内容和活动形式的最佳结合也是我们一直在积极探索的内容。在实践中我们大胆尝试，结合不同课程内容相应地采取一种或多种方式，采用"讨论分析""角色扮演""情景模拟""心理测试""分小组竞赛"等生动活泼、同学们喜闻乐见的活动形式，充分调动学生的参与热情、促进积极思考，让学生在轻松愉悦的氛围里获得体验、提升认识、获得发展。

由于课程开发是一项需要理论指导和专门训练的复杂活动，同时因可借鉴、参考的成熟课程体系不多，我们迫切地感到在中学阶段开设人际交往的校本课程还需不断扩展思路、不断摸索和大胆的尝试，加强校际之间的交流和合作，共同推进中学生人际交往校本课程的开发和使用，促进学生综合素质的全面提升。

第四节　宏观课程结构的合教育性

一、通过板块化的宏观课程结构，全面体现人才培养目标

高中新课程改革的一个核心目标就是为了促进学生全面而有个性的发展，尤其要加强学生的创新精神和实践能力的培养，而全面发展、个性发展、实践能力和创新精神等培养目标相互关联，是一个有机的整体。我校将学校课程结构化，构建出"6＋1＋1"课程体系。其中"6"确保新课程中必修课、必选课的落实；第一个"1"为实现"选择性""发展个性"搭建了一个平台，为深化新课程改革创设了一个较大、较自由的空间；第二个"1"，为满足和培养学生的兴趣，为培养和提高学生的创新能力、实践能力提供条件。结构中的每一部分都有各自的侧重点，我校的人才培养目标通过宏观课程结构获得了完整体现。

二、校本课程与国家课程衔接，为学生的个性发展提供广阔空间

校本课程是在国家课程的基础上，根据学校的资源和学生的实际水平开设的。我校将国家课程按照其领域分成两类，即学科领域和综合实践领域，因此在设置校本课程时，针对学科领域开设了学科拓展类校本选修课程，针对综合实践领域开设了综合实践类校本选修课程。这样的设置，将国家课程和校本课程有机结合为一个高效运行的体系，避免重复，体现层次，突出特性：国家课程针对全体学生，不同的校本课程针对不同的学生；国家课程为学生的发展打好共同基础，校本课程为学生的发展提供更广阔、更多维的空间。

表 3.15 国家课程与校本课程的对应关系

国家课程	学科拓展类校本选修课程		综合实践类校本选修课程
语文、英语	语言文学类拓展课程 中国文学特选课程	阅读与写作特选课程 大学英语特选课程	学术精研类课程 第二外语类课程 生涯规划类课程 职业发展类课程 文学创作类课程 科学技术类课程 制作实践类课程 文化艺术类课程 体育健康类课程 社会生活类课程 课题研究类课程 社团类课程
数学	数学类拓展课程 数学类特选课程 B	数学类特选课程 A 数学竞赛特选课程	
物理、化学、生物	理科综合类拓展课程 理科竞赛类特选课程	科学实验类特选课程	
历史、地理、政治	文科综合类拓展课程 文科特选类特选课程	政治经济类拓展课程 文化类特选课程	
技术	项目研究类特选课程	信息竞赛类特选课程	
体育			
艺术	文化艺术类特选课程		
综合实践活动	项目研究特选课程		

三、课程结构具有可操作性、包容性和可持续性

基于"6＋1＋1"的课程结构，体现学校课程实施情况的课程表示例如下：

表 3.16　课程表示例

	第一部分								第二部分	第三部分
	1	2	3		4	5		6	7	8
周一				课间操		体育	午休	班会	学科拓展类校本选修	综合实践类校本选修
周二						体育				
周三						体育				
周四						体育				
周五						体育				
	每节课 40 分钟								70 分钟	60 分钟

　　我校的课程结构，明确了不同板块课程的内容、目标、组织形式和管理模式，保证了各类课程的实施空间，有利于学校有序、高效地实施和管理课程，有利于教师实施和开发课程，有利于学生自主选择课程。同时，我校可以根据课程实施情况和学生的学习效果，灵活调整课程的设置，促进教学质量的提升。这样的课程结构具有很强的可操作性。

　　我校的课程结构，不仅可以继承我校在以前的课程改革中取得的成果，还为这些成果的进一步深化提供了更充足的空间；不仅可以将国内外课程建设中一些先进经验吸收和转化进入我校的课程，还为这些经验的校本化和推广建立了更顺畅的途径。这样的课程结构具有很强的包容性。

　　我校的课程结构，为进一步的课程改革预留了很大的发展空间，通过不同板块间课程的匹配、板块内课程的整合和创造，构建出适合不同学生发展的多样化的特色课程或特选课程，使课程改革不断得到深化。这样的课程结构在发展上具有很强的可持续性。

第四章

统一课程追求学生全面发展

托尔斯泰在《安娜·卡列尼娜》中描述到，不幸的家庭的原因可能有千千万万，各有各的不幸；相比之下，幸福的家庭总是相似的，往往集中在那些反复出现、屈指可数的几个要素上。优秀的学生也是如此，无论多么独特的学生，其独特性之所以重要，之所以引人注目，恰恰是因为共同性无所不在：积极上进、独立自主，具有良好的精神面貌和行为习惯。这背后，其实反映了包括普通高中教育在内的现代学校教育的基本特点：学生是同龄人，是在具有极大共性的社会环境和教育条件下的人，是活动能力和活动范围相差不大的人。因此，在学生个性差异的背后，更要看到人类的共性追求，学校教育的共性目标。

为了支持这种共性的基础，我校以艺术、体育和德育三大课程为切入点，实施课程改革，制定了一个面向全体学生的"统一"的课程与教学体系。学习共同的基本知识，增进学生的基本认识和能力，养成一些最基本的习惯与态度，最终帮助学生形成共同的基本目标，分享共同的文化。

第一节 艺术课程改革

东西文明自轴心时代开启，要排遣无聊，拒斥荒诞，就要像打磨玉石一样完善自身，所谓"如切如磋，如琢如磨"。我们的祖先选择诗书礼乐，将光阴过得明智而惬意，如今的我们更需要利用自由，赢得闲暇，丰富自身。艺术教育看似不够实际，却是不可能落空的重要本领，它对于心智的开发以及人格的塑造，并不亚于任何主要科目。但令人遗憾的是艺术教育在素质教育的舞台上并没有发挥出应有的光彩，课程地位边缘化、教材特色不明显，没有从根本上形成对人的成长、对人的素质培养有益的教材和教学形式，没有对学生的终身发展起到应有的作用。

为了全面提高学生综合素质，为学生提供更多的选择，促进全体学生全面而有个性的发展，在新一轮的教学改革中，我校将艺术教育作为改革的重点之一，开始了艺术课程改革的实践与探索之路。

一、艺术课程改革的目标

在过去的艺术教育中，人们常常用专业的眼光和要求来看待艺术课程，并以是否达到一定的技能标准来衡量艺术课程，造成大多数学生与艺术"无缘"。我校此次艺术课程改革，则突破传统的艺术课程形式，将"面向全体学生，促进全面发展"作为课程改革的宗旨。

所谓"面向全体学生"，指的是不论其背景、天赋和能力，都有权享受艺术教育及其提供的丰富内容，学校要为所有学生提供和创造走进艺术的途径，并借由这条途径获得更多发展的可能。我校的艺术课程改革特别强调"全员性、自然班"，实施艺术特色课程的班级并不是由经过挑选的艺术特长生组成，而是由完全随机的、纯粹的自然班学生组成。在这样的班级中，学生对于艺术有多样的价值判断，天赋条件也各不相同。教师引领他们共同走进艺术世界，尊重他们各自感受艺术的不同方式，并且不以水平的高低评判他们，而主要是通过艺术的方式鼓励他们发现自我、表达自我、发展自我。从这个意义上，我校的艺术课程改革实验主要不在于让个别的学生学习个别的艺术知识，而是要通过学校课程的形式，创造一个机会，打开一扇窗口，让全体学生认识到艺术对于成长、对于终身发展与人生幸福的价值。

而所谓"促进全面发展"，指的是艺术课程绝不仅仅是让学生会唱几首歌，会跳几个舞，而应该在教学目标上更加关注学生整体人格的发展，强调的是解放思想，培养创新能力，激发热情与灵感，鼓励自信、大胆、多样而富有个性的表达，启迪学生将艺术融入生命，让艺术成为自身的一种修养、一种境界、一扇窗口，通过这扇窗口去看到更完整、多样、美好的世界，借助这个载体迁移、发掘、提升学生的综合能力，如观察模仿能力、即兴表现能力、创造求新能力、交流合作能力、综合融化能力。现如今，艺术教育在我校正发挥着不可替代的独特作用。"通过艺术的熏陶，可以培养学生开朗、大方的品格，通过艺术创作的过程，可以提高学生多元思考和创新意识，在学生的艺术展示中，可以增强他们的自信心，在学生的艺术分享中，可以加强他们的合作与交流。因此，艺术教育是其他课程所不能替代的。"

二、艺术课程改革的探索与实践

我校此次艺术教学改革涉及音乐、舞蹈、美术等学科，参与改革的这些学科在具体的教学理念、教学内容与教学方法手段上都做了大胆的改变与调整，从有助于"全体学生的全面而有个性发展"的教育高度，使其更加符合时代脉搏，更加符合年级状况，更加匹配班级特色，更加满足学生的多样需求，集合各方优质教育资源，使每位学生真正受益。并构建了全新的"素质教育艺术特色课程"，包括"素质教育舞蹈课程""素质教育合唱课程""素质教育美术课程"，课程改变了国家艺术课程中以鉴赏为主的教学模式，融入中西现代教育理念、主流价值观；融合多学科知识和多种教学方法；重新整合教学资源，改变教学方式，以全新的艺术教学模式，促进学生的全面发展，实现综合型、创新人才的培养目标。

表 4.1 北京师大二附中艺术课程概况表

艺术类别	合唱	舞蹈	绘画	美术鉴赏	书法	创意设计	陶艺	瑜伽	音乐剧赏析与演唱
高一	理科实验班和社科特色班	数字化特色班		文科实验班、社科特色班和数字化特色班	文科实验班	项目实验班			
高二	合唱专修课程	舞蹈专修课程	绘画专修课程		书法特选课程	工艺专修课程	陶艺专修课程	瑜伽专修课程	音乐剧赏析专修课程
高三		全体学生							

(一)融艺术教育与学生需求为一体

基于整体的课程框架，我校在三个年级进行了不同的尝试，使艺术课程与不同年级和不同类型的班级相匹配、相适应、相协调。在高一年级，基于学生差异性的学习需求、学习潜质和发展方向，学校开设有文科实验班、理科实验班、项目实验班、社科特色班和数字化学习特色班，相应地，艺术课程便围绕这些班级的特色，匹配并服务于各类特色班的培养目标。在得到师生及家长的广泛认可后，2012—2013学年，学校在高中三个年级全面进行了艺术课程改革与探索。按照"以美育德、以美启智和以美健体"的思路，为理科实验班和社科特色班设置素质教育合唱课程，为数字化学习特色班设置素质教育舞蹈课程，为文科实验班设置中国书法与绘画课程，为项目式学习实验班设置创意设计课程，使艺术课程更加符合时代特征，更加契合班级特色，有利于学生身心和谐和全面发展，使其成为能够自信多样的表达与展示自我、乐于分享、擅于合作、富有创新意识和具有创新能力的高素质人才。

比如，在项目实验班，学校专门开设了创意设计课程。它是在中国传媒大学广告学院吴学夫教授的指导下，以吴教授"创意思维训练"课程为理论基础，结合中学的教学特点、高中美术教学大纲以及项目实验班学生特点所构建的。第一学期，学生将经历"美术起始课""左右脑思维转换训练""感觉训练""图形创意训练""创意的综合手段表现"五个阶段的课程学习，体验美术与生活的关系、艺术与科学的联系，学会兼顾抽象的、逻辑的左脑思维和感性的、直觉的右脑思维，尝试音乐的、味觉的、心理感受的等多种视觉表达方式，用绘画、雕塑、影像等多种手段体现创意思维。通过对传统高中美术课的改革，项目实验班的创意课程以现代艺术为切入点，给了学生更大的创作空间，更加有利于学生创造性思维的开发。理科实验班、数字化特色班的合唱，文科实验班、社科特色班的国画和书法，也同样令人兴味盎然。

再以舞蹈课程为例，高一年级是通过舞蹈增强人际适应性，促进学生社会化的进程，在一个新的班集体中迅速地建立起人际关系，并且找准自己的位置与角色，尽快适应高中班级新环境，进而发现并打开自我个性外延的空间。高二年级通过肢体动作创意的开发，全面打开学生的创新思维，在舞蹈课中充分锻炼学生身体的各种机能。高三年级则侧重心理层面的疏导，借鉴国外先进的舞蹈治疗手段为学生减压，唤醒学生对自我内在的关照，注入机体更多正能量，激发更多的热情与创新精神。三年课程下来，学生的观察模仿能力、创造求新能力、交流合作能力、即兴表现能力等都得到不同程度的提高。更为重要的是，学生的精神面貌也发生了可喜的变化，主动性和参与性显著提高。

表4.2　高一年级舞蹈课程体系

第一学期		
第一单元	破冰之舞	Name Dance
		陌生的熟悉
		信任练习
第二单元	身体探索	造型
		拉奥孔
		关系
		身体反义词
第三单元	舞动身体	1＋2＋3
		传感游戏
		撷取与重组
		简单·重复
第四单元	作品赏析	古典·传统
		结构·解构·后现代
第二学期		
第一单元	舞蹈与音乐	卡农
		天声舞才
		舞动音乐
第二单元	世界舞蹈赏析与学习	欣赏
		Jazz
		华尔兹
第三单元	年度大展	So You Think You Can Dance

"撷取与重组"舞蹈课程教学设计

撷取与重组

一、教学对象：高三。

二、教学目标：

1. 通过对学生舞动的元素进行提炼和发展，培养学生的肢体创新思维。

2. 在原有知识基础上丰富小组舞动的可能。

3. 尝试进入抽象的情感表达。

三、教学时间：1课时。

四、教学步骤：

1. 热身：带领与跟随。

2. 提炼元素动作。

3. 调度复习。

4. 调度与动作元素重组。

5. 分组展示。

五、实施效果和反思：

通过本课的学习，学生从身边的动作进行提炼，并且加以丰富，自由创编。使学生能够将形象思维和抽象思维相结合，并学会在艺术创作活动中注入个人情感。

"Name Dance"舞蹈课程简要教学设计

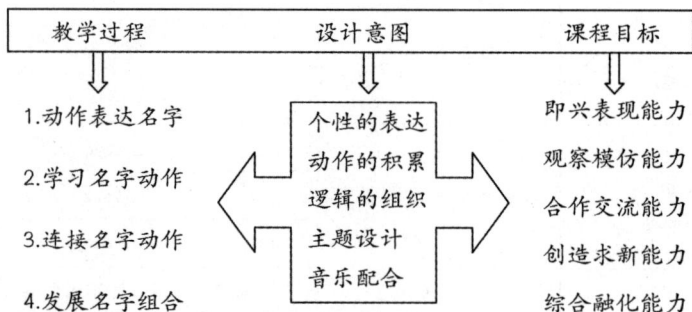

教学过程	设计意图	课程目标
1.动作表达名字	个性的表达	即兴表现能力
2.学习名字动作	动作的积累	观察模仿能力
3.连接名字动作	逻辑的组织	合作交流能力
4.发展名字组合	主题设计	创造求新能力
	音乐配合	综合融化能力

(二)融艺术教育与素质教育为一体

艺术课程改革强调素质培养是人的全面发展的基础。重视在对学生进行肢体动作开发的过程中渗透人文精神、创新能力和科学素质的教育；大力推进教学理念、教学方法、教学内容、教学手段的改革，提倡启发式和探究式教学，注重因材施教，培养学生的自主学习、实践和创新能力。并在考试形式、评估方法上不断探索，改革技术性考试的形式，淡化专业艺术标准与分数考核，关注过程体验与评价的发展功能。我校的"素质教育艺术课程"不以学生的艺术水平作为评价的唯一标准，而是综合运用观察、交流、作品展示等多样化的评价方式对学生进行综合评价，评价报告中要反映学生多元智能的发展状况，更加关注学生在创新能力、合作能力、实践能力、知识的综合融化能力等方面的发展，重视过程，尊重差异，提示其发展的潜能并指导发展；激励学生的个性张扬、特长发挥和大胆创造，看重评价对促进学生发展的激励作用，促进学生积极主动、生动活泼、全面和谐的发展。这种考核评价方式，既能丰富考察内容和形式，又能真实地反映学生成长情况，提高学生多方面的能力。

用舞蹈诠释校徽"三色帆"

"三色帆"是我校的校徽，学生对其含义有各自的理解，如何用肢体表达"三色帆"，掀起学生的热情与创作高潮？教师采取了以下几步教法：(1)创设教学情境。教师展示自制的电子演示文稿(包含"三色帆"的校徽、校服、校旗、雕塑等图片)，引起学生的关注和思考，为主题创编做铺垫。(2)学生自动结组。通过观察、分析、讨论，相互配合，用身体完成"三色帆"的造型：有的小组采用平面造型，小组成员躺在地面上形成"三色帆"；有的小组采用立体造型，一人躺着代表"船"，三个人站着代表"帆"；也有的小组排出厚厚的人墙，托举起三个由低到高的"帆"。(3)第一次展示与评价(自评、互评、教师评价)。各小组经讨论，推荐一名同学用一个关键词概括本组的造型；其他组的同学通过观摩与评价，也给出该组造型相应的关键词；教师引导学生分析与思考，积极有效地进行信息加工学习，确定各个小组的主题。例如："远航""梦想""力量之美""平和""奋斗""朝气""稳定"等。在学生编创情绪高涨的时候，教师适时介绍舞蹈知识，诸如"高中低"空间的使用等，激发学生学习兴趣，引发强烈的求知欲与探索欲。(4)利用关键词和原有造型，进行主题创编。将各种知识融会贯通，培养学生重新组合与排列的结构思维与创新能力。在创编的过程中，他们要面对创意、合作以及表现的种种问题并解决它们，同时培养学生对校训的理解和对母校的热爱之情。

(5)第二次展示与评价。借助展示过程提升学生的自信心，利用观摩过程提高学生的鉴赏力。其中"远航组"利用脚步的各种流动，伴随着"我寻找你，我走近你，含着深情意"的歌声，表现三色帆船远航的意境，获得了大家的喝彩。教师给出具体的表扬和小建议，激励发展性评价，使学生认识到自己的能力及价值，从而进一步增强原有的创作兴趣。

(6)积累动作元素。积累是为了更好地创造。各组提炼出具有代表性的动作元素，选取代表教授给大家。每位学生获取动作元素的同时，观察模仿能力得到提高。"小老师"的作用进一步激发学生的学习兴趣。学生在欢笑声、喧闹声、掌声中度过他们的舞蹈课，巧妙地对学生灌注了素质教育。

(三)融艺术教学与实践创新为一体

充分发挥学生创造力表现的多向度、多样态。一个具有很强创造力的学生，不仅表现在思维的变通性、流畅性、独创性上，而且表现在鲜明的个性特征上，如好奇心、冒险性、挑战性、超越性等。为了尊重学生个性的多样性，爱护发展学生独特的创造力，我校为学生提供实践创新的机会，广泛动员学生积极参与艺术实践活动，特别是使那些有一定的创新意识和探索研究精神，善于独立思考，敢于挑战新知、超越自我、具备基本的科研素质与能力的学生能及早进入专业领域，开展初步探索性研究工作，通过这类活动的开展，使学生探究精神、创新意识、科研能力及团队协作能力得到极大的提高。如我校开展的"艺术北京行"社会实践中，高一(4)班同学在"798创意广场"进行了"快闪"舞蹈行动，为保护小动物募捐，这充分体现了学生关注到了同一地球上的其他生命的价值，并通过自身在学校受到的教育为自己的价值观付出行动。又如，在我校开展的"艺术山西行"的社会实践中，舞蹈教学特色班的同学们与当地人们的互动过程中，以及与当地学生的合作演出中，表现出来的热情大方、健康阳光、开放包容、团结合作等优良品质得到了广泛的认同与称赞。

(四)融艺术教学与科学研究为一体

作为培养具有创新精神的高素质人才的教学，一定要以一流的科研为背景，通过教学与科研的结合，引导学生掌握发散思维的方法，培养学生创新意识的教学能力。要鼓励教师自身知识的学习积累，并提供较高学术氛围的研讨平台供教师们参加学习。将古今中外先进的艺术教育用于我们的教学中，横向借鉴国外先进国家的舞蹈教育，掌握先进有效的教学方法。纵向则向我国古代舞蹈教育学习，注重对学生进行传统文化的熏陶，使学生体悟民族文化的魅力。

通过几年来对艺术课程的实践探索，我校树立了更加全面科学的艺术教育理念，引进多种教学方法，艺术教学管理水平显著提高；涌现出了许多优秀艺术教师，研发出一大批适合高中学生的优秀课例；开展了一系列课内外艺术活动，有效推进了我校艺术课的改革进程，并为推进我校的素质教育及教育教学发展做出突出贡献。北京市和西城区教委领导专家先后多次来我校深入课堂听课调研，召开现场观摩研讨会。并得到了专家和领导们的一致认可。市教委决定于2014年首先在全市50所金帆校开设"素质教育舞蹈课"，在全市逐步推广我校成功经验。

三、艺术课程改革的成果与思考

我校在面向全体学生开设艺术课程的改革过程中，实施全程监控，定期研究，调查反馈，及时调整，不断完善艺术课程的设置。学生在新的艺术体验中悄然变化，发展综合素质，收获快乐与成长，这些变化主要表现在以下几个方面。

第一，态度变化。学生对新的艺术课程总体上有这样一个逐渐接纳、适应与变化的过程：羞涩抗拒—接受—喜爱—改变—成长。在实施的最初阶段，有些对艺术比较感兴趣，或有过一些艺术基础的学生比较容易接受，但相当一部分学生的积极性调动方面都遇到了一定程度的困难；有些学生本身就对合唱、舞蹈等不感兴趣，表现出抵触和反感的态度；有些比较羞涩，不好意思在大家面前唱歌跳舞，表现拘谨、不自信、不自然；有些则被传统艺术课程专业化的标准吓到了，有些害怕和担心自己达不到要求，产生了畏难和逃避情绪。

随着课程和学生体验的逐渐深入，其主动性和参与性显著提高，学生在课堂上逐渐释放出活泼快乐的天性和让教师惊讶的想象力，形成了良好的互动氛围。课堂参与渐入佳境，课堂氛围愈发活跃与融洽，同学们享受上课的过程，在课堂上舒展心性、碰撞灵感、大胆想象、释放个性、创新实践。

在问卷调查中，71%的同学表示喜欢并且愿意参加该课程的学习。在访谈中，学生兴奋地向我们讲述他们的艺术课程，字里行间都让我们感受到学生对新的艺术课程发自内心的喜爱和主动参与的热情。学生是这样说的，"每堂课的练习都少不了新颖独到的即兴表演和创意，把我们引向一个天马行空的乐园，我们的思维模式也得到了开拓，绽放出活力四射的花季，让我感觉很自豪"；"每一个人都发生着或大或小的变化，我个人最大的成长莫过于能不断突破自己，自信地站在舞台上舞蹈"。

第二，能力变化。新的艺术课程极大地解放了学生的思想，教学内容与形式特别有利于创新实践，突显出艺术学科的优势，促进了学生生动活泼、自主而富有个性的全面发展。问卷调查的结果显示，57%的学生观察敏锐度提升；69%的学生模仿再现能力与即兴表现能力增强，能够大方地在班级中展示自己或自己组的创意；66%的学生，惊奇自己会有这样丰富的想象力，表示更敢于将自己的想象付诸实践，较之以往更敢于创新；71%的学生在与他人沟通时更加顺畅，更能够做到理解、尊重与倾听，人际交往能力显著提高；77%的学生能够将文学、历史或者美术等任意学科的知识融进自己的艺术创作中，综合融化知识能力提高。

第三，精神面貌变化。艺术能够带给学生精神层面的、内心深处的变化，这种变化外显为学生变得更加自信大方、快乐阳光、热情主动、团结包容，但实质上是艺术课程独特的学习体验，内化为学生价值观、气质性格、情感态度等综合素质的变化，在潜移默化中激发学生积极向上的精神状态，赋予学生追求完满人生和终身幸福的精神力量，从而发挥艺术教育更为深远的作用。

学生们感到每堂艺术课，都在践行着新颖独到的即兴表演和创意，思维模式不断得到开拓。班主任老师们感到，学生们在自创作品的过程中，关注到了整个世界，这是教育内容的升华。在欣赏和审美的同时，挖掘了学生最深处的情感，展示了超越种族的情怀。学生们的才气，勇气和投入创作的精神令人感动。

我校的艺术课程改革也得到学生家长的认同与称赞，他们认为，学校率先在普通高中面向全体学生开设艺术特色课程，是注重学生全面发展的具体体现，是一项创新和改革，是对学生高度负责、对社会高度负责的具体表现。家长感到：艺术实验课在塑造孩子健康的人格、丰富想象力、激发创造性思维等方面都起到了很大的作用。

以下是部分家长、学生、教师对艺术课程的反馈评价：

首先，我们感到学校率先在普通高中中开设舞蹈特色课程，是注重学生"体、智、德、美"全面发展的具体体现，是一项教学制度的创新和改革，是对学生高度负责、对社会高度负责的一种良好态度。作为家长感到，学校在当代背景下具有这种社会责任感其意义更加隽永深刻。

——学生家长

当今社会需要的是健康、全面、自信的人才，家长认为舞蹈课对孩子形成健康的人格、自信的心态、良好的修养、细腻丰富的情感，以及自然顺畅地交流合作、丰富想象力、激发创造性思维都起到了很大的作用；在今后考学、面试、就业的考验中，我们的孩子肯定是最胆大、最敢于表现自己、最善于表现自己的人，无论是在众人面前还是在考官面前都能不犯憷、不心慌，淋漓尽致地发挥出自己最优秀的东西。舞蹈课还在繁重、枯燥的课业中带给孩子们一抹亮丽的阳光，青春有所宣泄，心绪有所纾解，每个人都找到了自己的舞台，每个同学都将成为家长最最期望的身心健康的孩子！

——学生家长

自从开始了舞蹈课的学习，我渐渐明白要通晓舞蹈这门艺术，所应具有的应该是对于生活的感触，而不仅仅是柔软的身体。每堂课的练习都少不了同学们新颖独到的即兴表演和创意，我发现我自己的思维模式也得到了升级。王老师设定的每节课的主题都在从各个方面把我们引向一个天马行空的、远离课本束缚的乐园。

——学生

回想这一年来的带班，舞蹈课为四班做了很多工作，学生们现在很懂老师的辛苦，做事有责任心。因此，我认为衡量一个学生是否优秀并不仅是参照学习成绩，而是德智体美全面考量的。如果仅是以成绩作为评价标准，我们将失去许多优秀的人才。

——教师

第二节　体育课程改革

一、历史上的体育课程

南开中学创始人张伯苓先生曾分析说，近代中华民族有五大弊病[①]，为矫正这五大民族弊病，育才救国，自南开成立之时，张伯苓便以"重视体育、提倡科学、团体组织、道德训练和培养救国力量"五项为方针，教导学生"值此求学时期，当以道德，身体，知识三事为自立基础"。张伯苓先生曾言："教育里没有了体育，教育就不完全……我觉得不懂体育的，不应该当校长"[②]。在当年的南开校园里，人们经常可以看到张伯苓与学生一起踢足球，有时还亲自带领学生参加比赛。翻开南

---

① 五大弊病指：第一是"愚"（指民性保守，愚昧无知，缺乏科学知识，充满迷信观念），第二是"弱"（指重文轻武，鄙弃劳动，国民体魄衰弱，志气消沉），第三是"贫"（指科学不兴，灾荒多见，生产力弱，百姓生计艰难），第四是"散"（指不善组织，不能团结，犹如一盘散沙），第五是"私"（指私心太重，公德心太弱，民族思想缺乏，国家观念薄弱）。王文俊，等. 张伯苓教育言论选集. 天津：南开大学出版社，1984：243.

② 王文俊，等. 张伯苓教育言论选集. 天津：南开大学出版社，1984：258.

开中学的校史，我们可以清楚看到："凡本校学生体育成绩必须达到一定的标准，不及格者强迫运动。……学校每年体检一次，对于身体某部分特别软弱者，得令其于某部分特别注意运动以补其缺。"①

随着洋务运动之后近现代教育思想的冲击，在诸多先驱的倡导下，体育教育很早便在我国学校实践中付诸实施。1898 年京师大学堂的课程设置就包含了德、智、体三部分内容。1904 年《癸卯学制》明确提出，普及教育的宗旨是"启其人生应有之知识，立其明伦理爱国家之根基，并调护儿童身体，令其发育"。由此，规定学校设置体操课程，第一次把体育引入课程结构之中。1923 年《新学制课程标准》将"体操科"改为"体育科"，废除了原来的兵式体操，改为以球类、田径、游戏、普通体操等近代体育项目为主的教学内容。

尽管如此，与当初诸多志士的极力推崇相比，体育课程在当下中小学的现实境遇不可谓不尴尬。与音乐、美术和手工等科目一起，体育常常被视为可有可无的边缘学科，或者沦为"放羊式"的自由活动，或者干脆被其他强势学科直接侵占，徒具其名。究其原因，不必多言。为了改变这一状况，2006 年，教育部、国家体育总局联合召开新中国成立以来第一次全国学校体育工作会议，下发《教育部、国家体育总局关于进一步加强学校体育工作，切实提高学生健康素质的意见》，并由教育部、体育总局、团中央三部委联合启动了"阳光体育运动"工程。号召大家：每天锻炼一小时，为国工作五十年，幸福生活一辈子。

二、我校的体育课程改革

根据《北京市教育委员会关于加强中小学体育工作确保学生每天一小时体育活动的通知》的要求，2006 年 10 月 9 日，我校正式启动"学生每天体育锻炼一小时"方案。为保证学生体育活动每天达到一小时的目标不致落空，我校每天安排一节体育课，将体育活动以必修课时加以落实。

---

① 南开大学校史编写组．南开大学校史．天津：南开大学出版社，1989：61—62.

（一）丰富教学方式，满足多样需求

我校的体育课程按照1节必修课＋1节选修课＋3节活动课的结构开设，每周五节的体育课可以分为三类：首先，我校为所有学生安排了每周一节的体育必修课，主要完成国家课程纲要中规定的必修内容，按照行政班授课（两个班组合，男女分开）。其次，每周安排一节专项选修课，学校同时开设7种体育课程纲要中设置的选修项目，供学生自主选择，如男女篮球、男女排球、跆拳道、男女乒乓球、艺术体操、足球等。每六个班学生为一组，选择同种专项的学生被编成一个教学班。在这一模块中，通常由某一项运动项目中相对完整的若干个学习内容组成，一般为16—18个学时，学习相对系统、完整，有利于向纵深发展。最后，学校每周还为学生安排了三节活动课，在活动课中，学生可以自由选择个人擅长和爱好的运动项目，学校提供的活动课内容丰富多彩，有课间操的学习、运动会项目训练和预赛、冬季长跑、年级各种体育比赛活动等。作为国家规定课程课堂教学的延伸和补充，必修和选项课程内学习的基本知识与技能，在活动课上可以得到尽情的发挥，也能充分发挥学生锻炼的积极性和主动性，为学生培养一项终身爱好的体育项目奠定基础。

学生经过三年高中体育选项模块的学习，基本可以掌握一两个专项的基本运动技能，形成特长，成为自己日常体育锻炼的内容，为终身体育奠定良好的基础。由于打破了班级界限，学生在体育课堂的交往中还可以学会与他人相处、交流与合作，培养社会适应能力。

我校体育课程设置结构（改革后期）

（1）必修课程

高一年级：体操（技巧、支撑跳跃）、田径（耐久跑）、武术（五步拳、太极拳）

高二年级：球类（篮球）、田径（耐久跑、实心球）、田径（跨栏跑）

高三年级：体育会考项目、篮球（女篮、男篮）、排球、乒乓球（柔力球）、羽毛球

表1 体育课必修课设置

年级		第1学段	第2学段	第3学段	第4学段
高一	女	体操模块：技巧	田径模块：耐久跑	武术模块：太极拳	体操模块：支撑跳跃
高一	男	体操模块：支撑跳跃	田径模块：耐久跑	体操模块：技巧	武术模块：太极拳
高二	女	球类模块：篮球	田径模块：耐久跑、实心球	球类模块：排球	田径模块：跨栏跑
高二	男	球类模块：排球	田径模块：耐久跑、实心球	田径模块：跨栏跑	球类模块：篮球
高三	女	田径、球类模块	高尔夫、网球、游泳、体育舞蹈、太极拳	男篮、女篮、排球、乒乓球、羽毛球、足球	男篮、女篮、排球、乒乓球、羽毛球、足球
高三	男	田径、球类模块	高尔夫、网球、游泳、体育舞蹈、太极拳	男篮、女篮、排球、乒乓球、羽毛球、足球	男篮、女篮、排球、乒乓球、羽毛球、足球

（2）项目必选课程

根据第一年学生的课程改革实践结果，我们重新调整了课程设置方案，将选项课程由原来的篮球、足球、健美操、跆拳道4个项目扩展为男篮、女篮、羽毛球、跆拳道、健美操5个项目，其中羽毛球为男女混合项目。基本上做到了小班教学，每个班人数在16—20人。

选项办法：一年一选项，半年可调整，第二年如果想继续选择该项目，必须先向该项目的体育老师提出书面申请，批准后才可继续选择该项目。

（3）体育活动

体育活动课程做了很大的调整，我们开设了11个项目，其中高尔夫、网球、游泳、太极拳、体育舞蹈5个项目为收费项目，采用俱乐部的形式，由学生组织报名，完全模拟社团方案，根据学生报名的情况收取额外的教练费用，费用会严格把关，项目学生人数过少、费用过高的就不开设；男篮、女篮、排球、乒乓球、羽毛球、足球为普通项目，这样既满足了学生的兴趣，又很好地解决了场地和师资不足的现状。

（二）深化教学研究，提高课程专业性

我校的体育课程面向全体学生，注重学生运动爱好和专长的形成及经常性的锻炼身体，旨在提高学生综合素质与能力。为实现课程目标，提高课程的专业性，我校采取教师专项授课、小组教研的方式，加强教学研究，增加体育理论教学比重，在改革教法、教具等方面实现新的突破。以2011—2012学年第二学期为例，体育组将学习主题定为"课堂教学的实效性研究"，探讨了诸如怎样做好课前备课、如何有效选择教法、课堂教学组织在教学中的作用、课堂练习密度、运动量对提高课堂教学效果的意义等专项问题，并外请专家、学者介绍本学科的课改形势、研究内容与方向、专题讲座等。

如今，我校已经建立起校园体育常规比赛制度，年级的排球赛、8人制足球、龙舟、3对3篮球、跳绳比赛、踢毽子、全校的冬季长跑比赛……精彩纷呈。在不大的二附中校园中，田径场、篮球场、足球场、排球场以及各种体育器械一应俱全，综合性体育馆也于2013年5月完成改造投入使用。随着每天一小时方案的全面落实，学校体育教育的内容更加趋于全面，学生的体质有了显著的增强，在近五年的《国家学生体质健康标准》测试中，合格率都保持在95％左右。学生日益形成运动兴趣爱好与特长，树立起终身体育的意识与习惯，发展了良好的心理品质，增强了人际交往的技能和团队意识，养成了健康的生活方式以及充满活力的人生态度。

2013年4月13日清晨，月坛体育场，"北京市西城区中小学生田径运动会"的红色条幅赫然在目。从最为直观的人员构成情况来看，二附有着显而易见的"劣势"：没有一名田径特长生——这在参赛的37所高中校里是极为少见的。尽管如此，一旁的带队老师却信心满满："咱们二附的体育向来不差。今年是大西城，增加了原来宣武区的学校。要是过去，我们在西城区的排名可都是保持第二呢。"果然，两天比赛下来，二附中战绩不俗，拿下一个冠军、一个亚军、四个第三名、一个第五名、两个第六名、七个第七名、四个第八名，总分排名第四。

事了拂衣去，深藏身与名。这些赛场上不畏强手的矫健身影，转身回到宁静的二附校园，便又是学生会的学习委员，或理科实验班的班长，还有面临紧张冲刺阶段的高三毕业班学生。在体育教师郭老师看来，这才是运动员们最让他感动的地方："他们都是非常普通的学生，大多利用体育活动课的时间参加训练，却敢于同田径传统校的高水平运动员同场竞技。"如高二年级的小 Q 同学："周五还在学校科技节闭幕式上担任领唱，周六拿下 4×100 米亚军、400 米栏季军，周日早八点又夺得 110 米栏第三名，而后又马不停蹄赶往四中参加八点半开始的北京市数学竞赛，真正是德智体全面发展的好学生！"

第三节 德育课程改革

作为最高师范学府的附属实验学校，我校秉承"以人为本"的教育理念，从"三兼优、一发展"（人格发展和身心发展兼优，知识基础和能力基础兼优，人文素养和科学素养兼优，个性得到健康发展）的培养目标出发，以人文教育为基础，大力倡导构建学生的健全人格，取得了令人瞩目的成就。21 世纪以来，我校在继承和发扬人文教育传统的基础上，树立"欣赏型德育"理念，关注学生的道德体验需求（道德与实际生活的对接）和道德审美需求（欣赏道德之美和教育之美，享用道德行为功利性之外的幸福），通过营造高品位的人文环境，进行教育活动的审美化改造，创建新型师生关系模式，促成学生道德的"自主建构"和健全人格的培养，形成了"人文立校，以美育德"的鲜明的办学特色。

一、欣赏型德育模式的基本内涵与落实渠道

一直以来，道德教育实践中道德灌输、道德强制或者道德放任导致德育实效性低下，为了走出"功利主义德育"和"理性主义德育"的误区，寻求一种关注道德情感、道德智慧和道德自由的美丽德育，我校以北京

师范大学檀传宝教授的"德育美学观"为理论基础，提出建构欣赏型德育模式。

(一)欣赏型德育模式的基本内涵

所谓欣赏型德育，是指通过对德育内容、德育过程、德育情境、德育形式等进行立美建构，呈现道德之美、德育之美、师表之美和德育对象本身品格之美，引起并维持德育对象对道德和德育的主动欣赏，以逐步提升其道德境界和道德生活品质的过程。实施欣赏型德育，尊重学生个性和天性，不灌输不强制，让德育化作美的享受，内化为学生的自在行为，"以人为本"的德育理念本身就是一种人文教育。

欣赏型德育既不能纯粹地去功利而异化地"崇高"，也不能只停留在功利诱导上陷入"庸俗"，作为德育工作者，不但提供道德知识、经验和结论，还要提供丰富的体验渠道和道德情感积淀的源泉，要求德育将道德自身的美展现出来，将道德教育的美创造出来，使之可欣赏。（二附中欣赏型德育模式见图4.1）

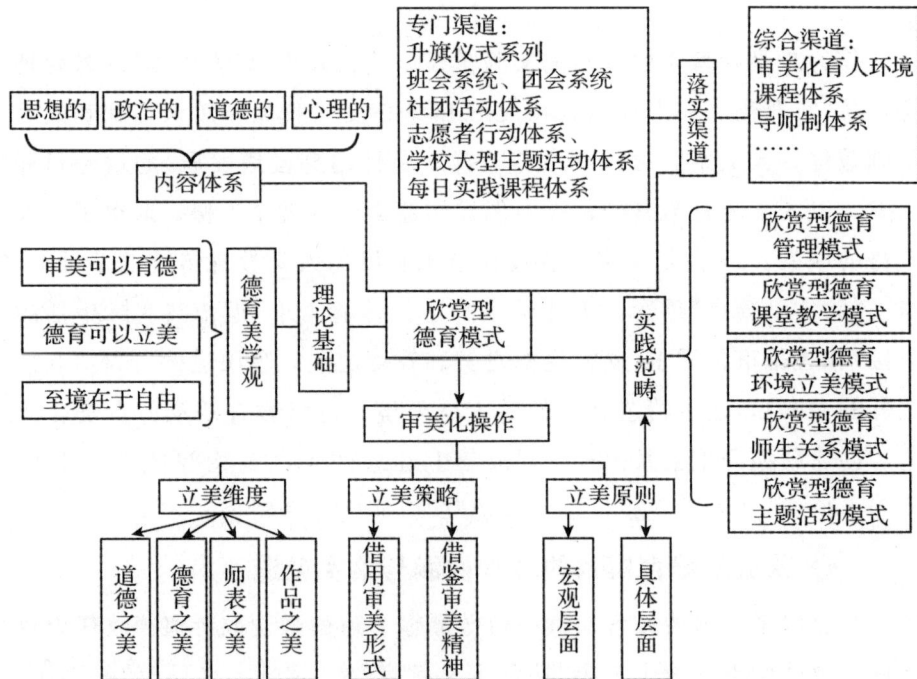

图 4.1　欣赏型德育模式

(二)欣赏型德育模式的落实渠道

从欣赏型德育的内涵上看，欣赏型德育模式不仅需要考虑德育目标（道德内容）体系，针对学生的成长阶段特点在不同目标上的各有所侧重，更需要考虑实施德育的渠道以及在这些渠道中实现目标的方法论体系，针对不同成长阶段特点和不同德育目标采用不同的德育策略，使之具体的合乎"欣赏型"。

德育渠道是欣赏型德育模式实施的基本条件和保障，也是欣赏型德育模式立美建构的一个维度。渠道不畅或者渠道单一，整个德育是难以美起来的。我校德育基本渠道分为专门渠道和综合渠道。专门渠道包括升旗仪式系列、班会系统、团会系统、社团活动体系、志愿者行动体系、学校大型主题活动体系、每日午检系列、社会实践课程体系等；综合渠道包括审美化育人环境、课程体系、导师制体系等。这些专门渠道和综合渠道成为欣赏型德育丰富的、多样化的时空保障。

二、欣赏型德育模式的立美原则

(一)丰富性原则

在学校德育活动目标、内容、渠道、形式上都要坚持丰富性，才有建立价值引导情境以供道德学习主体自由欣赏的可能。

德育的目标坚持丰富性原则。在道德提升的方向上和道德境界的层次上，只有坚持丰富性原则，才符合道德和德育的本质和规律，也才能为道德学习主体提供自主建构的空间，实现"合规律性与合目的性的统一"。

德育的材料载体坚持丰富性原则。"当我们步入德育这个神圣绚丽的殿堂时，首先吸引我们的是那些琳琅满目、多姿多彩的，昭示着人类文明进步的思想和精神……道德除了一般意义上指人们共同生活及其行为的准则、规范外，还折射出人类在从事物质文明和精神文明创造过程中的智慧和人性的光辉。"我们尽可能将这种丰富的德育内容在不同方位和不同角度，以不同形式呈现到道德欣赏的风景（情境）中去，才会有道德学习主体自主欣赏的高水平"画作"或"歌声"。

德育的形式与开展渠道坚持丰富性原则。在中学的德育实践中，校园物化德育环境审美化布置、学科教学、以德育导师制为核心的学生指导体系、学校升旗仪式、学校各类大型主题活动、特色讲座活动、学生社会实践、各班级的晨检或午检、班会活动、团会活动、各类社团活动，以及校园或班级的网络空间活动等都是我们可以进行立美德育的渠道。渠道和形式的丰富性，使得德育过程的创新和新颖成为可能，从而避免德育渠道和形式的单调而使长期生活其中的道德学习主体产生审美上疲劳甚或厌恶。

（二）有序性原则

丰富性并不意味着越多越好，其适宜度是德育活动在学生和教师德育互动时空中张弛有度地、和谐地出现。这就要求无论学校层面还是班级层面开展德育活动要在时间上把握好张弛的节奏，在目标、内容和形式上处理好结构的和谐。

1. 学校层面德育整体安排遵循有序性原则

就不同教育活动的目标、内容、形式等德育要素的结构和谐方面，基本要求是同一对象层面上（如全校层面、年级层面、班级层面或德育选修课程组合人员层面等）德育主题多样化，不同层面上德育主题的配合性。以下这些表格反映了我校有意识地对学校层面德育活动进行了合乎丰富性原则和有序性原则的安排：

表 4.3　学校主要大型活动

时 间	活 动	备 注
8月底，9月初	入学教育系列	高一年级
9月1日	开学典礼	全校
9月22—29日	军训与团体拓展训练活动	高一年级
9月—10月	"我读过的一本好书"书评书展活动 （班级开展基础上，11月初全校实物展评、网络展评）	全校
中秋节前夕	"中国人过中国节"——中秋赏月会、音乐会	全校住校生
10月中上旬	"方正杯"法律知识学习与竞赛活动（预赛）	高二年级
11月中上旬	"方正杯"法律知识竞赛活动（决赛）	高二年级

时间	活动	备注
11月中旬	主题班会公开观摩活动	全校
12月9日	"笃志杯"合唱比赛或辩论赛	高一年级
12月中下旬	"博学杯"人文知识竞赛(预赛与决赛)	全校
12月31日	迎新年文化活动(三个年级三种不同组织形式)	全校
3月5日所在周	绿色生活行动(志愿者行动)促进周系列活动	全校
4月中旬	共青团员年度评议	全校
4月30日前后	主题远足活动	高一、高二
5月中旬	成人仪式预备班会及成人仪式	高三年级
6月中旬	学生党员发展会及学生党校结业式	高二、高三
7月中上旬	各类班型的不同社会实践(7天)	高一、高二

表4.4　大型主题活动

大型主题活动系列(全校参与)	每两年一届艺术节	3月底,4月初
	每两年一届科技节	同上
	每两年一次文明礼仪月	3月
	每年一次远足活动	每年4月30日
	每年一次运动会	每年9月30日
	每两年一次学代会、团代会	每年11月初

表4.5　校训杯系列

校训杯系列	"三色帆杯"球类比赛	体育活动课每年长期开展
	"笃志杯"12·9纪念活动	高一年级开展
	"博学杯"人文知识竞赛	全校开展
	"质朴杯"青年志愿者项目评选	全校开展
	"方正杯"法律知识学习与竞赛	高二年级开展

表 4.6　自成体系的系列

自成系列的德育渠道	每周一班会活动	班主任为主设计开展
	每周二团会活动	学校与班级统分结合
	每周五社团活动	分三类管理
	系统化的学生党校活动	高二自主报名，为期一年
	每天的班级午检演说	各班自定演说话题系列
	文理实验班名家讲座，辐射全校	文理每月各安排一次

这些明确时间和节奏的安排通过《学生手册》明示给全体师生，不再因为各方面某些缺乏统筹的活动通知或者其他临时性考虑而在校内随意增加大型活动，确保这种有序性可以预期。有些明显可以预料到的国家或社会重大主题教育活动，即使相应的正式安排或通知到较临近的时间点才能发布，但在学校的学年教育计划中要留有弹性的活动的时间窗口，并尽量与学校课程或原有活动体系相结合。比如，前几年恰逢北京奥运会和国庆 60 周年等重大事件，给德育提供了重大社会背景和可以借力的有利契机，但是我校在奥运教育中未因为奥运主题教育而单独增加大型教育活动，而是通过与校训杯系列活动、远足活动和班团会活动相结合，奥运教育同样形式多样，丰富多彩，充满可欣赏的元素。

2. 教育活动遵循有序性原则

就某个具体的教育活动而言，细节的有序方能使活动环节的不断推进顺乎情、合乎理，在德育情境自然顺畅的展现中（活动美感的基础）动情至深、晓理自然，细节及细节间关系的处理同样应遵循"合规律性与合目的性"的统一。

三、欣赏型德育模式的不同实践范畴

通过近些年的实践探索和总结，我校从实践范畴的角度初步概括了欣赏型德育模式的管理模式、课堂教学模式、环境立美模式、师生关系模式以及主题活动模式，由于管理模式、课堂教学模式在本书其他章节会做介绍，这里主要具体介绍其他三种模式。

（一）欣赏型德育之环境立美模式

"加强环境文化建设，用环境熏陶人"是我校人文教育的基本策略之一。通过学校的人文环境进行熏陶，使学生耳濡目染，潜移默化，能够达到润物细无声的教育效果。环境立美模式遵循以下几项原则：协调性原则、文化性原则、交互性原则、人际中心原则、积极舆论原则等。

在物质环境建设上，学校按照科学性、艺术性、教育性和实用性的原则，大力营造高品位的人文环境，人文景点布满校园，使校园成为一本活泼生动的教科书，处处给人以美的享受和精神的启迪。

二附中校园文化物质环境的建设

博学楼中厅分八个部分全面展示学校的课程体系、队伍建设、文理实验、学生成绩、教育科研、学生活动、友好往来、办学特色。例如：课程体系栏目全面介绍了学校"6＋1＋1"课程方案，教育科研栏目概括了学校科研的指导思想：改革即科研、工作即科研、管理即科研。队伍建设栏目：明确指出了师德目标及学习型、研究型和骨干教师的要求等。

博学楼一层展示了学校从 1953 年建校以来的历史沿革。全面介绍了学校几十年来的办学实践，体现出办学理念形成的发展过程。1953年 9 月 1 日招收第一届初中学生。60 年代创办文科实验班。70 年代五育并举，学校成为北京市重点中学。80 年代进行"五四学制"实验，提出"减轻负担，全面发展，基础扎实，培养能力，具有特长"。90 年代学校提出"打好基础，全面育人，争创一流，办出特色"的办学目标。逐步形成二附中的教育理念，教育主张，培养目标，办学特色等。

博学楼西侧各层楼梯墙壁艺术化展示了 17 块"古今中外名人名言精选"，如林则徐："苟利国家生死以，岂因祸福避趋之。"孟子："富贵不能淫，贫贱不能移，威武不能屈。"霍金："无论命运有多坏，人总应有所作为，有生命就有希望。"传递着二附中人的核心价值与文化精神。

在学生宿舍楼自习室内展示了 9 所著名大学的校训、校貌海报，如中国人民大学：实事求是。北京师范大学：学为人师，行为世范。复旦大学：博学而笃志，切问而近思。时时提醒学生为更高的目标而努力。

图书馆装饰柱上以不同的中国印章艺术形式呈示着中华五千年文化十大流派思想精华，艺术性与思想性相统一。周易：自强不息，厚德载物。儒家孔子：仁礼忠恕。道家老子：道法自然。墨家墨子：兼爱非功。宋明理学朱熹：即物穷理。五四运动：民主与科学。这些作品成为无言的教育者，成为师生人生理想、人生追求的引导者。印章风格多样，有很高的艺术水平。

学校艺术墙和图书馆是由师生自己创作设计，有很强的欣赏性和视觉冲击力。

为增加学生的艺术创作空间，进一步丰富校园文化景观，学校特辟出校园东侧几十米围墙墙面，用于二十个班级学生进行艺术创作。每班一段墙面，集体创作完成，内容健康向上，画面构图饱满，突出了"艺术、生活、修养"主题。各班的主题有：一起向着胜利奔跑；为梦想插上创造的翅膀；青春的活力；光明与正义；等等。体育馆向学生征集了十四幅体育专题油画作品，这些油画很好地与我校体育馆运动氛围有机融合，集中体现了运动、健康、和平、友谊、热情、向上的奥林匹克精神，是我校学生第一次以油画的艺术形式全面展示体育运动的拼搏精神。

图书馆是人类文明传承的载体，是知识创新的摇篮，自古以来就承担着记录、保存和传承人类文化精髓的功能。无数学者在图书馆汲取营养，触发灵感。因此在图书馆的环境设计上力争体现文化、文明、创新的理念。

文字、书籍承载着人类的文明，文字长廊选取了十几种文字，楔形文字、古埃及文字、古梵文、腓尼基文字、希伯来文字、古希腊文字、拉丁字母、玛雅文字、古阿拉伯文字、西夏文字、日文、韩文，汉字中的甲骨文、金文、大篆、小篆、隶书、楷书、草书、行书。从中可以感受到世界文明的进程，又感受到五千年来，只有汉字源远流长，一脉相承。

图书馆屋顶的创意设计：黄河哺育了中华民族，从180万年前西侯度猿人出现在黄河边，到100万年前的蓝田猿人，从仰韶文化到龙山文化，从新石器文化到青铜文化，中华文明是世界古代文明中始终没有中断、连续5000多年发展至今的文明。中华民族在漫长历史发展中形成的独具特色的文化传统，深深影响着当代中国。

文明承载于文物之中，文物诉说着古老文明的辉煌。设计者从我国彩陶、青铜器、玉器、漆器等文物中寻找文明的足迹，同时在图案的构图中讲究对称、均衡、变化，疏密得体，并有一定的程式和规则。

彩陶图案：主要有水波纹、鱼纹和旋涡纹等，鱼是仰韶先民的图腾，寄托着先民们繁衍后代的希望。青铜器图案：边界为火纹，中间为代表性的龙纹，中国青铜文化起源于公元前21世纪的黄河流域，盛行于夏商西周至春秋时期。玉器图案：采用了汉代玉器纹样，中国玉文化发源于新石器时代早期，是中国有别于世界其他文明的特征文化。漆器图案：主要以流云纹、旋涡纹、飞禽走兽辟邪为主，内部以凤尾纹作为衬托，体现了中国传统漆艺文化。

科学楼的"人类科学史上的发展脚步"展廊通过浮雕等艺术形式展出了：门捷列夫与元素周期律，拉瓦锡和他的氧化学说，孟德尔和他的豌豆实验，网络改变生活，膨胀的宇宙，数字化与数据处理等。科技活动室内概括了人类历史上科技发展的重要成果。

在文心书屋，巨幅画作"与但丁讨论神曲"中涉及古今中外一百多位人物，有毛泽东、孙中山、爱因斯坦、亚里士多德、林肯、拿破仑，等等。这样的环境不禁让人感受到多种思想的碰撞，令人深思。

博学楼东厅从一层到四层设置艺术作品展厅。一层展厅：文艺复兴时期的绘画，题材从宗教内容扩大到现实生活，使形象完美，具有复杂的个性特点，是艺术与科学的完美结合。印象派则诞生于19世纪的法国，艺术家把握光线中的自然景色，捕捉种种生动印象，并将其凝固成永恒图像。一层展厅主要作品有达·芬奇的《岩间圣母》，德拉克洛瓦的《自由领导人民》，凡·高的《星月夜》，塞尚的《静物》等。

二层展厅：国画是中国文化的重要组成部分，技法分工笔和写意等，以山水、花鸟、人物为主要题材，强调抒发主观情绪，人品画品相统一，倡导"不求形似"，注重将笔墨情趣与诗、书、印融为一体，形成了独特的艺术魄力。主要作品有八大山人的《鱼》，石涛的《云山图》，齐白石的《玉兰》等。

三层展厅：中华民族传统艺术是炎黄子孙智慧的结晶，是民族传统文化和审美意识的具体体现，手工艺品、民族服饰、园林建筑、戏曲艺术、民间绘画都是传统艺术大家族的成员。中华民族传统艺术日益彰显其独特的艺术魅力。主要作品有户县农民画，剪纸，昭陵六骏浮雕，敦煌壁画，汉画像石，杨柳青年画等。

四层展厅：多样化是现代派作品的显著特点。由于新技术革命对人类情感、意识、思维的巨大影响，现代派艺术以全新的面貌纷纷涌现。以抽象符号为表现形式，随主观感受而自由抒发，强烈宣扬自身本体意识，借助绘画审查自我，寻求新的自我人格，给艺术带来了新的生命。主要作品有马蒂斯的《舞蹈》，蒙克的《呐喊》，毕加索的《格尔尼卡》等。

在刚刚建成的电子阅览室，具有现代意识的光影作品给人以超时代的感觉。

为了充分发挥人文景点的教育功能，学校在组织各项活动时有意识地融入了校园文化的元素。如"国旗下讲话"活动就分设了"学论语讲修养""学名贤讲修养""学校园文化讲修养"等系列。再如，由学生主要负责组织的"博学杯"百科知识竞赛，组织者就自觉地把校园文化和竞赛命题结合起来。从方正广场、笃志会堂、科学楼、艺术宫、小花园、祖冲之亭搜集了大量图片素材，将其与科学家、文学家、艺术家、传统文化等结合起来命题。在比赛中，带领选手唱校歌，讲校训，逛花园，游历科学楼、艺术宫……当《三色帆》的旋律在会场响起的时候，当一张张熟悉的校园照片出现在眼前的时候，选手与观众的热情被极大地调动起来。这一道道试题，固然是竞赛题目，但它表达的是活动组织者对学校的赞叹与欣赏，它唤起的是观众们对我校的热情和挚爱。

表1　校园景观建设情况

分类	主要内容
室外景观	友谊林、三色帆雕塑、历史墙、祖冲之亭、校训石、空中花园、成长的足迹、中心花园
专业教室	学生阅览室、文心书屋、学生电子阅览室、学生科技活动室、学生指导中心、学生心理活动室等文化氛围的建设

续表

分类	主要内容
主题展示	校史展示、学校特色展示、学生活动展示、学生作品展示、艺术宫展廊、体育馆展廊、校友寄语展示、宣传栏、海报墙、科学家画像、四大发明版刻、科学山雕塑
文化系列	印象派艺术、中国传统艺术、中国民间艺术、抽象派艺术、名人名言、世界文化遗产

营造高品位的文化环境，不仅来自学校层面的大力倡导，也是班集体建设的重要内容。班主任老师们、同学们具有很强的营造班级文化的意识，他们将整洁美观、富有文化气息的外在环境布置和人文自主、积极向上的内在文化营造相结合，使班集体具备了独特的文化氛围，为同学们提供了良好的学习生活环境，增强了班集体的向心力和凝聚力。为配合学校和班级的工作，我校不断加强宣传教育，以宣传栏、墙板报、海报、电视台、校刊为渠道和阵地，对校园文化、班级文化环境进行配套宣传，使我们高品位的文化环境由外到内深入人心，不断引起和强化师生的共鸣。

(二)欣赏型德育之师生关系模式

罗素说：参差多态是幸福的本源。要做到以人文本，使学生获得幸福美丽的人生，教育者就必须关注并满足学生的多元化需求，促进学生的个性发展。在教育发达国家，教师能主动向学生了解需求，并根据需求，依据教育规律和经验阅历，为被教育者提供指导和服务，其内容是建议性的，指导性的，接受的主动权掌握在学生手中。在这个大力弘扬民主、自由，高度重视个性发展的时代，这种以指导沟通为主的和谐的教育模式和由此形成的师生关系模式，值得我们深入学习和借鉴：教师不能长久地站在师道尊严的神坛，还要走下去传递爱和温暖。平等与尊重将成为新时代师生关系的关键词。教师不是单一的目标设定者、制度执行者和知识灌输者，而是被教育对象的苦恼倾听者、成长的合作者和问题的解决者，既是学生的领路人，又是学生的同路人。

为顺应这一时代发展需要，满足学生需求，加强对学生的个性化指导，促进学生健康发展，我校依据《北京市实施教育部〈普通高中课程方案(实验)〉的课程安排指导意见(试行)》中关于建立和逐步完善导师制度的要求，于 2007 年成立了"学生指导体系"。"学生指导体系"由学生指导中心、导师组、导师三级组织组成。"学生指导中心"的职责是面向全体学生，进行关于心理、学法、选课和学生发展规划方面的指导，同时承担培训导师的工作。导师组由行政班全体任课教师组成，该行政班的班主任是导师组的组长，负责协调导师工作，每学期末，组长组织本小组导师对每一名学生的情况进行分析与交流，并依据学校有关评价方案对学生进行综合性评价。导师由学校指派，每位导师负责十名左右的学生。导师的工作内容为：了解学校各种课程的开设目的，指导学生恰当选课；关注学生的心理健康，帮助学生解决部分心理困惑；了解学生的学习状况，对学生的学习提出建议；了解学生的兴趣、爱好，帮助学生正确认识自己的优势与不足；了解高校的招生信息，为学生在高考中的志愿填报提供参考。

在这一组织体系下，"学生指导体系"将自上而下的指导和自下而上的反馈相结合，形成了学生指导工作的良性循环。成立至今，除导师做到按要求进行单独指导之外，已经面向全体学生开展了数十次集中指导。每次活动从策划到实施，都凝聚着组织者、主讲者辛苦的付出。辛苦的付出令学生感受到了更为深切的人文关怀，辛苦的付出带来了师生关系的全新转变。在全体导师的指引和护航下，相信学生们一定可以铺就自己幸福美丽的人生。

(三)欣赏型德育之主题活动模式

1. 主题活动模式的实施原则

主题活动模式是我校欣赏型德育的重要模式之一，通过课题研究和实践探讨，我校总结了关于成功设计和实施欣赏型德育具体活动的相互联系的基本原则。

审美化处理原则

这是核心的和首要的要求。审美化处理要求实现以下四点。

一是挖掘和展现"道德之美"。德美需要发现、发掘和审美化呈现才能更好地成为德育的素材。挖掘德美，就是要勤于对那些感动过我们的人、事、生活场景和过程以及蕴藏着道德智慧美、道德人格美的各种德育题材的发掘、积累与运用。比如，在"成长的价格"主题班会上，何老师在班会前对本班每个家庭对孩子教育的物质投入和非物质投入做了多角度的收集，在班会上呈现、分析、挖掘了其背后情感因素和故事，对学生产生强烈的震撼，同时唤醒其审视发生在自己身上的成长"价格"所产生的"价值"应该在哪里（当时学生经济学学习刚刚学习了价值和价格的概念，班会课上进行了借用）。典型的故事就是展现德美的优秀题材。

德育素材的发掘其实非常考验教师的智慧。因为对于素材的发掘、选择、加工、利用不仅体现了教师自身的修养，更重要的是体现了教师自己的欣赏型德育理念以及对于这个理念的实际执行力。所谓"因材施教"，首先是从素材的发现角度来谈，因为这个行为的前提是首先有发现的眼光，能最大限度地发现、发掘教育的素材，不仅从具有明显特征的教育素材中找到灵感与教育的切入点，而且也能利用那些具有不明显教育可能性的素材，发挥主观能动性，将不可能变为可能，展现教师的创造性。其次是从素材的运用施教的切入点选择角度说，好的素材，须负载于好的教育方式上才可能事半功倍，淋漓尽致地呈现素材的本来价值与教育的本质作用，这就要求教师对教育素材、教育对象有着充分的理解与掌控能力。以高三的语文学习为例，虽然备考的过程是枯燥的，但我校语文组教师始终坚持文德兼顾，于枯燥中寻到可欣赏的教育素材，捕捉到恰当的教育契机，能够不仅仅让学生关注大量知识点，还能够引领他们养成高尚健康的情操修养，而这应该是高考备考的最高境界。

作文题的德育

根据下面两则材料，自选角度，自拟题目，写一篇不少于800字的文章。

材料1——2006年某日，南京市一老人被行人撞倒摔成骨折。事后，老人一口咬定当时参与救助并将其送医的男青年彭宇为肇事者，最终法院判决彭宇给付受害人损失近5万元。该案引发社会强烈关注，人们围绕"老人跌倒救不救"的问题展开了激烈讨论。无独有偶，2011年8月，天津市车主许云鹤因搀扶违章爬马路护栏摔倒的王老太，被判赔十万余元。该案被网民称为"天津彭宇案"。

材料2——2011年9月6日，卫生部公布《老年人跌倒干预技术指南》。《指南》中说，面对跌倒老人不要急于扶起，要分情况进行处理：如老人意识清楚，救助者应询问老年人跌倒情况及对跌倒过程是否有记忆；如不能记起，可能为晕厥或脑血管意外，应立即护送老人到医院或打急救电话。

这则作文题目紧密联系社会热点，既引导学生关注社会现状，又启发他们深入现实，把握人生命脉。该作文题目至少有以下问题值得学生深入思考：（1）当今道德行为常陷入两难境地，怎么回事？（2）传统道德沦丧，为什么？（3）做善事需要付出昂贵代价时，我们何去何从？（4）《指南》能从根本上解决问题吗？这些问题都是直指人性人心的问题，也均属于社会问题。其实，从命题角度来说，无论何时何地，帮助他人于困难是我们义不容辞的选择，这是中华传统美德，然而在功利主义的影响下，传统美德正经受着莫大的考验，各种论断甚嚣尘上，也左右着学生的价值观，所以的确有学生迷惘了，如有的孩子说道："如果我是彭宇，是许云鹤，当我再次见到老人跌倒时，我首先产生的会是畏惧，会是一种心存同情却不再愿意伸出援手的畏惧——因为那种本性已经被伤害得血肉模糊。我不敢去想从帮助过我的人手中得到什么，但我更怕去想因为去帮助别人而失去什么。毕竟那种心灵上的创伤，也许许久都无法被抚平吧。"孩子说的是实话，相信很多家长也是如此教育子女，可是再深入想一想吧，未来的接班人均如此计较一己之得失，我们五千年的传统该何去何从？但是，纯粹的说教还能够打动学生吗？所以在评判作文和课堂讲解时，我们更重在带着学生做深入研思，于是学生能够理智地思考这样的现状，有学生关注到："面对这样的社会，哀叹和咒骂都是徒劳，抛开《技术指南》，我们首先要做的，是恢复自己心底的一份信任。我们只看到了'两个彭宇'，却忘记了无数跌倒后被扶起连连道谢的老人，而他们才是社会的主流。"我们很高兴地看到学生们不再悲观地放大社会的阴影，而是能理性地发现各种更深层次的问题，在这种思想的火花相互碰撞的启发下，各种见解涌现，也激烈地撞击着所有学生的头脑。

"其实，不仅是老人摔倒，每当我们遇到弱者需要救助时，我相信人性最原始的意志都是善良而美好的。这也是人性最为动人的地方，对万事万物，草木枯荣的悲悯与同情。一个社会如果能建立在情上，建立在人性道德最美好最动人的慈悲之上，该是多么和谐美妙的画卷。但是正是因为人性中有恶的一面，有自私，贪婪的角落，我们引入了法，以法来约束人的行为。可是这并不意味着情的丧失，道德的沦丧，意味着对人性的否定。因此加强人与人之间的互信，恢复社会对人性美信心，才是政府最应思考的问题。这绝不是简单地公布几条冷冰冰的指南就能解决的问题。指南只能指出救助者的出路，却没有指出社会与人性的出路。"

"道德是任何一个文明的内核，其他方方面面的制度法规，都是这个道德内核的外延。当法律成为追求物质利益的工具时，社会道德的发展也就失去了基础。然而在很长的时间里，立法的主导原则就是追求社会利益的最大化。法律和政策存在的意义应在于保障人的行为不突破道德底线，否则社会个体间的交往就必会以一种赤裸裸的物质利益的形式呈现。

"当然任何法律本身都无法做到滴水不漏，这才有'人'来执法和舆论引导的必要性。如果人的执法只是不顾事实的死板教条，决策者们运用'避害'的理念引导，那么整个社会势必向'趋利'的方向发展，无数的恶行都会被'默许'，因为'默许'，所以猖獗。

"因此，人性的扭曲和社会引导不利，让本已让人痛心的事雪上加霜。在商业化、利润化飞速发展的时代，我们该何去何从？"

"我相信并非所有人都会为利益放弃自己的良知，总有一些东西比利益更加重要。古往今来，无数伟大的中国人肯为心中的追求穷极一生甚至放弃生命。当下社会虽没有家国之悲摆在眼前，可我们心中的正直、诚实，我们作为一个人的高贵，比利益更值得我们追求。这也许就是孔子所说'君子之守'对当下的意义吧。除了利益，我们还能信仰许多。"

学生们能看到材料的内核，并且真正以忧国忧民的心怀探讨问题，寻找解决之道，这是我们训练中的巨大收获。更为可贵的是，这样的思想萌发不是源于刻板的说教，而是在彼此欣赏、互相启迪的氛围中自然而然地生成。备战高考的艰辛绝不仅仅是分数的苛求，而应该是综合能力的历练，包括思维、意志、毅力，更不能或缺的是人生观道德操守的养成，能够兼顾全面的备考，才是成功的典范。

二是设计和营造"德育之美"。教育的过程和形式需要立美。对于感动或启迪过我们的人物、事件或过程，我们在与人分享这份感动或启迪时，采用的形式和过程（细节及整体）可以多样，但需要符合审美的规律。例如，一种思想需要表达，我们可以以诗歌、散文、故事等多种形式实现；可以配乐，可以激情澎湃，可以娓娓道来；可能使人潸然泪下，也可能使人如沐春风。适应信息化条件下和"读图时代"学生信息接收方式的特点，多种艺术手段（音乐、歌曲等）和多媒体技术（网络讨论、照片和视频资料等）的应用，在各种审美化处理中会起到进一步增强立美效果的作用，有些教育环节，视频和主题鲜明的歌曲作品可以直接实现德育目标的达成。当然，适应不同的教育目标和内容的教育形式要求是不一样的。比如，以明理为主要目标的活动，辩论和"问题树"式分组讨论形式是适合的形式选项；以动情为目标的活动，特定故事的呈现、一封特殊的信件，以及富有感染力的主持词是可以尝试的；以体验为目的的活动，可以设计拓展训练项目，并且一定要组织成员及时分享和表达感受。例如，高三学生生活紧张乏味，他们也会对老师们抱怨，说自己失去了一颗感悟生活的心。每当这时我校教师便会利用他们做过的诗歌、文章素材为他们开导。感悟生活并不与紧张的生活相冲突。我们可以从自然中感悟美，可以欣赏山泉（储光羲的《咏山泉》），欣赏天空的云朵，甚至可以观察一个金铃子（《寒冷的高纬度》作家迟子建写过观察金铃子的片段）；我们也可以从社会生活中汲取营养，可以是一个小孩卖饼的过程（张耒《示柜秸》），也可以是卖花的见闻（高启的《卖花词》）……

感悟生活发现生活中的哲理，并非一定要拿出大块时间，只要有一双善于发现美的眼睛，有一颗敏感的心就足够了。

三是自觉提升和流露"师表之美"。教师表道合一及其自然而优美的流露，是师表美教育潜能发挥的关键。奚老师在高三成人仪式预备班会上送给每一位学生一个礼物。这是她自己构思、创作的，以每一位学生为关注对象的一首诗的陶泥文字。在她解释为什么制作这样的礼物并通过视频展示每个制作环节（不同环节稍不注意都可能导致不能保证最终出炉作品的成功，也有可能中途而废）及其对高中生活的对比和象征意义时，几乎所有的学生都流泪了。他们在班会的结尾自发地给班主任老师深深地鞠了一躬。学生感受到教师用情的真诚和用心的不易（即师表美），远远超过了教师对这个环节的寓意解释本身。

四是发现和欣赏德育"作品美"。我校的升旗仪式立美改造方案中，每周由大家推选 3 名学生担任旗手，并在升旗仪式上向全校介绍旗手事迹，通过橱窗和校园网宣传旗手，正是展示与共同欣赏德育作品美的活动。每天中午各班的午检学生演讲系列活动，也是德育作品美表现的平台。在发现和引导德育作品美的欣赏方面，教师以欣赏的视角评价学生，"缅善于公庭，规过于私室"，是欣赏型德育应该倡导的。

真实性展现原则

这是针对部分教师在实践中出现的误区而提出的。他们将德育活动审美化改造操作成形式脱离内容的表演，不恰当地运用审美化技术而造成教育过程与教育目标联系的牵强。我们的教育活动过程更多的应当是"问题求解"过程，"一题多解"更好。就怕是做成"证明题"——道德目标唯一，甚至受教育者明白地知晓我们的教育结论，从而失去道德自主建构的过程和空间。真实性展现原则，要求我们营造的教育情境是真实的，学生是其中的欣赏者，也可以是情境美的贡献者，但不应充当以教师为导演为了证明一个事先已经预知目的的表演活动中的演员！

引导性提升原则

要求教师在处理"价值引导"和学生"自主建构"的有机统一方面，不能因强调学生道德的"自主建构"就忽略了教师自觉性引导，甚至使教师成了退居二线的"观察员"。教师应当成为教育活动的积极参与者，担当好"平等中的首席"角色，在活动进行的各个必要环节及时调节和引导。欣赏型德育既反对德育灌输，也反对道德放任，因此实施欣赏型德育教师是关键。教师不但是德育活动的发动者和调节者、道德风景的设计者，还应当是赏道德风景的共同欣赏者和导游人。

礼貌教化是必修内容、应有的道德底线——"对迟到的评论"

背景：几个成绩优秀生总是因"答疑"而上课迟到。

过程简介

这是一个寻常的中午，随着1:35上课铃声的响起，我结束了午检准备离开教室。然而教室中，仍然空着三个座位，那是班里学习成绩非常好的三个孩子的位子，我知道，她们一定又是去找老师答疑了——几乎每天中午，她们都会去，也几乎每天，她们都要迟到一会儿再回来。我觉得，我必须说点什么了……

我的思考

从我上学起，我就在思考一个问题：为什么，我们的很多标准总是在变的？做值日时，老师说：认真点，要把学校当成家一样地去打扫，你会容忍家那么脏吗？可是，当你迟到时，老师又会说：想什么呢？你把学校当成家了？想什么时候来就什么时候来？那么，我到底该不该将学校当成家呢？同样，一个学习成绩好的学生迟到了，只要对老师说一句，我去答疑了，于是我们会认为：真是好孩子，你看她多认真。而要是换做一个成绩不好的学生呢？同样的问题，我们可能会说：那你也不能迟到呀！下次早点去问，别总是拖到最后一刻，就是这种坏毛病，才导致了你现在的坏成绩。再或者，你不是因为去答疑而迟到，那么肯定是不可以的！于是，迟到，到底被不被允许，是按照什么来规定的?！再举一个例子，一个学习成绩好的孩子不交作业，或者是作业潦草，我们会理解甚至是美慕地说：你瞧瞧人家，大师级的就是不一样。而如果换成了是一个成绩不好的孩子，我们一定会说：看看吧，这就是你和别人有差距的原因！

那么我们到底应该如何界定班级生活的准则？日出日落、进班上课、洒扫讲堂……一代又一代的孩子们在班级中成长，他们该学会什么？

如果仅仅简单地从外在强加的"纪律""规则""集体荣誉感"入手来教育（尽管这些的确也很重要），能够起到多大程度的效果？

我的处理

我选择了站在一个学生个体的角度，分析她们为什么要迟到的心理来切入：

"特意选在临近上课时去答疑，为什么？因为这时候答疑人最少，办公室最清静，你可以独自'霸占'老师，对不对？"（她们没有反驳，低下头表示我说对了）

"我先给大家简单介绍一下博弈论中一个非常有代表性的模型'囚徒困境'（略），这个模型反映的一个最基本的理论就是：个体的最佳选择并非是团体的最佳选择。比如，你违反了团体的约定，选择在上课前几分钟内去答疑而导致迟到，这从个体获利角度而言的确无可厚非，但是这种'利己'的代价对于群体来说损失是巨大的：上课的老师会被打断，也许他没说什么，但我想谁也不会乐意这样被打断，然后多次后，一种情况，他会因为不高兴而说你，那么大家的课都被耽误了，而且一个不高兴的人上课的效果肯定也会受到影响，抑或这位老师很有'涵养'，他什么也没说，他依旧自顾自地讲课，然而于我看来，这是一种无奈、一种无视、一种放弃。要知道，一个文明人对你的最大惩罚就是：不理睬你！那么最终导致的是这个班，你自己在这门课上的损失。这种损失是在无形之中点滴积累起来的。而且，别人看到你这样做，也许会效仿，你就只能会越来越迟，那么既定的规则就会形如一纸空文。"

说到这里，我仍没有对她们迟到的行为下定论，而是从自己的角度感慨了一下：

"作为一个数学老师的我，在犹豫我该不该留作业的时候，我其实也是一个'囚徒'。因为，我在头脑里一定也要列出一张数学与其他学科的盈利表，于是理智的我思考的结果一定会选择'有利我'的抉择：留，多留。那么如果所有老师都一样的话，最终导致的结果，一定是在座的你们——学生的悲剧。而最终也未必会达到起初我想让诸位学好数学的初衷，即所谓我的'利益'。"

说到此处时，学生们都颇为感慨地频频点头，于是，我趁势说道：

"这样的'囚徒困境'其实在生活中还有很多很多。究其根源，就是个人理性抉择与集体理性决策的问题，也是一个让事情是否可以持续发展，即你对未来的思考有多少，你对未来看得有多重的问题。今天说给大家，是因为我希望作为理科实验班的学生，我们应该学会更加'理性'地思考，做事不要那样地'随性'，也不要那样地自我，一味地追求'利己'。我不想要求大家一定去做到'先人后己'，但我希望我们能智慧地追求'利己也利他'的双赢境地。"

然后，我顺势趁热打铁，留了个作业：

"请结合你的思考，每个人写出一个你观察到的生活中的'囚徒困境'的事例，并加上你的分析与解决建议，我们来一起分享。"

我的观点

除了知识以外，我努力用我的行为去教我的学生们如何拥有一份"爱"。我期望在生活上，也做一个师长的样子，用默默的礼貌和教化，换来一份书本和生活的交融。一个不懂得如何行为处世的学生，并没有受到真正的教育，"书，在生活行事上不用出来，便是白读"。

一个不懂得看见老师讲台上粉笔只剩小头不方便再用的学生，或是明明看见了却事不关己的学生，并不能算是真正地"尊师"；一个为坚持己见和老师大声争论而不分场合、地点的学生，并没有受到真正的教育。而这份生活的白卷，应该是我——一个做教师的失职。

自主性生成原则

这是与"引导性提升原则"对应提出的，主要针对实践中的两种情形：一种情形是，整个教育活动过程中，教师的价值引导在方式上妨碍了学生的"道德欣赏和自主建构"，教师成了共同行动的"司令官"；另一种情形是，一些教师习惯于在学生自主性教育活动过程中不参与，却在结束时，以"教师提升"的设计角色机械地进行所谓的理论提升。自主性生成原则就是要求教师与学生共同欣赏道德风景和分享美的感受，指导学生欣赏的角度和方法，由学生在自由欣赏中自主生成道德认知、情感和意志。王老师的"39人行"班会在铺垫好人际间相互赞赏的要求后，以打散自然组合重新结组的组织形式，要求小组成员间相互有理有据地夸对方，之后安排每组最有感受的学生发言，分享其在被别人夸时的心理活动和感受（分享是促进自主性生成道德感悟），王老师只是在学生分享不同感受和观点时，适时提问和分享自己的感觉和思考（教师适时参与，但不充当裁判以及直接给出结论，实现引导性）。观摩过这节班会或录像的教师都感觉这种处理很恰到好处。

2. 主题活动模式的立美策略

落实上述原则，对应的策略是开放的，除直接借用艺术手段增加德育欣赏视角和增强情感感染力外，以下策略是课题组人员实践中行之有效的立美策略：

德育叙事法

不同于德育说理，在挖掘和展现"德美"上，德育叙事尤其是良方。德育叙事就是主要通过将故事所蕴含着的德美以事件的形式而非道德规范的结论或逻辑推理的方式呈现在欣赏者面前，典型的故事就是展现德美的优秀题材。道德故事是将道德精神、道德规范、道德行为具体地对象化到故事主人公的生活情境和情节中，使之丰富而感性，特别利于道德学习主体多角度地欣赏。2007年11月在"我的未来我做主"（关于理想——笔者注）的班会上，教师富有感情地诵读了《读者》上一篇文章《我奋斗了18年才能和你坐在一起喝咖啡》，故事中通过自身艰辛努力考取大学而从农村来到上海的青年白领的奋斗故事和这其中主人公的心路历程，感染了全班学生，也感染了现场的课题组听课人员，甚至有课题组人员不由自主地流下了激动的泪水。班主任的这一德育叙事迅速使得原本活泼热烈同时也轻轻松松谈论理想的学生们安静下来，随后讨论也深刻起来。德育叙事的德育审美特点是其中的道德故事发生、发展、高潮和落幕的情节性以及其必然或偶然的结局对欣赏者情感的牵引和思想的启思。

"叙事"的主要特点是"叙说"，当然，在现代技术条件支持下，叙说方式的选择余地也很大，不同风格的叙事主体（教师）可以适应自己的表达优势，在直接叙说、借助演示文稿进行配乐书面叙述、网络音视频或自制音视频故事呈现等多种形式中选用。

成人仪式是高三年级的重头戏，如何让学生自然而然地被打动，让他们感受到成人的责任与意义，成了教师们苦思冥想的事情。由于语文组的几位教师都是班主任，还有一位年级组长，我们便思考如何将平时做过的练习素材运用到成人仪式中去，让学生可以通过这些篇章片段自然而然的提升自我道德。

成人仪式的第一个环节为感恩父母，我们选择使用学生习作，效果真实、感人。正巧有一次作文训练的内容为对父母之爱的思考，我们在判卷过程中，发现学生们的文章是发自内心的，是带着自己对父母的深深的慨叹的，那些感人的话语，那些动人的瞬间深深感染了我们每一位教师，而这些语言是那么真实，那么有力，胜过一切的道理和说教。于是我们决定，第一环节感恩父母中用学生自己的真情实感作为素材来向家长表达这种感恩之情。

爸爸，妈妈，18 年了，当我们站在成人的入口回望过去，我知道，这些年你们为我付出了那么多：

母亲从不会告诉我今天的晚餐是她打算了多久、在闷热的厨房里全身染了多少油烟才精心烹制而成的，她也不会告诉我在我发脾气、重重摔上的门外她又咽下了多少眼泪。

父亲从未告诉我幼时我骑在他脖子上兴奋地眺望动物园中的小动物时，他心甘情愿压弯自己中年吃力支撑的脊梁，那时的我也不会知道初次学会骑车时他偷偷在后面推我上坡，还夸我好棒。

小时候，对父母的依恋毫不掩饰；上初中后，父母则是作文中的必备；而到了高中，我们的生活中早已没有了他们所应占的地方！父母给予我们的爱是那样的刻骨铭心，但我们却难以启齿，仿佛直言对父母的爱只是一个孩子幼稚的标志，那厚重之爱已然是一种负担。

爸爸妈妈啊，你们默默地为了我付出，默默地为了我老去。回想这么多年，我没有忽略过哪怕一场自己喜爱的球赛，没有忽略过哪怕一张自己喜欢的专辑，没有忽略过哪怕一次同学聚会……可是，最容易被无知的我忽略的就是你们无限、深沉的爱。

当学生们深情朗诵完自己的文章时，家长们的眼睛湿润了，同学们也都若有所思地感受着这份浓浓的情意，这一刻，在场的每个人都被深深地打动，不需要任何多余的言语，更不需要我们去讲任何感恩的道理，有这些文字足矣。苏格拉底的那句名言"教育不是灌输，而是点燃火焰"用在这样的场合再合适不过。

道德两难法

道德两难法是建立德育审美视角和有效引起道德欣赏的方法。德育学习主体的欣赏兴趣是基于人们一般的道德常识与具体的道德情境结合产生道德冲突而引发对"道德选择未知"的追问，其欣赏的内容则主要是道德冲突在激辩中展现出的道德智慧之美。课题组王老师实施的一节主题班会"当你遇到乞讨者"将扶危济困之德（施与）、赏善罚恶之德（拒骗）、真假难辨之困（冲突）结合具体生动的实例交由学生讨论，以探求道德之解，在引导性讨论中则将施与的本质意义引入，避免了道德主体简单在"施与而被骗则赏恶"和"遇真难而不帮则冷漠"的两难中抉择（见下文案例）；徐老师以辩论赛形式组织的"成长之境"主题班会，在学生正反双方围绕逆境和顺境对于成长利弊的辩证思考之下，班主任与到场心理教师等嘉宾则在双方充满期待的点评中，在肯定逆境与顺境客观作用的同时提出"成长的心境"，而这正是对道德两难的超越。

班会主题——拒绝证明题

面对乞丐，有人匆匆丢下一些硬币；有人满腹疑虑打听乞丐身份、验证事件真假；也有人则见怪不怪，漠然走开……有的乞丐可能真的需要帮助，而有的乞丐可能比你富有。那么，遇到乞讨者，我们到底应该怎么办？这一天，政治组的王老师与几位同事交流起自己对下一次班会的设想：

"我们班的一个孩子，在天桥上遇到一个老太太。老人说很饿，想要些钱去买吃的，这是个韩国留学生，很善良，背着很重的书包跑到食品店，用自己买晚饭的钱给老人买了点心。但当她把东西递过去时，对方的反应却让她意外：老太太只要钱，不要吃的。"

"这是个很好的主题。"老师们纷纷赞同。

"题目就叫作'道德的两难困境'，或者'让世界充满爱'。"一位老师提议。"不妥，"另一位老师提出自己的看法，"直接将教育主题甚至所谓的'结论'作为班会题目是不美的。教育活动过程更多的应当是'问题求解'过程，能够'一题多解'更好，更能反映道德主体的丰富性和结论的开放性。就怕做成'证明题'——道德目标唯一，甚至受教育者明白地知晓我们的教育结论，从而失去道德自主建构的过程和空间。比如，咱们老师之前的几次班会，'39 人行'要比'相互欣赏，凝聚集体'好，'FIND I HIDE——寻找未知的自己'要比'认识自我，规划人生'好，更具欣赏性。"

于是，在几位老师的建议下，王老师再次审视自己班会的主题，决定将名字改为"当你遇到乞讨者"。除了在题目这一细节问题上避免简单"求证"，王老师还将这一"问题求解"的思路贯穿到了整个班会的设计当中。通过故事叙述、阅读电子杂志、视频资料、诗歌、公益广告欣赏、分享哲理故事等多种方式，全面展示了不同乞讨者的生活，引导学生进一步思考了人性及人与社会的关系，提升了班会的主题。尝试下来，不出所料，激起了全班同学的参与意识和讨论热情，大家结合有关扶危济困之德（施与）、赏善罚恶之德（拒骗）、真假难辨之困（冲突）的大量具体生动的实例，探求道德之解，在教师的引导性讨论中逐渐澄清了施与的本质意义，避免了简单在"施与而被骗则赏恶"和"遇真难而不帮则冷漠"的两难中抉择。

德美汇积法

生活常常是平淡无奇的，细微而精致的道德风景（或美也或不美）常常悄悄地静卧于平常的生活之中而不为道德观赏者所注意；在每个人的成长中也常常有一些经历和事件不断地轻轻地拨动着我们的情怀，但因其轻微而弥散，随着时间的流逝，一阵阵的道德涟漪终未能形成波澜。德美汇积法，就是教育者关注学生生活和生命状态，以类似于摄影师或摄像师的职业敏感（对于教育者就是教育的敏感），用自己的方式记录甚至是探寻生活中点滴的道德行为的美，并适时举办"摄影摄像展"，以因汇积而丰富或强大的适应某一主题的道德材料集中呈现给学生欣赏。这种汇积和集中呈现，会使学生从对道德风景的生活中无意识注目提升到自觉的赏鉴。

人们很容易在经过一株花枝时观赏到她长出的新芽、萌发的花骨朵或是已经怒放的鲜花，但难都去驻足在她面前观赏从新芽到鲜花盛开的全过程，因为过程变化得太细微而不为人所察觉，风景呈现的时间太长，欣赏则变成了等待。让摄像帮人们观察和记录这个过程，并通过快镜头呈现给人们，于是人们就有了从花骨朵到鲜花盛开过程的欣赏和感性。德美汇积法也是想借助这种道德生活的"快镜头""慢镜头"和"组合镜头"，来实现呈现学生日常生活中不会或不易获得的道德风景，从而获得道德心灵的丰富。2007届学生成人仪式的预备班会上，教师把学生们从高中入校第一天每个人写下的可能已经被本人早已遗忘的高中生活憧憬和未来生活的理想以及高中三年他们自己在学校和班级的各类活动中的施展与表现，以照片、录像为材料编辑成视频文件，配以切合不同章节的音乐和班主任散文诗滚动字幕的形式呈现在学生面前。

拓展训练法

所谓拓展训练法，是指通过呈现一套精心设计的、兼具较强挑战性和趣味性的个人或团体的任务情境，使参训者在完成任务的过程及其或成功或失败的结果中获得认知与情感上的强烈冲击，从而引发思索和感悟，并在训练师无痕的引导下进行团体分享，从而实现个性品质拓展、能力提升的一类教育活动。这种方法最早源于第二次世界大战，目前在很多企业的员工培训中被广泛使用。课题组将这一培训引入校园，首先深受学生喜欢，同时学生从中收获的感悟比一般活动要更深刻、更丰富。每年高一7天军训的日程里学校都要安排一整天用来开展拓展训练，而学生军训总结中提到最多的是拓展的一天带给自己的收获和感悟。课题组的几位教师在校内长期开设"拓展训练"选修课，不但每期学生踊跃报名，很多班主任老师还邀请她们把拓展项目在各自的班会上实施，用于实现班级相应的德育目标。

拓展训练德育立美的高效性在于其具有的特点：综合活动性——拓展训练的所有项目都以体能活动为引导，引发出认知活动、情感活动、意志活动和交往活动，有明确的操作过程，要求参训人员全身心的投入。挑战极限——拓展训练的项目都具有一定的难度，通常表现在心理考验上，需要参训人员向自己的能力极限挑战，拓展极限。集体中的个性——拓展训练实行分组活动，强调集体合作。力图使每一名学员竭尽全力为集体争取荣誉，同时从集体中吸取巨大的力量和信心，在集体中显示个性。高峰体验——在克服困难，顺利完成课程要求以后，学员能够体会到发自内心的胜利感和自豪感，获得人生难得的高峰体验，即使失败，也会在成功团队的分享或重新体验中体会那种高峰体验，挫败之后的成功体验更加丰富。自我教育——培训师只是在课前把课程的内容、目的、要求以及必要的安全注意事项向学员讲清楚，活动中一般不进行讲述，也不参与讨论，充分尊重学员的主体地位和主观能动性；即使在课后的总结中，培训师也是点到为止，主要让学员自己分享，达到了自我教育的目的。

置境模拟法

所谓置境模拟法，就是教师通过一定的情境设置，为学生提供适当条件或环境，使之在特定情境中以特定的社会角色自主决策模拟参与社会生活实际存在的活动过程。在这种模拟中，活动参与者的语言和行动与情境中的其他角色的人际及环境主观地、客观地发生着互动，模拟活动结束后教师则引导模拟活动参与者和观摩者分析和分享活动中产生的关键要素和环节，从而获得对良好参与社会生活的道德智慧与价值的欣赏与解读。

置境模拟，常常由于情境相对学生日常生活的特殊或新异而对学生产生强烈吸引性，而模拟的活动情节引发的矛盾特别有利于学生加深对自我性格、能力和情感等状态的感知。例如，课题组奚老师在以职业生涯规划指导为切入进行人生理想教育的名为"FIND I HIDE——寻找未知的自己"主题班会中，为了帮助学生较为客观地审视自我，反思自我，在现实的"我"与期望的"我"之间找到未来发展的方向，她请来了三位嘉宾在班会进程中组织了模拟招聘会。有几位学生参加应聘面试，各需如实地回答面试官一组问题，根据回答结合评委和大众评审团（同学）平时对该学生的了解，分析其答案是否与其性格、能力特点相符。整个班会的高潮正是这个环节，学生不但兴趣高涨，而且在听取对面试情况分析时十分认真和诚恳。班主任反馈会后学生都表示出浓厚的兴趣，对照自己的测试（班会准备中用到的"霍兰德职业倾向测试"）结果以及面试中的问题进行了激烈的讨论。

道德风景借用法

檀传宝教授将道德学习主体（学生）自身道德生长的美丽称为德育作品美，在德育中，引导学生自我欣赏和集体欣赏这种德育作品美，是展现学生自己的道德风景。而对于学校现时"德育作品"的学生而言，其学长或非校内同龄人身上的道德闪光点和道德生活智慧则并非学校同一德育进程或同一德育覆盖下的"道德风景"，但年龄、经历高度相似，又在成长进程上先于现时道德学习主体的学长们以及生活在同一时代拥有不同成长经历的同龄人，则是可以在学校德育活动中借用的风景。比如，我校近两年都会邀请天安门国旗护卫队的官兵来校参加高三年级会，接受学生们现场专题访谈，在官兵们畅谈他们的志向、经历、追求和责任的过程中，这种同龄人间自然对比，使学生们形成强烈的内心激荡，对于同龄人的理解与敬佩也鼓励着高三学生更加坚毅、勇敢、坦然地迎接他们具有挑战性的高三学习与生活。年级会学生全程专注，自由提问环节非常踊跃。

心理健康教育主题活动——乐园

心理健康教育是德育的重要组成部分，传统的心理健康教育形式主要包含有讲座、心理活动课、团体辅导、个体咨询等，实践中探索发现，虽然这些形式在不同的场合各有其优势，但是在组织一个大型群体（如某年级全体学生）同时参与某项心理健康教育活动时，在活动的人数的容纳能力、参与者的参与度调动等方面，以上教育形式存在乏力现象，针对大型群体的心理健康教育形式有待丰富和完善。

在中学，对一大型群体同一时间共同进行心理健康教育这种教育形式的需求客观存在，对此，为了探索一种更有效的德育形式，我校进行了积极的德育探索。创意、构思并实践了自我探索乐园这一主题教育活动，试图通过这一活动能摸索出一种有效的心理健康的新形式。

一、自我探索乐园的创意构思

1. 乐园作为心理健康教育新模式的创意来源

乐园活动最初创意来自香港迪士尼乐园，迪士尼乐园通过一些趣味的迪士尼主题游乐活动，不知不觉中将迪士尼的文化传递给游园的人，这给了我们启发：也许我们心理健康教育活动也可以通过这样一种趣味乐园的形式来开展，既能保证人数承载能力，又使德育无痕。

2. 教育内容确定为"自我探索"的原因及自我探索乐园活动架构

要实践这一新形式，首先需要确定乐园的主题，我们将主题聚焦于"自我探索"。所谓自我探索，核心就是认识自我。学生从小到大所受的教育中，认识外部世界（环境、社会）的教育内容居多，而认识内部世界（自我）的教育内容相对较少，并且，对于开始摆脱自我中心、理性思考人生、思考自我发展方向的高中学生而言，自我探索的主题教育显得更为迫切。结合养成学生自我探索的意识以及培养一定的自我探索的能力，我们构思了以下乐园活动。

表1　北京师大二附中第一届自我探索日活动内容简介表

活动类型	活动题目	活动具体内容	自我探索主题
自我分析测量	"迈尔斯-布里格斯"迷宫	MBTI（迈尔斯-布里格斯类型指标）心理类型性格测量迷宫	标准化心理测量工具协助学生探索各方面的自我
	心灵钥匙	性格、学习、人际、职业倾向、应试心态、素质拓展6方面14种心理问卷测试	

续表

活动类型	活动题目	活动具体内容	自我探索主题
拓展训练	"荆棘岛"任务	拓展训练——"荆棘取水"任务	合作能力
	"未来"拍卖会	拓展训练——梦想、希望为主题的价值拍卖会	职业价值观
	"特质"拍卖会	拓展训练——个性品质为主题的价值拍卖会	个性发展
	"不倒"圆环	拓展训练——信任感的自我探索和培养	信任力
	毅力大擂台	毅力比赛(双手平肩举,记录坚持时间)	毅力
讲座	"Unbelievable"讲坛	"神奇的错觉世界"展示、讲解——探索、分析人的大脑奥秘	生理自我
	"Psychology"讲坛	心理学专业介绍	职业选择
电影	"探索之旅"影院	学生自制电影赏析,电影内容有:我是谁?我如何评价自己?我将如何书写我的墓志铭?	自我概念人生目标
展板	梦想树	学生自愿,将自己的梦想粘贴在梦想树上	人生目标
催眠游戏	梦幻之旅	以职业梦想为主题的心理催眠游戏	职业梦想

设计这些活动的内在教育逻辑:自我探索,首先要了解生理的自我、了解脑科学知识,为此活动设计了主题为"Unbelievable"的脑科学知识讲坛;其次,要了解现实的自我,了解自己的个性心理品质及能力,高中阶段学生发展对能力的要求是全方位的,我们主要挑出了对高中学习和生活适应起关键作用的信任力、团队合作以及毅力三方面心理能力进行自我探索教育,为此设计了"迈尔斯-布里格斯"迷宫、"不倒"圆环活动、"荆棘岛"任务、毅力大擂台拓展训练;最后,要澄清自我的

价值观及人生的发展方向，为此设计了题目为"未来"和"特质"的拍卖会、"Psychology"讲坛、"探索之旅"影院、梦想树展板以及梦幻之旅的催眠游戏。另外，除了采用以上行为分析、自我陈述分析技术这类非正式自我评估工具促发学生自我探索外，活动还同时引入心理测验这类正式评估工具的自我探索，以丰富自我探索的活动形式。

二、自我探索乐园实践中的审美化改造技法

所谓审美化改造，就是将德育活动进行美的改造，使德育变成一道美丽的风景，让德育的受众在"赏析"这道风景的过程中自主、自然地建构自己的德育品质。研究发现，审美化改造是提升德育效果的有效途径，因此，为了提升心理健康教育效果，探索有效的心理健康教育模式，将这种模式进行审美化改造就成为必然。

自我探索乐园，名为乐园，首先要体现"乐"，要让学生有兴趣来参与、参与过程中保持兴趣，这也是审美化改造的关键点，为此我们从以下三方面入手。

1. 活动形式、内容的多样性和趣味性

多样性在上表中能够直接体现，此处不再赘述。12个活动每一个我们都进行了精心的构思和打磨，以保证其以最好的姿态呈现在参与乐园的同学眼前。

"迈尔斯-布里格斯"迷宫，其实质是迈尔斯-布里格斯心理类型学测验MBTI，使用这个测验进行自我探索时仅仅停留在纸质测验的活动形式上，科学性虽足，但美感不够，因此，我们对其进行审美化改造，采用迷宫的呈现形式，让学生亲自去走一走，体验一番，每个路口就是一种测验维度的方向选择，走到出口，自己的心理类型就自然呈现。

"毅力大擂台"活动，将操场的主席台改制成擂台，打擂的方式是学生双手平举，看谁能坚持时间最长。擂台的这一形式非常具有挑战性，吸引同学跃跃欲试，同时，在活动过程中将打擂成绩前十名同学班级姓名进行张榜公示，成绩随时更新，更激发了学生挑战毅力极限的决心，最后，孙同学以42分钟的时间荣居成绩榜首，在坚持的过程中，她采用了唱歌转移注意力、自我加油等多种形式鼓励自己，这也为台下观战的同学树立了如何提升毅力的直接学习的榜样，这一活动形式将毅力、如何提升毅力这一抽象的心理概念进行直观化，提升教育的趣味性。

"未来"和"特质"拍卖会是传统的心理健康教育形式，拍卖的方式能够直观呈现学生的价值观。但是，教育过程中发现，因为这是一种对未来可能性方面的探索，其效果往往受学生想象能力的限制，因此，为了增加趣味性和真实感，我们形象模拟拍卖会现场，有拍卖师、拍品、筹码和拍卖号牌，其中拍品还进行绘画等精心设计，力图能让学生能真实感受到每一样拍品的吸引力。

"探索之旅"影院，活动前预先采访同学，录制"我是谁""我的墓志铭"等主题电影小片，在活动过程中进行放映，为观影同学提供他人如何认识自我的参照。

梦幻之旅催眠游戏活动，我们对场地进行了精心的选择，最后选定校园中最具有神秘色彩、学生平时不能随意进入的天文馆作为活动场地。最初的构想是在渺渺星空的天文投影中，学生进入未来的梦幻之旅，以增加活动的玄幻效果。

除此之外，讲坛内容设计的趣味性、梦想树活动中树的形象设计以及书写梦想的纸张选择等无一不经过精心的构思、挑选、美化，以促使以美育德的目标达成。

2. 创设活动组织过程中的美感

传统德育活动中，为了确保德育的主体的参与性，一般都采用硬性要求参加的组织形式。为了充分呈现乐园这种德育形式的主体参与的积极性程度，本次活动对学生是否参与不作硬性要求，而是试图通过各种宣传手段来提升参与性。

活动前，精心拟定每个乐园项目的题目，题目紧扣活动内容，同时直观呈现活动的趣味性（如擂台、影院等），但又不显得过于直白而无趣，定语加名词的题目拟定格式，使得整个活动内容呈现系列感；精心编写每个项目的说明，采用排比、比喻等多种写作手法凸显活动的吸引力；利用图片处理软件制作漂亮的成长小报，学生人手一份，提高影响力；制作精美的乐园地图，活动前在校园内张贴，激发学生的期待；

活动过程中，每项活动场地内都有精美的活动宣传海报，指明参与方式；活动的外在形式也加以美化，如擂台、拍卖做得更为逼真和形象；设计制作精美的纪念徽章作为纪念品奖励给参与项目达到一定数量的学生的组织形式，显著提升了学生的参与积极性。

3. 专业性保证

自我探索教育需要心理学专业知识背景，只有保证专业性才能确保实效性，不同的教育内容对专业性的需求不同，此项活动中我们组建了心理专、兼职教师和资深年级组长、班主任、学生会骨干，以及北京师范大学心理专业本科、研究生的活动实施团队，将专业和经验充分融合，展现了学生主体性。

三、活动总结

本次活动针对高一新生开展，全年级380人，实际领取纪念品的学生有200人左右，从参与的效果来看，达到了成功吸引学生的目的，据学生活动组织志愿者观察，学生参与活动的积极性非常高，活动结束后一段时间里，学生还会谈起这项活动、分享在活动中自我探索的成果，说明启发自我探索意识、提升自我探索能力的德育教育目标通过润物无声的方式传递给了学生。

第五章

特色课程关注学生个性化发展

第一节　文科实验班的课程建设

我校作为北京师范大学教育改革实验基地，始终以教改创新为己任。早在 20 世纪 60 年代，就曾创办过三届文科实验班，率先获得市教委批准和国家教育部的认可。随着社会经济不断发展，国家对于文科人才的需求日益增加，尤其对那些文化底蕴丰厚、兼通人文与社会科学、一专多能的高素质、复合型文科人才的需求激增。这就要求基础教育阶段尤其是高中阶段必须着眼于这一大背景，着手进行改革。然而，从我国现行普通高中课程看，课程设置面向全体学生，缺少专门针对培养高水平文科人才为目标的课程设置，难以满足那些在初中毕业时就对人文和社会学科表现出强烈的学习兴趣、具有丰厚的阅读积累、具备较高的文科学习潜能、基本确定向文科方向发展的学生需求。为此，北京师大二附中于 1995 年恢复创办文科实验班，明确提出"高素质复合型文科预备人才"这一培养目标，积极探索科学高效的文科人才培养途径。经过17 年坚持不懈的努力，我校文科实验班取得了丰硕的办学成果，不仅为名牌大学文科专业输送了大批精英人才，也为高中阶段高水平文科人才的培养探索出一条有效途径，同时也深化和发展了学校人文、自主的办学特色。

一、设计适合文科学生的课程体系，力求文科课程和理科课程兼顾

课程是培育人才的"土壤"。学校从文科实验班培养目标出发，构建了《文科实验班课程方案》，将文科实验班课程规划为"国家课程""专修课程"和"综合实践类校本课程"三个板块。"国家课程"主要完成国家和北京市要求开设的必修和必选的内容，为学生的发展打下共同基础；"专修课程"以必修内容为基础，开设与学生发展志趣相一致的拓展内容，使学生学有所长；"综合实践类校本课程"以主题活动形式呈现，满足学生兴趣，侧重培养学生的创新精神和实践能力。文科实验班课程设

置有鲜明的特点，首先是充分凸显文科课程"宽、厚、实"的特色。如语文学科依据文科实验班学生特点，吸收人教版、北京版、苏教版语文教材精华，联合国内语文教育专家共同编写《北京师大二附中文科实验班语文教材》九册，作为必修教材投入使用，并开设"先秦诸子""古文观止""明清小说""鲁迅作品自主研修"等十余种选修课（已形成校本教材），在特选课程和综合实践课程中供学生深入学习；再如，英语、历史、地理、政治等学科，一方面整合国家课程必修必选内容，使其在内容、难度和顺序上适合文科实验班学生特点，另一方面开设了"英文名著鉴赏""中国古代哲学""中国古代文明之旅""西方经济学""中国古代文化遗产""小流汇海游中国""跬步千里看世界"等十余种专修课程（已形成校本教材），开拓学生视野，增强文科积累，增进学习实效。其次是文理兼顾，重文不轻理。如数学教学内容、难度和进度按高标准实施，而且还开设了"数学大视野""文科实验班数学思维训练"等专修课程，重在培养学生的数学思维能力；再如，物理、化学、生物、信息等学科，在保证学生高质量完成必修和必选课程的前提下，对那些有兴趣研究且学有余力的学生，通过研究性学习、综合实践活动等课程，为他们提供学习空间，许多文科实验班学生在科技创新大赛等活动中获奖。

二、选择适合文科学生的课程实施策略，培养文科学生终身学习的能力

学校从人文学科特点及学生的认知特点出发，在长期的教学实践中探索科学有效的课程实施策略。第一，在课堂教学中坚持"双主体互动式"教学原则，重视学生的自主性。通过精心设计教学环节，充分调动学生学习的积极性和主动性，鼓励学生在过程中参与和体验、思考和表达、合作和探究，将学生学习知识的过程和形成能力的过程统一起来。第二，指导学生大量阅读经典作品，鼓励学生开展创作实践。各学科在教学中大力激发学生阅读兴趣，有计划地推荐必读、选读、精读、泛读书目供学生自主选择。教师分组指导学生合理分配课余时间进行阅读，指导学生养成阅读与思考并重的读书习惯。定期通过文学沙龙、读书会、知识竞赛、随堂检测等不同的考查方式检测学生的阅读效率和效

果，鼓励学生边阅读边进行创作实践。统计结果显示，高中阶段文科实验班学生平均精读社科类经典书籍 30 多种，泛读书目百种以上；文科实验班学生平均每年在正式出版物发表文章近百篇。第三，丰富学习资源，鼓励学生自主研修。学校为学生提供丰富的学习资源，鼓励学生自主选题深入研究，使学生学有所长。

文科实验班高水平的教师队伍保障了特色课程的顺利实施。教师凭借先进的教学理念、丰富的教学经验和出色的教学实践能力，使学生懂得了自主，学会了选择，掌握了人文学科学习和研究的基本方法。经过高中三年的学习，文科实验班学生的学习兴趣和动力并没有因为高考的结束而终结，反而与日俱增。他们收获的不仅是优异的高考成绩，更是扎实的文科积淀和可持续发展的学习能力。

文科实验班经典案例分享：高中语文专题教学实验

针对语文教学所存在的一些实际问题，李老师在文科实验班开展了高中语文专题教学实验。

语文教学存在的现实问题包括：（1）教学内容割裂，呈现为一种"碎片化"状态，不利于学生形成整体感知，同时限制了学生在思想、情感和文化上的感悟和延伸空间。如语文教学往往以单篇文章为核心，而作为有机整体的一篇文章又常常根据教学需要而被人为地肢解为创作背景、主旨、内容结构、语言表达等若干部分，只见局部不见整体；一篇课文与教材中的其他课文、一篇作品与同一作者的其他作品、一位作家的作品与其他作家同时期的作品等在思想内容和语言风格上的内在联系未能得到呈现，只见树木不见森林。（2）教学过程重复、拖沓，语文教学呈现出一种"原地踏步"的状态，不利于学生的开放性、深刻性和敏捷性等思维品质的培养以及相关能力的提升。（3）教学"重教轻学""先教后学"，"赶进度"（因为课文都要在规定时间内讲完）成为一种教学常态，在不断追赶的过程中教师自己的滔滔不绝的讲授逐渐成为课堂教学的主体。必须在规定时限内完成一定教学任务为教师带来的焦虑，使教师更加关注教学进度而忘记了教学的根本初衷；使学生更加关注如何跟上教师的进度，掌握教师所讲的内容，而不断丧失自主选择学习内容的权利、自主安排学习进度的意识和主动参与学习活动的动力。

为了解决语文教学过分工具化、功利化和教学效益低下等问题，在文科实验班开展了专题教学实验，先后进行了以鲁迅、余华、史记、古典诗词、四大名著为主题的五项专题教学实验，历时两年，得到了学生的高度评价。此专题教学实验探索和总结了开展适合于高水平文科学生的高中语文专题教学所应秉持的设计理念和实施策略，如基于系统思考的"专题设计策略""课堂教学策略""个性指导策略""支持保障策略"和"学习评价策略"等，发展出了"以问题为核心的阅读课""以思维为核心的写作课""以研究为核心的专题学法指导课"和"以听说为核心的成果展示汇报课"四种课型。

"以问题为核心的阅读课"重新定位了"问题"在语文教学中的功能。在语文教学的常态中，教师往往预设问题并将"问题解决"作为授课的核心目标，学生的学习重点在于解决相对固化的、有统一答案的问题。在专题教学中，问题是由学生提出的，是学生质疑的载体而不是教师替代学生思考的产物、是生成的教学资源而不是预设的教学工具、是多重对话的媒介而不是僵化死板的考题。教师引领学生提出问题、修正问题、分类问题、聚焦具有语文学科核心价值的问题，并指导学生探究问题的答案、发现问题的价值、发展远见和卓识，这一过程是师生共同进行高级思维活动的过程，可以有效地培养学生的思维品质。

"以思维为核心的写作课"是指从读到写完成转化，旨在帮助学生内化所学习的内容。专题学习是以阅读为基础的，学生需要阅读文本并通过学习、质疑、探究等掌握作者的思想观点、情感态度和创作手法等与语文学科密切相关的内容，并在自己感兴趣的领域做深入研究，对所阅读的文本形成认识和评价；但这些还不足以达到完整的学习成果，学生还需要运用语言文字将自己的阅读体会表达出来，写出自己的文章。这种写作是以阅读为基础的再创作，当学生提笔写作的时候，他需要对自己的文章进行整体构思和设计，需要字斟句酌、反复推敲，需要考虑读者的接受。因此，这种写作可以在激励学生进行书面表达的过程中促使他们不断深化和完善其从阅读中获得的思想认识，即通过"以思维为核心的写作课"来构建和强化学生从阅读到写作的思维模式。

"以研究为核心的专题学法指导课",是指教师根据特定教学阶段的性质来指导学生进行专题研究。在语文教学的"课内整合"和"专题研究"两个阶段,需要整合的素材范围越来越大,需要关注的领域越来越发散,研究的特征越来越明显,这就需要教师以研究为核心,对学生进行专题学法指导。这种指导既包括教师在课下对学生进行的个性化指导,也包括教师在课堂教学中对所有学生的共性指导,其中后者重点关注两项内容:一是如何选题,二是科学的专题研究方法。在班级授课形式下,面对学生选题不同、遇到的具体困难千差万别这一问题,教师笼统讲授或逐个解答疑难都不是有效的策略,为此教学实验通过摸索总结出了四步指导策略:选取典型选题作为教学案例—师生共同设计整体思路—训练体验"比较研究"方法—迁移运用到个体研究。

"以听说为核心的成果展示汇报课"是专题教学所发展的一种典型课型。首先,成果汇报也是一种学习,是一种以"听说"为核心的学习,每一位学生既是演讲者,也是听众。作为演讲者,只有真正理解所讲的内容、用心设计演讲的方式并采用适当的技巧,才能吸引听众,这可以锻炼学生"说"的能力。作为听众,只有专注去听、及时去记、认真去想,才能从演讲中学到知识、获得启发,这可以锻炼学生"听"的能力。演讲者和听众之间应当互相尊重,演讲者守时即是在尊重听众,听众专心倾听即是在尊重演讲者,学生在进行角色转换的过程中会受益良多。其次,面对学生的展示汇报,教师应当"不抢戏"但"有作为"。所谓"不抢戏",就是不组织、不主持、不打断、不干涉,整个汇报过程全部由课代表组织同学们自主完成。所谓"有作为",一是记录,记录演讲者的展示和倾听者的表现;二是点评,点评每个专题研究的质量、汇报的质量,并点评倾听者的表现,对每个学生的学习和研究做出评定。

李老师开展的一系列高中语文专题教学研究,产生了较为广泛的实践影响。如在第三届、第四届全国语文模块教学(即专题教学)研讨会上，以展示课、专题报告等形式呈现后受到了语文教育界的关注；在北京教育学院以及北京市西城区、海淀区、丰台区、朝阳区、良乡区、大兴区、昌平区教委及教研中心组织的研讨会或开放日活动中做专题报告20多场，得到了与会专家和教师的好评。

三、外显课程和隐性课程并重，全面培养文科学生的人文精神

当代中国社会，人文精神的缺失已成不可回避的事实，人文精神缺失造成的巨大危害越来越多地被国人所认识，人文精神需要恢复与重建已成为社会的共识。中学教育是公民教育的关键环节，能够在人文精神的培养上扮演重要角色、发挥巨大作用。由于自身的思维特点、心理特点以及所接受学科教育的特点，文科学生与人文精神有着更为密切的内在联系。

(一)人文精神培养的基本策略

人文精神的培养是一项复杂的、长期的工程，培养人文精神需要同时注重直接的、有形的培育和间接的、无形的熏陶，二者不可偏废。通过实践摸索，我校逐步总结出了以下策略：

1. 丰富学生的人文知识，加深学生的文化底蕴

深厚的文化底蕴很大程度上来源于文史哲等人文知识的学习与获取。我校制定的人文精神培养策略有三个层次，其中丰富学生的人文知识是基础。人文知识是一个含义广泛的概念，文史哲等知识便是最重要的组成部分。创造各种条件，利用各种途径，采取各种形式，丰富学生文史哲等方面的知识，能够极大地加深学生的文化底蕴。将学生深厚的文化底蕴作为培养人文精神的基础，能够有效地提升学生的人文素养。

2. 完善学生的行为规范，开展欣赏型德育，加强学生的道德实践

人文知识是人文精神的重要基础，但是拥有丰富的人文知识并不代表就一定具有人文精神，在此基础上还需要对学生进行适当的教育。在完善学生行为规范的同时，开展欣赏型德育，以美育德，从外在与内在两个方面对学生进行积极引导，这样才能使丰富的人文知识转化为深厚

的文化底蕴，进而转化为较高的人文素养；同时，加强道德实践，使人文精神转化为人文能力，实现人文精神的实践延伸。

实践活动和课内学习相结合，符合人文学科的学习特点和规律，对提升学生的综合素养和人文精神有着重要意义，是实现文科实验班培养目标的重要途径之一。长期以来，学校主要通过综合实践类校本课程，利用假期，从四个层面开展了丰富多元的特色实践活动：在校园内定期开展诗朗诵、文化经典诵读、名家讲座、中英文戏剧表演、演讲和辩论比赛等特色活动；在北京周边结合语文、历史、地理等学科教学，开展孔庙、国子监、故宫、地质博物馆、爨底下村等短途参观考察；暑假期间开展"徽文化""汉唐文化""晋文化"等长途地域文化考察活动；以学校合作办学项目为依托，不定期组织学生赴美、英、日、新加坡等国进行多元文化交流。

3. 加强环境文化建设，潜移默化地提升学生的人文精神

人文精神的培养，需要外显的、直接的作为，更需要隐性的、润物细无声的熏陶；我校注重对学生进行有形的培育，更注重对学生进行无形的熏陶。我校开展的欣赏型德育强调的即是潜移默化的力量。加强校园文化建设和班级文化建设，用具有浓郁的人文精神的环境来潜移默化地影响学生，也是我校进行人文精神培养的重要策略。

(二)人文精神培养的基本方法

围绕人文精神培养的三个层次，依据人文精神培养的基本策略，我校逐步探索和总结出了人文精神培养的主要方法和基本步骤。

习——通过学习和实践，养成良好的道德习惯，提升道德修养。

人文精神培养的对象是学生，学生的学习态度如何、接受程度如何直接关系到人文精神培养的效果。当然，这种学习主要不是强制性的，而是学校为学生提供丰富的学习机会，学生进行主动的学习和实践。

熏——依赖教师自身的人文素养和学校的人文环境进行熏陶，使学生在潜移默化中增强人文精神，达到润物细无声之效。

人文精神的培养，难度在"熏"。在学校教育中，教师是学生学习和模仿的主要对象，教师自身人文素养的高低以及人格魅力的大小都将对学生产生直接而深远的影响；此外，学生长时间在学校学习、生活，学校的人文环境对学生的审美情趣、思想观念等都会产生潜移默化的影响。所以，教师自身的人文素养和学校的人文环境在对学生的人文精神培养中扮演着重要的角色。

悟——让学生在阅读和实践中去体会和领悟。

人文精神的培养，虽然需要外界提供诸多帮助，需要社会、学校、教师、家庭有意识地支持，但归根到底更需要学生自己的体会与领悟。在学校教育中，学校与教师等外界的帮助必不可少，但更要注重对学生自身"悟"的重视，对学生"悟"的等待与尊重。

化——帮助学生将所学所悟内化为人文精神和人文能力，再由人文精神和人文能力外化为行动，达到化的境界。

通过"习""熏""悟"等阶段，最后达到"化"，即形成个人的人文精神和人文能力，此为"内化"，是一个层次的人文精神，更多还是"独善其身"。我校学生追求的人文精神，还有另一个层次，即人文行动，亦即人文精神的"外化"，也可谓"兼济天下"。

四、将课程建设的视野扩展到课外，综合指导学生的阅读

阅读作为一项重要的学习活动，不仅直接影响学生的学业水平，而且会影响学生精神世界的丰富性和精神境界的高低。苏联教育学家苏霍姆林斯基指出："三十年的经验使我深信，学生的智力取决于良好的阅读能力。""让学生变聪明的方法，不是补课，不是增加作业量，而是阅读，阅读，再阅读。"我国教育学者朱永新在《我的阅读观》中也提到：就个体而言，一个人的精神发育史就是他的阅读史。阅读是学生获取知识、拓宽视野的重要途径，同时有利于学生思维能力的发展，还有助于学生高尚情操的培养。

鉴于阅读对学生的发展发挥着重要作用，我校非常重视课外阅读。在高中阶段指导学生阅读不仅对其高中阶段的发展有着重要意义而且对其未来的成长也有着深远影响。据复旦大学调查：大学生阅读本专业经典著作的，只有 15.2%；阅读人文社会科学经典著作的，仅有 22.8%；

阅读专业期刊的，只有 9.3％；阅读外文文献的，只有 5.2％。我们也曾调查过大学生在学校图书馆借阅图书的情况，那些真正最值得读的经典好书占借阅量的比重很低。大学生读书较少的原因是多方面的，其中一个重要原因就是在小学、中学阶段未能养成读"课外书"的好习惯。所以，只有指导学生多读好书，才能培养学生良好的阅读习惯，才能实现我校的教育目标——"三兼优、一发展"。

为了更好地开展阅读教育，我校对文科实验班学生的阅读情况进行了调查，发现当前高中文科学生尤其是高一新生在阅读方面存在一些问题：课外阅读基础薄弱，初中阶段的繁重课业压力压缩了学生的课余时间；阅读结构失衡，偏重有故事情节的文学类书籍，较少涉及历史、政治、经济、社会科学类书籍；阅读层次偏低，较少选择经典作品，更愿意阅读轻松、新奇的现代流行作品，无助于提高独立思考能力和思维深度；阅读目的不明确，没有形成良好的阅读习惯；阅读碎片化，网络、微博、微信、游戏等导致纸质阅读时间大量压缩等。

为了通过阅读教育来解决当前所存在的这些问题，我校将阅读教育的目标和任务确立为：帮助学生夯实学业基础、拓展学习视野；引导学生养成良好的阅读习惯，为终身学习做好准备；指导学生调整阅读结构、提高阅读层次、明确阅读目的，提高学生的独立思考能力和思维深度，并激励学生把个人的价值追求和社会发展相结合，培养学生的忧患意识和社会责任感等。

通过在实践中不断探索，我校总结出了以下几项指导学生进行课外阅读的策略。

（一）循序渐进地提高学生的阅读能力

在高中阶段，教师习惯布置书目要求学生阅读，却往往忽略了对学生的阅读进行指导。目前高中生从文本中提取有效信息、把握文章段落主旨的能力都很不足，读懂一篇文章尚且有困难更别说一本书。所以在我校的阅读教育中，选择文章篇目时遵循由少到多、由短到长的原则，用"短文"来训练和提高学生提取有效信息的能力和总结归纳的能力。这种阅读指导不仅包含在语文课程中，也包含在历史、地理、政治、英语等学科课程中；当然，这种阅读指导也可以出现在课外。

如何选择文章、解读文章，才能提高学生的文本阅读能力、发挥"短文"阅读的最大效用呢？我校教师对此进行了有益的尝试，总结出了"多角度解读文本"这一重要路径。我校 2014 级语文、历史和政治学科的教师在每学期开学初会集体备课，共同确定学生在本学期应阅读的文章篇目，在接下来的教学中不同学科从不同的视角对这些文章进行解读，帮助学生从多个角度全面地理解文章，拓展思维的广度和深度。以毛泽东《论十大关系》为例，历史学科从我国 20 世纪 50 年代社会主义建设初期的基本国情、国际背景和苏联的社会主义建设经验等角度进行解读，政治学科从工业和农业之间的经济关系、中央和地方在财权和事权划分上的政治关系以及十大关系体现的哲学思想等角度进行解读，语文学科则从篇章结构、叙述主题、词语运用等方面进行解读，最终学生以论文的形式从多个角度阐述其对《论十大关系》的理解。阅读指导秉承把文章读通、读精、读厚再读薄的原则，帮助学生不断扩展、深化其对文本的认识。

(二)指导学生调整阅读结构，提高学生的学科意识

每一学科都有相对独立的知识体系。树立学科意识，就要立足于学科主干知识和重点知识，构筑系统性、完整性的知识网络，培养学科综合能力，并学会运用学科知识和能力来分析现象世界、透过现象认识本质和规律。高中教材并不能完整地呈现学科知识体系，所以宽广的阅读面和合理的阅读结构对于提高学生的学科意识和学科素养必不可少。

培养高中文科试验班学生的学科意识，必须同时考虑一般性阅读和学术性阅读的作用。一般性阅读帮助学生拓展知识，获得更多的知识素材；学术性阅读帮助学生深化理解，探索观点的内在联系、构建学科知识体系，二者相互补充，缺一不可。如从下表所示的高中思想政治课必修模块阅读结构中可以看出：一般性阅读关涉知识的广度，书目相对较为丰富，要求通过泛读取其精华；专业性阅读关涉知识的深度，书目选择更为谨慎，要求反复精读，以一般性阅读作为学术性阅读的补充，可以使学术性阅读更为鲜活和丰富。

表 5.1 高中思想政治课必修模块阅读结构表

	一般性阅读	意图	学术性阅读	意图
经济生活	《牛奶可乐经济学》《激荡三十年》《经济学的故事》	通过纷繁复杂的经济现象理解经济学理论和观点	《经济学是什么》梁小民；《经济学原理》曼昆；《资本论》前三章	明确经济学理论的总体构架；厘清经济规律的表现及运动轨迹
政治生活	《中国古代政治思想史》《领袖论》《我已出发》《毛泽东传》	从历史脉络拓展入手，准确把握"政治"内涵，理性看待政治现象	《政治科学》罗斯金；《政治学十五讲》周桂钿	通过中西方对比，明确政治学的研究对象和研究体系
生活与哲学	《哲学与人生》《西方的智慧》《十五堂哲学课》	理解生活与哲学的关系，感受哲学思考无处不在	大学教材：《辩证唯物主义与历史唯物主义》；《中国哲学简史》冯友兰	全面正确地理解马克思主义哲学观点；对比研究中西方哲学的不同
文化生活	《文明的运势》《文化苦旅》《曾经》《文化帝国主义》龙应台的部分作品	了解文化的多样性及其作用，用历史的眼光观察文化（文明）的形成	《中国文化概论》张岱年	补充教材"没文化"的特点，理解中华文化的内涵、特点和发展趋势，培养文化自觉和文化自信

（三）以学术性研究促进学术性阅读，提高学生的学科素养

"自主研修"是我校文科实验班特有的活动，旨在通过引导学生深入研究某一问题而促进其专业性阅读。"自主研修"主要是从政治、经济、军事、历史、文学等领域选择一些需要学科之间相互交叉和配合才能解决的问题，如对比研究内地和香港的廉政建设，需要阅读我国近现代史、我国的政治体制、香港发展史和西方政体等方面的相关书籍和论文；研究北京新能源汽车发展，需要阅读经济、地理等学科的相关书籍。"自主研修"分为开题、研究、结题三个阶段。"开题"阶段学生要广泛涉猎书籍和论文，寻找自己的兴趣和创新点；"研究"阶段学生要针对某一问题阅读相关专业书籍和论文，建构自己的问题解决框架；"结题"阶段学生要把自己在阅读文献和独立思考过程中的观点用学术论文的形

式表达出来。在整个过程中学生需要广泛而专业地阅读，不断拓展学科视野，深化知识理解，锻炼综合运用所学知识解决问题、将理论与实践相结合的能力，这一过程可以培养学生在某一领域的学科素养和一定的学术研究能力。

(四)通过提高阅读指导的有效性，培养学生的良好阅读习惯

如果没有良好的阅读习惯，前面所提的培养学生的学科能力和学科素养都是空话。教师可以通过提高阅读指导的有效性来激发学生的阅读意识，培养学生良好的阅读习惯，让他们在阅读中学会多读、精思、勤记，懂得分析、思考、批判和应用。考虑到文科实验班学生在初中阶段的学习情况，我校从2012年起开设了面向新生的文科夏令营和面向老生的文科冬令营活动，其主要功能就是明确阅读的重要性以及对阅读方法进行指导，布置假期阅读书目和阅读要求，以此来激发学生的阅读意识，有意识地养成良好的阅读习惯。

2014年文科实验班新高一暑假作业

【语文】

1.史铁生散文至少10篇。史铁生散文要求列出阅读的篇名(10篇)；要求其中五篇写不少于500字的读书笔记。

2.《古文观止》先秦部分文章至少10篇，每篇用不到50字概括内容，并且每篇自选5—10个短句独立做现代汉语翻译。

3.从《论语》《道德经》中任选三段语录，每段语录做500—1000字的评析。

【政治】

1.必读书目：《经济学是什么》。选读书目：《激荡三十年》《牛奶可乐经济学》《王二的经济学故事》《经济学的故事》，其中任选一本阅读。

2.在阅读理解相关书目的基础上，为辩论赛准备材料。

3.请对应书目的章节及页码，列出存疑或不懂的问题。

【历史】

1.葛剑雄《历史学是什么》

必读部分：《历史的来历》第9—11部分；《历史的类型》；《为什么

要了解历史》第 7—9 部分；《怎样学习和研究历史》。

作业 1：①如何获取、判断和使用历史信息（可以举例说明，例子不能是这本书里的）。②列出一张中国古代朝代信息表。表头包括主要朝代、起止时间、开国君主、都城、备注（你认为重要的事件名称、杰出人物）。

2. 浦兴祖、孙关宏、王沪宁等编著《从〈理想国〉到〈代议制政府〉——西方政治学名著释评》，中国人民大学出版社 2012 年版

必读部分："柏拉图的《理想国》"的时代背景、第 2—4 卷、第 7—8卷、难点探讨、全书评述；"托马斯霍布斯的《利维坦》"的时代背景、第二部分论国家、难点探讨、全书评述；"孟德斯鸠《论法的精神》（上）"的时代背景、第二卷、难点探讨、全书评述；"约翰·密尔的《代议制政府》"的时代背景、第 3—9 章、第 13—17 章、难点探讨和全书评述。

作业 2：①制作读书卡片（至少 5 张），摘录（节选）并写下自己的启示感受。②结合时代背景说明柏拉图《理想国》的价值。结合时代背景说明霍布斯、孟德斯鸠思想的意义。整理英国近代历史（如英国近代资产阶级革命到君主立宪制确立的历程，英国资本主义制度怎样逐步确立和完善）。

答题要求：问题以一个为主，欢迎多答，观点明确，能多角度分析，条理清晰。

总要求：上述作业要求独立完成，不能抄书上的观点，不能网上下载文章。

【英语】

1. 阅读两本英文图书

The Talented Mr. Ripley by Patricia Highsmith

Round the World in Eighty Days by Jules Verne

2. 撰写两篇读书笔记

在阅读图书的过程中，对每一本图书进行读书笔记的撰写。每篇读书笔记需要包含如下几方面的内容：

Title

Author

Main idea

My comments on the book

Hints：your comments can be about the characters，the plot，the language，your favorite part，the book's inspiration on you，etc.

Good sentences (at least 5 sentences for each book)

3. 朗读书籍并录制音频材料

请你每天对自己所阅读的图书进行 10—15 分钟的朗读，自选朗读章节。

请在你所阅读的两本英文书籍中，选择一个段落进行 1 分钟的朗读录音。

4. 撰写一篇自我介绍，字数在 200 字以内。

希望这份自我介绍的内容和设计能充分展现你的艺术才华，图文并茂也许会更精彩。

5. 作业上交方法

读书笔记：准备一个读书笔记本。

朗读的音频材料：文件名是自己的名字，开学由课代表收齐，存放在一个 U 盘里，交给老师。

自我介绍：A4 纸，单面书写(便于开学之后进行展评)。

所有作业开学报到当日上交。

6. 几点说明

英文图书要阅读理解，也要欣赏品味。印发给同学们的两本书都是很经典的作品，希望大家的阅读不止步于对单词的认识和对句子的理解。

暑假很长，作业很少。如有很多闲暇时间，请同学们万勿荒废时光。请在老师发给大家的自选书单中选择性地阅读更多书目。

学生从上面的作业清单可以看出学校及教师对阅读的重视，认识到大量阅读对于文科实验班学生的必要性，做好进行大量阅读的心理准备，即首先形成阅读意识。与此同时，教师的有效指导为学生指明了阅读目标和阅读方法，学生明确自己要读什么、怎么读，能够带着方向、带着问题去阅读，从而在此过程中逐渐培养起良好的阅读习惯。

夏令营和冬令营不仅设有作业清单，还通过开设丰富的讲座和活动来帮助学生了解"读书的重要性"，学习"如何利用时间""如何读书"等，进一步促进学生培养良好的阅读习惯。

表 5.2 北京师大二附中文科实验班新生夏令营主要活动

时间	时间	地点	内容提要	负责人
7.11	9:10—10:50	一百座	专题讲座1：谈读书	李煜晖
	11:00—12:00	二百座	经济学的意义	陈昭
		一百座	如何阅读历史学科的书籍	张彤
	13:30—14:30	地理教室	地理的奥秘	赵一如
		一百座	经济学的意义	陈昭
7.12	8:30—10:50	一百座	专题讲座2：日本武士道精神	唐利国
	13:30—16:30	国子监	外出参观：孔庙和国子监	周啸然
7.13	8:30—10:50	一百座	专题讲座3：高中之高	何杰
	11:00—12:00	一百座	唇枪舌剑——辩论的要义	陈昭
	13:30—16:00	一百座	我要学英语	郑颖
		二百座	对联创作与实践	陈立今
	13:30—16:00	一百座	专题讲座4：明朝历史与文化管窥	商传

表 5.3 高中文科冬令营讲座清单

时间	讲座题目	讲座人	讲座人简介
1日	金石传拓技艺	郭玉海	故宫博物院研究员
	中国政治体制改革	曹博雅	《时事》杂志社主编
	影视剧创作	梁振华	青年学者、北京师范大学文学院副教授
2日	影视剧创作	梁振华	青年学者、北京师范大学文学院副教授
	日本推理小说的暗喻明——从横沟正史到东野圭吾	史诗	青年学者，"新经典"日本文学编辑

续表

时间	讲座题目	讲座人	讲座人简介
3 日	明史讲座	商传	明史学会会长,历史学家
	古代北京的地脉水脉	冯伟	北京师大二附中教师
	刘邦和项羽	过常宝	北京师范大学文学院院长、教授、博士生导师
4 日	明史讲座	商传	明史学会会长,历史学家
	汉字与中华文化	朱小健	北京师范大学文学院教授,北京师范大学中文信息处理研究所常务副所长

冬令营、夏令营中这些丰富的活动激发了学生的阅读兴趣、开阔了学生的视野,让学生在良好的氛围中获得了阅读能力的提高和阅读习惯的培养。

当然,阅读习惯的养成需要长期的不懈努力。一直以来我校都坚持课堂教学和学生活动兼顾,各学科在课堂教学中会根据自身的特点为学生提供具体可行的阅读策略,还会在课外安排学生所喜闻乐见且具有实效的活动,如读书会、文学沙龙等。如语文组、历史组、政治组在每学期的课堂教学中专门预留了课时,组织学生进行读书方法的交流和探讨,取得了较好的效果。教师们在指导学生阅读的过程中,都特别重视"如何利用课余时间"这一问题:一方面,教师根据实际情况来指导每位学生如何合理地分配课余时间,如何协调处理读书、学习、活动和日常生活的关系;另一方面,教师将帮助学生提高阅读效率、帮助学生养成阅读与思考相结合的习惯视为了非常重要的工作。

(五)处理好输入与输出的关系,保障阅读效果

在指导学生课外阅读的过程中最难把握的是阅读效果的检测,实质上是输入(阅读)与输出关系的处理问题。只有处理好二者的关系,才能保证阅读效果,较好地培养学生的阅读习惯。阅读效果可以通过学生的知识记忆、表达能力(书面与口语)和理解水平等方面体现出来,所对应是各种不同的检测方法,对此我校总结出了以下几个方面的经验。

知识记忆检测

在学术性阅读中,学生需要记忆和掌握一些基本概念、基本常识和重要观点。如在语文教学时，要求学生阅读《中国文化概论》，学生需要掌握关于中国的历史地理环境、经济基础、政治结构等方面的基本观点，以之作为解析文化现象的基础；在"经济生活"模块教学中，要求学生阅读梁小民的经济学入门书籍《经济学是什么》，学生需要掌握最基本的经济学概念如有效需求和有效供给、价格、资源、边际效益、边际成本、经济效益、通货膨胀等，以之为指导在经济活动中做出理性的选择和判断。考查学生的知识记忆，一般会采用"试卷检测"的方式，其优点是容易操作，缺陷是易于僵化。

表达能力检测

表达能力检测包括对书面表达能力和口语表达能力的检测。书面表达能力的检测较易操作，如读书笔记是使用较多的一种检测方式。学术性阅读一般要求学生每读一章写一篇读书笔记，一般性阅读要求学生每读一本书写 2—4 篇的读书笔记，读书笔记要突出重要的内容和观点，可以对知识进行梳理，也可以联系实际来表达自己的不同意见，还可以提问题或分享自己的感受；对于学生的读书笔记教师应及时阅读并予以反馈，如果学生写了读书笔记教师却不批改也不提出有效建议，则无助于指导学生的阅读。此外，自主研修论文、学生个人发表的作品以及集体作品《文心》等都是检测学生书面表达能力的重要途径，通过这些检测可以了解到学生阅读的进度、深度，是完善学生阅读指导体系、培养学生阅读习惯的重要措施。

口语表达能力的检测，主要通过读书会、辩论赛以及师生口头交流等方式进行。口语表达对学生提出了很高要求，学生需要把所思所想有逻辑、有条理、清晰准确地表述出来，会调动自身多个方面的能力。辩论赛是使用较好的一种口语表达检测方式，它要求学生通过大量阅读来搜集信息并灵活、辩证地运用所搜集到的内容来证明己方观点的正确性。如我校曾举办过以"北京地铁票价涨不涨"为主题的辩论赛，赛前为学生指定了一本参考书籍；而在辩论赛场上，我们发现学生把西方经济学家关于价格的认识都梳理了一遍，这远远超出了读一本书的范围，在辩论过程中学生口语表达的科学性与准确性帮助我们在最短的时间内检测到了学生的阅读效果。

理解水平检测

学生在课外阅读中所达到的理解水平是其阅读效果的重要方面，可以通过如何认识、评价及解决问题等体现出来。教师们正在尝试利用课堂教学来检测学生的理解水平，即将课外阅读效果的检测结合进课堂教学中来，同时也是借助于课外阅读来解决课堂教学中的问题。如在讲授"经济生活·多彩的货币"一课时，教师要求学生在课前阅读《经济学是什么》一书中关于货币和通货膨胀的内容；在授课过程中，教师则将货币的产生、发展（教材内容）和现代经济学中对货币的划分（课外阅读内容）结合起来，将纸币发行量和通货膨胀的关系（教材内容）与通货膨胀形成的四种原因（课外阅读内容）结合起来，内容多、进度快，学生如果不提前看书并积极思考就不可能理解教师所讲的内容，而学生如果提前看书并带着问题进入课堂学习就能够将所阅读和所学习的内容结合起来，有益于实现融会贯通的理解。此外，通过设置问题来引导学生阅读并检测其理解水平也是较常用的方式。如教授语文的陈老师在为学生布置寒假的课外阅读书目时，根据不同书目设置了不同的问题（见表5.4），要求学生带着问题阅读并思考和回答这些问题，通过学生对这些问题的回答就可以很好地把握学生对所阅读内容的理解水平，达到检测学生阅读效果的目的。

表5.4　书目与问题设置

1. 吾国吾民	我眼中的中华民族突出的优点与缺点是什么？ 林语堂对国民性的评价是否中肯？ 中华民族是喜欢变化的民族还是惧怕变化的民族？ 在林语堂所说的众多国民性中，你觉得受震撼或受启发的是哪一个？
2. 国学知识大全	中国何以被称为文明古国？ 众多的文化是财富还是累赘？ "国学"是什么？ 中国国学的"内核"是什么？ 在今天学国学到底是进步还是倒退？

续表

3. 仰望高峰：泽颖采访当代文化大师录	为何中国当代缺少"大师"？ "大师"共同的品性是什么？ "大师"风范对国民性的影响是什么？ 何谓"大师"？ 我最欣赏的"大师"？ "大师"的缺点是什么？
4. 刘心武揭秘红楼梦	刘心武"揭秘红楼梦"的揭秘方式是什么？ 与刘心武商榷对红楼梦的理解。 《红楼梦》为何能经久流传？

北京师大二附中读书教育理念和策略①

一、深化"双向觉解"是读书教育的旨归

在学校教育中，读书教育是相当重要的一部分：对实现教育的终极目的——促进人的发展、提升人的境界有至关重要的影响。这里的读书，显然不是专指教科书或课内辅导书的阅读，乃是引领学生在浩如烟海的人类文明成果中畅游。而畅游的前提，是对人生的意义、读书的意义、人生与读书两者的关系有充分的、高层次的了解和自觉。了解与自觉，即冯友兰先生在《新原人》一书中提到的"觉解"。同是读书，人在"觉解"状态下与"无明"状态下，对他具有的意义和使他能达到的人生境界完全不同；在不同层次的"觉解"状态下，对他具有的意义和使他能达到的人生境界也不同。

视读书为消遣，出于本能的喜好、感官的愉悦，随手翻翻流行小说、时尚杂志、心灵鸡汤、励志成功学，固然开卷有益，但也只是读书的"自然境界"：并没有把读书和生命追求建立联系，只是将读书与世俗生活建立联系，其中的觉解微乎其微。视读书为升学高考、谋生致富的"敲门砖"，头悬梁、锥刺股以取功名富贵，是读书的"功利境界"。此境界客观上可能有利于他人，而主观动机无非利己。但能将读书与人生一

---

① 李煜晖．深觉解，立四端——中国读书教育纵横谈．光明日报，2014-08-09．（有改动）

部分追求建立联系，故觉解较多，动力亦足。目的达成之前手不释卷，是其利也；心愿得偿之后弃如敝屣，是其弊也。视读书为济世救人之道，如周总理"为中华之崛起而读书"者，是读书的"道德境界"。道德境界同样追求"有用"，也就是有功利之色彩。但此功利乃是为利人，而非利己，有"以天下为己任""兼相爱交相利"的意思。读书至"道德境界"已经很高明，但人类社会之上还有更大的整体，那就是广阔无垠的天地、浩渺幽深的宇宙。人生天地间，渺小而卑微，仰望星空，不能不油然而生"寄蜉蝣于天地，渺沧海之一粟"的慨叹，勃然而兴"参天地之造化"、与宇宙永恒同一的愿景。何以解忧？唯有读书；何由可达？唯有读书。难怪张岱说："世间极闲适事，如临泛、游览、饮酒、弈棋，皆须觅伴寻对。唯读书一事，止须一人。可以尽日，可以穷年，环堵之中而观览四海，千载之下而觌面古人。天下之乐无过于此，而世人不知，殊可惜也！"读书至此，是为"天地境界"。其中蕴含着人类超功利乃至超道德的觉解，因而也就有了超功利与超道德的哲学价值和美学价值，使人极闲适、极孤独、极自由、极快乐，手之舞之，足之蹈之，乐此不疲，终生不倦。

　　教育要使人从"现在就是的人"向"人应该成为的人"迈进，教育者自身"觉解"不可不深刻，自身"境界"不可不超拔。当下读书教育，泛泛倡导"自然境界"的阅读，巧立名目，大搞运动，不加拣择，以量取胜，此一大弊也；过度强调"功利境界"的阅读，以"有用之用"诱人读书，置"无用之用"于不顾，拔苗助长，目光如豆，此一大弊也；空谈"道德境界"的阅读，不重恢宏远志的培育与道德实践的真实体验，令人望而生畏，闻而生厌，此一大弊也。有此三弊，则读书为"装饰物"、为"敲门砖"、为"鬼画符"矣，更遑论达成终身不倦的"天地境界"。长此以往，何谈培育有"独立之精神，自由之思想"的"大写的人"？因此，致力于人终身发展的读书教育，当以深化教育者与被教育者双方的觉解为旨归。这种"觉解"本身也是双向的：既是对阅读境界的觉解，更是对人生境界的觉解。

二、读书教育当立"材""质""法""验"四端

孟子认为：仁、义、礼、智是"人之四端"，"人之有四端也，犹有四体也"。同样，"以深化双向觉解为旨归"的读书教育，也有"四端"："材""质""法""验"是也。"四端"既立，则纲举目张。

材：选择书目的原则与策略

世上之书汗牛充栋，并非所有书都可以作为读书教育的"书材"。教育者向学生开列书单的基本原则是：在人一生阅读的黄金时代，也就是心底最纯净、情感最丰富、求知欲最旺盛、精力最充沛、记忆力最强大的青少年时期，我们应该推荐那些经得起时间考验、营养价值最丰富、可供人终生咀嚼回味的书籍，让这些书为青少年打好阅读的底子、审美的底子和人格的底子。我们向学生提倡，读书要"读经典、读原著、读源头"，就是出自这样的动机。

经典并非专指中国古代的"经书典籍"，乃是经历史长河沙汰，至今仍生机勃勃的书籍，这才真正算经得起时间的考验。青少年现在不爱读经典，反而爱读畅销书、流行书、浅显易懂的书、马上有用的书，实在是受了网络文化和商业文化的蛊惑。如果说书籍是精神的食粮，那么在时间面前，大多数化为粪土，极少数才变作佳酿。村上春树说自己通常不看还在人世的作家的书，话虽偏激，道理深刻——我想他是担心误食"粪土"。

经典既然是"佳酿"，"餔其糟而啜其醨"者必多：考据探源者有之，阐释解读者有之，借题发挥者有之，众说纷纭，令读者莫衷一是。远者如《周易》《论语》《道德经》《庄子》，近者如《红楼梦》、鲁迅，如果青少年从为他们做"注疏"的"外围书"读起，皓首穷经也难见真佛。不如索性拿出勇气，直面原著，除了文字上用必要的工具书做辅助，考证的、解读的、发挥的书先一概不看，强迫自己无所依傍、独立思考，宁可囫囵吞枣，也不食人余唾。待有所疑、有所思、有所备，而后以平等之心就正于方家，才能渐至"奇文共欣赏，疑义相与析"的佳境。

然而，即使只是经典原著，可读的书还是太多。因此，选书要进一步聚焦，那就是"读源头"。事物有本、末之分，干、枝之异，源、流之

别。儒家师法三代，是溯源；道家道法自然，是溯源；文学家"文必秦汉，诗必盛唐"还是溯源。故读诗不可不先"风骚"而后唐宋，读史不可不先《春秋》而后《史记》；读古文不可不先"诸子"而后汉唐，读白话不可不先胡适、鲁迅而后他人。这里的先、后，并不是指绝对时间的先后，而是在有限的时间内，读书人心理上相对的优先顺序。敢于从源头读起，先啃"硬骨头"，能够确立整体认识的高度，"一览众山小"。

质：阅读品质的要素与关系

读书首先要记忆，这种记忆是有意记忆，而不是只鳞片爪的无意记忆。中国传统文化教育重视"背书""默书"，把熟读、熟记、复述、背诵书籍的内容视为读书的基本功，这是很有见地的。读一百本书、一千本书，记不住观点内容，说不清脉络细节，还不如把一本书熟读一百遍、一千遍为好。陶渊明说"好读书，不求甚解，每有会意，便欣然忘食"，但这种境界是以扎实的童子功为基础的。记忆是阅读品质的基础，但只是记住内容又落入死记硬背的窠臼，仿佛《伊索寓言》里"驮书的驴子"，不过是书呆而已。

呆从何来？首先是没能唤醒自身的情感认同。调动自己的情感与书中之情若合一契，书中之情又反作用于自身之情，使之丰盈充沛，交互之间胸怀为之阔大，境界为之提升，这就是文学上讲的"共鸣"与"移情"。苏舜钦《汉书》下酒，每读至快意处击节拍案，痛饮一斗。古人说："读《出师表》不下泪者，其人必不忠；读《陈情表》不下泪者，其人必不孝；读《祭十二郎文》不下泪者，其人必不友。"都是强调读书应激发情感共鸣的好例。其次是缺少理性的思索。读书为文，多情少思则滥，有思寡情则枯，寡情少思则呆。"情"要酝酿调动，"思"靠质疑提问。"尽信书不如无书""学者需先会疑"，说的就是质疑提问的重要性。教师教学生读书，往往以自己的"疑"替代学生的"疑"，以自己的"问题"替代学生的"问题"，很少鼓励学生大胆质疑，提出属于他自己的真实问题。久而久之，学生质疑精神和提问能力就会受到压抑，思考的主动性就会降低。

读书有记忆，有情思，还要有"见识"。见识不是知识：有见识必须有知识，有知识却未必有见识。见识是从纷繁复杂的现象中概括提炼出的深刻透辟的观点、主张，是"记忆"与"情思"的成果，是读书品质的核心。见识之于读书，是画龙点睛的"睛"，是一针见血的"血"，是文以载道的"道"。一般来说，见识与人心智成熟的程度有关，经历过磨难的知识分子，往往有真知灼见。像司马迁、苏轼、曹雪芹、鲁迅，经历过人生起落，感受过世态的炎凉，自然深刻。而当今青少年少历练，少挫折，所以要多读从苦难中得来的文学、史学经典，少读得意时的卖弄之作；教师要立足课堂教学，培养有研究色彩的探究式阅读，鼓励学生进行分类、比较、概括等高级思维活动，形成自己的观点。

法：阅读习惯的重点与养成

重点之一是养成"学习型阅读"的习惯，不能读什么书都处在休闲、懒散、随意的状态。其要点在于鼓励学生调动多种感官的综合作用，使阅读形成言语和认知交互作用的"场"。韩愈认为，读书要"手披目视，口咏其言，心惟其义"，就是提倡调动手、眼、口、耳、心（思维）来读书。"手披"，本是"翻阅"之意，但不妨更进一步，强调动笔读书，化"披"为"批"。一是提要钩玄，勾画出核心观点和结构脉络；二是借用工具书，对文本做批注，疏通意思；三是记录阅读时的感受、疑问和由此激发的灵感。"目视"，强调集中注意力，把目光和心思贯注到字句上，不受外界环境的干扰。"口咏"，就是朗读或诵读，这对于阅读文言经典尤其重要。文言在生活中已经失去了语境，读书者要自建话语系统：眼睛看着，口中吟哦，耳中听闻，循环往复，形成令言语复苏的"阅读场"。"心惟"就是要思考揣摩，既入乎其内探源寻妙，又出乎其外，与其他文章、书籍或现实生活做比较。"手披目视""口咏心惟"，习惯既成，文字、笔录、言语、沉思交互作用，则身心合一，物我两忘，渐入佳境。

重点之二是养成利用散碎时间读书的习惯。家长、教师、学生有一个共同困惑：即如何平衡课内、课外的关系，如何处理时间紧张与阅读需求量大的关系。有人认为：读书必须有整块时间。一些学校专门开设读书课、搞读书活动，腾挪出整块时间给学生。其实，这是一种认识误区。阅读本是从容、持久的事情，不能以做大事、搞运动的态度对待。尤其当今，普通人的时间都是碎片化的，怎么"挤"时间，才是关键。这需要自制力，需要好习惯。古人读书讲究"枕上、厕上、马上"，对我们仍然有借鉴意义：睡前读一会儿，醒来读一会儿，等公车时读一会儿，上学路上读一会儿，课间休息读一会儿，积少自然成多。只要肯挤，一天最少能挤出一小时。按每分钟阅读 200 字计算，一天就是 1.2 万字。一本书平均十几万字，一年能读 30 本，高中三年就是 90 本，总字数保守算来 900 多万，远远超过《课标》提出的 150 万字。有这样宽厚的积累，对学业成绩和人文素养的提升都将产生巨大作用。

　　验：读书教育的组织与评价

　　笔者任教的北京师大二附中文科实验班，探索形成了一套系统的读书教育组织与评价办法。将一学年分为上学期、寒假、下学期、暑假四个读书时段。每一时段初始，任课教师从学科视角和个人阅读经验出发，向全体学生提供"教师推荐书目"，学生互相推介"学生推荐书目"，汇总形成一个供"海选"的书单，总书目 60—80 种。学生拿到书单后根据自身兴趣、学习需求、研究方向，选择书目并形成本时段"个人阅读书单"（草稿）。每 5—8 位学生分配一位任课教师担任导师，导师与学生小组讨论，交流分享阅读经验，根据每个学生的情况逐个指导、修改、审定个人的阅读书单。按照"必读""选读""精读""泛读"的标准进行分类。其中精读书总数一般不超过 4 本，其中 2 本必读，2 本选读，以文学、史学、哲学、美学为主；泛读书目总数一般不超过 6 本，其中 3 本必读，3 本选读，以社会科学、自然科学、人物传记类为主。把所列书目的阅读任务根据学校的课程安排、学生个人的生活安排，分解细化到每一周甚至每一天。由学生自己选择对阅读效果的考评办法，如读书笔记、朗读背诵、鉴赏文章、研究论文、模仿创作、读书宣讲等。自己确定考评日期，届时主动向导师呈现，并进行自评、同学互评和导师评价。

　　除了通过常态的读书会、文学沙龙、阅读方法讲座给学生以必要的舞台和支撑外，学校很少大张旗鼓搞读书活动，而是把读书视为阳光、空气、水一样的必需品融入学生日常学习生活，润物无声。尤其在教书育人的主渠道——课堂教学中，不论必修课还是选修课，教师由课内生发而至课外、以指导大量课外阅读为育人途径已成共识。

第二节　理科实验班的课程建设

北京师大二附中在 1990 年创办了理科实验班，以"适应国家未来发展对高素质理科人才的需要，满足对数学和自然学科有浓厚兴趣、具有扎实学科基础学生的发展需求，为高校输送全面发展、专长突出的高水平理科预备人才"作为培养目标，对理科创新人才的培养方案进行了积极探索。我校理科实验班陆续培养出了国际奥赛金牌获得者、国家集训队成员、高考理科状元等，每年约有 3 名学生获得北京大学校长实名制和清华大学领军计划的推荐资格，每年有数十人在北京市和全国数学、物理、化学、生物、信息等学科竞赛中获奖，理科实验班的学生高考成绩在北京市名列前茅，学校为高等学校培养了一批批高素质的理科预备人才，得到了学生、家长和社会的广泛称赞。具体说来，我校在理科实验班的建设过程中总结出了以下三个方面的经验。

一、构建适应理科实验班学生特点的课程体系

理科实验班的学生特征较为显著，他们有着突出的优势，如智力水平高于同龄人，喜欢独立思考，善于做出决策；在数理学科方面优势潜能明显，有志于在未来进行深入发展；有很强的接受力，愿意主动地迎接挑战；具有优良的学习品质，意志力强等。理科实验班的学生也有着明显的劣势，如人文情怀较为缺乏，形象思维能力不足，阅读与写作能力偏低，参与社交活动的积极性不高等。在高质量、校本化完成国家课程的基础上，学校构建了适合理科实验班学生特点、有助于其全面而有个性发展的理科实验班课程体系，开设了拓展课程、竞赛课程、专修课程、讲座课程、研究性课程和科技与人文社会实践课程等特选课程。学校制定的《理科实验班课程改革方案》中明确规定：针对理科实验班学生

的特点，加强其人文情怀的培养，坚持注重启发、引导，灵活运用"问题推进"和"启发探究"的教学模式，在高质量地完成国家规定的必修必选课程的基础上，突出数理学科"高精实"的特色。

（一）提高理科实验班学生的人文素养

为了提高理科实验班学生的人文素养，理科实验班的人文学科课程建设获得了重视。学校开设了语文和英语的"阅读与写作"专修课程，如"英文小说阅读""中文写作指导"等，加强对理科实验班学生的阅读与写作方法指导，拓展其中英文阅读范围，提升其阅读与写作能力，培养其良好的阅读与写作习惯，为他们今后阅读大量中外文献和撰写论文奠定基础。此外，学校将历史、地理、政治等学科整合在一起，以学生的自主学习为组织形式来充分调动学生的主体参与热情，培养其形象思维能力，并引导学生关注社会生活、正确看待社会现象，锻炼其综合分析问题的能力。以 2010 年至 2012 年为例，理科实验班学生撰写完成科研课题中有 12 项在各类刊物上发表，论文有 22 篇获区、市和国家级奖励，学生个人出版书籍 10 余部（如 2010 届的金一娜出版了《我同时考上了清华和伯克利》一书），这些都体现了理科实验班人文课程建设所取得的成绩。

（二）突出数理学科"高精实"的特色

对于优秀理科人才的培养，首要的并不是技术层面的问题，而应该是观念层面的问题。要想让更多的理科生成为优秀理科人才，首先要让他们树立精英意识。从多年来的招生情况来看，我校理科生位列于全市同年级学生前 5% 之内，如果把全市同龄的、各层次的高中生比作一个金字塔，他们中的绝大多数都在这个金字塔的塔尖。自新生入学的那一刻起，学校就试图引导学生明确他们所在的位置，引导他们树立更为高远的目标和自我规划，唤醒他们的责任感和使命感。

理科实验班学生善于提出问题，喜欢独立思考。因此，补充、整合和深化数理学科专业知识十分必要。主要的方式有：以专题形式呈现，通过学生自主学习、启发探究、合作交流，邀请专家指导，提高分析问题和解决问题的能力。

表 5.5　部分学科"高精实"特选课程

"高精实"的化学学科特选课程	"高精实"的实验专修课程
"化学实验"专题研修 "有机化学"专题研修 "主族元素及其化合物" 专题研修	"微生物的培养" "食物中 Fe 元素含量的测定" "茶叶中咖啡因的提取与含量测定" "物理实验与技巧"

近 3 年，理科实验班学生参加全国中学生学科竞赛荣获一、二等奖人数达 46 人次；参加全国及北京市科技创新大赛荣获一等奖的课题有 4 个，二等奖的课题有 6 个。这种有针对性地设置不同类别的特选课程，实现了学生的兴趣和优势潜能匹配，满足了学生的多元需求，凸显出理科实验班在数理学科"高精实"的特色。

二、以系列特色课程培养理科实验班学生的创新能力

理科实验班有一批具备创新潜质的学生，学校一直在探索创新人才的培养方案：构建多个系列的特色课程如大学先修课程和研究性课程，借助先进的教学手段和个性化的指导，激活学生发展的内动力，培养其创新思维和创新人格。

(一)大学先修课程

2012 年，我校开始参与由北京市教委委托北京师范大学教育学部牵头的国家级课题"高中开设中国大学先修课程的可行性研究"，北京地区的 8 所示范性高中(北京四中、清华附中、人大附中、十一学校、北京师大附中、北京师大二附中、广渠门中学、北京十二中)作为实验校，组成中国"大学先修课程协作组"协助北京师范大学进行相关研究。2013 年，我校开始参与北京大学牵头开设的"大学先修课程"项目。大学先修课程旨在为那些具备潜质的学生提供更多的学术挑战，增加学生对学科的深入了解和思考；同时帮助他们顺利实现从高中到大学在学术和心理层面的过渡。大学先修课程在 2013—2014 年的实施情况如表 5.6 所示：

表 5.6　大学先修课程实施情况

开设课程	开设时间	时长	开课教师	人数	学生
微积分	2013-03/ 2013-09	一学期	陈亮	9	高二
大学物理		一学期	许耀平、宋白珂	10	高二
大学化学		一学期	王涛、相红英	10	高一、高二
中国通史（古代部分）		一学期	张彤、周云	7	高二
中国古代文化		一学期	王翔、任萍	8	高二
微积分	2013-09/ 2014-07	一学年	钱昊、程敏、陈亮	15＋4	高二
大学化学	2013-09/ 2014-01	一学期	王涛、相红英	13	高二
中国通史（古代部分）		一学期	贾亚萌、张洁	10	高二
中国古代文化		一学期	郑树红、王翔	15	高二
计算概论	2013-09/ 2014-07	一学年	王析多	13	高一、高二
大学物理	2014-02/ 2014-07	一学年	韩立新、宋白珂、许耀平	7	高二

　　为了保证大学先修课程的顺利实施，对教师进行了相关培训，具体情况如下所示：

表 5.7　大学先修课程教师培训

培训时间	培训教师	培训单位
2013-02	相红英、陈亮、郭方奇、王翔、任萍、许耀平、宋白珂、王涛、张彤、周云	北京大学
2013-08	郑树红、贾亚萌、王析多、宋扬	北京大学
2014-07	王枚、孙敏、钱昊	北京大学
2014-07	邵紫、程敏	北京教育学会

表 5.8 大学先修课程教师培训各组负责人

组别	负责人	已培训教师人数
语文组	郑树红	4
历史组	张彤	3
化学组	孙敏	4
数学组	程敏	4
计算机组	王析多	1
英语组	邵紫	1
物理组	许耀平	2
合计		19

另外，与大学进行合作，能够为大学先修课程的实施提供诸多支持，我校也为此进行了许多尝试和努力，具体如下：

1. 举办"中国大学先修课程"专家咨询会

2013 年 2 月 28 日下午，在我校召开了大学先修课程专家咨询会。曹保义校长、王华副校长、申敬红副校长和我校先修课程组的全体教师参加了本次会议。会议邀请到了北京大学数学科学学院副院长柳彬教授、北京大学中国语言文学系副系主任漆永祥教授、北京大学物理学院王稼军教授、北京大学化学与分子工程学院副院长裴坚教授以及北京大学历史学系副主任王元周教授，与会专家高度肯定了我校所做的各项工作，表示要与我校进行长期、深入的交流。

2. "中国大学先修课"总结汇报会

2013 年 6 月 27 日下午，我校邀请到了北京大学考试院院长、北京大学招生办主任秦春华教授来我校指导大学先修课程的教学工作并听取我校对大学先修课程的总结汇报。曹保义校长、王华副校长以及各学科的部分教师参加了此次会议。王翔、张彤、孟茂、陈亮、许耀平五位老师分别将各学科的教学情况进行了详细的汇报。

3. 在北京大学主办的全国高校校长论坛上介绍二附中先修课程

2013 年 7 月 8 日，北京大学在北京主办了 2013 年校长高峰论坛。此次论坛的主题是："综合评价机制与自主招生改革——构建中国大学先修课程体系高峰论坛"。汪燕铭老师代表我校参加了此次论坛，并在会议上介绍了我校开展大学先修课程的情况，受到了与会领导和代表的好评。我校也被北京大学考试研究院选定为大学先修课程试验校。

4. 在二附中召开大学先修课程建设研讨会

2013年11月21日、11月26日下午，大学先修课程工作组邀请了北京大学教务处副处长吴宝科教授和六个院的院长、教授来到我校，同参与大学先修课程的老师、同学们进行座谈，曹保义校长、王华副校长也参加了座谈会。参加座谈会的专家有：北京大学数学科学学院副院长柳彬教授、北京大学中国语言文学系副系主任漆永祥教授、北京大学物理学院王稼军教授、北京大学化学与分子工程学院卞江教授、北京大学信息科学技术学院副院长李文新教授以及北京大学历史学系副主任王元周教授、叶炜教授。各院教授结合对9月份的先修课程考题的分析，指出了先修课程应该培养的能力和对今后教学的建议。我校师生也谈了在先修课教学、学习中的感受与困惑。

大学先修课程——"电磁学"课程建设的思考与实践

电磁学是理工科院校大一年级的必修课，对学生的物理思维、数学工具都有比较高的要求，超出中学生现有阶段的能力，因此学校必须对课程进行建设，对教学内容进行整合，明确教学目标，采用适合中学生发展的教学方法，使课程价值最大化。

1. 创新教学理念

电磁学先修课程基于学生现状，立足于学生的长远发展，以问题探究为导向，培养学生的物理思维能力、创新意识与创新实践能力，满足学有所长同学的需求，开创一种培养和选拔尖端人才的模式。

2. 明确教学目标

通过电磁学学习过程，要求学生理解基本物理概念，包括物理概念提出的意义，物理概念的内涵及各物理概念间的联系，如电介质极化中引入电位移矢量 $\vec{D}$，它是一个辅助矢量，与介质内场强 $\vec{E}$ 和极化强度矢量 $\vec{P}$ 有关，$\vec{D}=\varepsilon_0\vec{E}+\vec{P}$，不会改变静电场无旋的性质；深刻理解物理规律，了解规律提出的背景、研究过程中的猜想假设、实验设计、规律的定量表述、成立条件、使用范围度及其理论地位、近代发展及应用等；注重物理思维方法的训练，如对称分析、叠加法、力线法、等效法等；感悟物理学家执着于科学研究的精神，学习其敢于面对挑战，笃信真理的治学态度，从知、能、意、行诸方面促进学生全面发展。

3. 优化课程内容

电磁学先修课程内容包括静电场、静电场中的导体和电介质、稳恒电流、恒定磁场、电磁感应、磁介质、交流电和麦克斯韦电磁场理论8部分内容。

(1)教师在内容选择上要有所侧重，整个电磁学先从静电场出发，再研究稳恒磁场，电磁感应，直到电磁场理论建立。研究对象是矢量场，研究场的基本性质(有源无源、有旋无旋)，场对物质的作用及物质对场的响应，场的能量及场的分布与传播问题，因此加强对静电场教学，使学生体会这新颖的研究方法——高斯定理与环路定理；磁介质及磁化规律则可以相对降低难度，对于磁荷观点简单介绍即可。

电磁学中利用虚功原理求解力、利用镜像法求解场强、静电场边值条件的唯一性定理、A—B效应、磁矢势等内容的深入理解需要电动力学知识，不必向学生过多介绍，避免产生认识负荷。

(2)电磁学与技术革新联系紧密，在教学过程中教师要灵活运用教科书内容，对于那些对当代科技有深远影响的物理原理或物理效应，应该介绍其应用价值。比如，讲解超导体内容时，学生了解了迈斯纳效应后可以带领参观高校演示实验室，目睹超导磁悬浮现象，激发其学习兴趣；在学习了霍尔效应后，可以安排学生以小论文的形式说明霍尔效应的实际应用，一方面培养学生收集信息、自主学习的能力，另一方面加深其对所学内容的理解。

(3)电磁学问题分析需要学生掌握微积分的知识(二重积分即可)、矢量的叉乘与点乘，还需要利用到数学场论中的高斯定理与斯托克斯公式，学生应能在球坐标系下求解问题，这些内容教师应该在学习之前补充，减少对物理理解的障碍。

4. 改革教学方法

教学对象的改变势必引起教学模式与方法的变化，中学生不具备大学生那种敏锐思考问题的方式，数学功底相对薄弱，抽象性思维尚处于发展阶段，但其对新鲜事物充满好奇，探索欲望更强，因此教师应该在讲授法基础上开发适合中学生认知特点的教学方法。

问题导向法是一种有效检测学生理解水平，激发学生学习兴趣、引发学生思考的方法，这种方法更多注重学生对于基本物理概念的理解、辨别，物理规律的认识，定性表述较多。比如，在讲解静电场中的导体表面附近场强 $\vec{E}=\dfrac{\sigma}{\epsilon_0}\vec{n}$ 时，可以请学生思考"在静电场中讨论无限大带电平板两侧的场强是 $\vec{E}=\dfrac{\sigma}{2\epsilon_0}\vec{n}$，这不是相互矛盾吗？"进而加深学生对于场强的理解；在讲授了静电屏蔽效应后，请学生思考"万有引力也是平方反比律，为什么引力不能被屏蔽呢？"以这个问题使学生认识到质量和电荷的区别，加深对静电屏蔽原理的认识。

中学生逻辑思维能力处于发展阶段，更多依托于形象思维认识问题，生动有趣的演示实验既能促进知识的理解，又能吸引学生眼球。如尖端放电、电单摆、法拉第笼实验、范德格拉夫起电机；对比楞次定律、电磁驱动、涡流热效应、三相旋转磁场演示器等形象说明了物理原理，有利于学生知识的构建。

5. 丰富教学形式

在教学实践中，除了常规的课堂教学外，我们开展物理论"谈"，教师选择一些开放性题目要求学生以论文形式进行论述，这些题目具体指向不明确，旨在提高学生分析和处理问题的能力，帮助学生建立概念间联系，把握物理规律的实质，如"说明库仑定律与叠加原理的关系""同种电荷一定相互排斥吗""当能量连续分布时，静电场能量的三个公式的区别""求解中子星磁场的极限值"，等等。这些问题需要学生去阅读课外书籍与文献，搜集信息并整理，自主地获取知识并不断地与合作者讨论，彼此交流观点，思维进行碰撞。

在教学中为了拓宽学生视野，聆听大师对于物理的认识，我们聘请北京大学物理学院王稼军教授为同学做专题讲座，讲解物理规律的建立过程，物理学家超群的创新思维与创造技巧（专题报告的具体内容见下表）。

表 1　王稼军教授专题讲座内容

专题	专题内容
专题一	Cavendish-Maxwell 精确验证电力平方反比律的理论和示零实验
专题二	Ampere 定律的建立
专题三	Faraday 的学术成就和物理思想
专题四	Maxwell 的三篇论文《论 Faraday 力线》《论物理力线》《电磁场的动力学理论》

6. 开发课程资源

课程资源开发是课程本土化的一个重要标志，也是课程建设的重要环节。

首先，应该积极与高校合作，组织教师参加先修培训，提高业务素质与能力；聘请高校学科专家进行教学指导，进行专题报告；与演示实验室沟通，使学生有机会看到新奇的物理现象，感受物理就在身边。

其次，发挥网络资源的巨大作用，指导学生在中国大学资源共享课或 MOOC（大型开放式网络课程）里学习电磁学课程，丰富了学生学习的途径，实现线上线下互动学习，学生收获颇丰。同时应与其他试点学校保持沟通，及时交流，探讨教学中遇到的问题，不断地获取外界信息。

大学先修课程是中国基础教育改革的产物，顺应了社会对于人才培养的需求，为系统化培养人才提供了一种思路，满足了不同学生的个性需求，可以预言其发展前景是广阔的。对于基础教育工作者而言，迎接了挑战也是把握了机遇，应该积极探索高效率的教学模式，推动 CAP 的发展进程。

(二)研究性课程

研究性课程是学生根据自身的兴趣、志向提出学习研究方向，由教师根据学生的需求采用任务驱动的教学方式，通过自学、集体讨论、导师指导、成果展示等方法完成教学过程的个性化指导课程。一方面，研究性课程可以促进学生在学科专业上进行深入学习，学生通过在教师的指导下阅读数学、物理、化学、生物和信息等学科的专业书籍，加强专题系列的实验操作等，满足自己在特定学科专长上的发展。另一方面，在高质量完成研究性课程学习的基础上，学校还在北京师范大学的八个学院设立了北京师大二附中科技教育基地，组织学生参与本科生的课题研究课程；学校与中科院部分研究所、部分理工科大学和部分国家级重点实验室等科研机构建立长期的合作，组织学生进入这些机构的实验室参与课题研究，聘请相应的专家指导学生；利用"翱翔计划""北京市科技后备人才培养计划"和"北京市科技俱乐部"等渠道，使学生接触并参与高水平课题研究。

促进研究性课程长效发展的四大途径

一、加强教师队伍建设

我校建立了稳固的专兼职研究性学习教师队伍。学校设有研究性学习教研室，并配备了2名研究性学习专职教师，负责组织、协调、实施研究性学习课程。截至目前，我校已有175位教师先后担任研究性学习的指导教师，同时还先后聘请了98位科技教育顾问和科技指导教师。

众所周知，研究性学习课程是一门开放性课程，既无教材、大纲又无经验，而且学生的活动范围远远超出教师视野范围；再加上学生的不成熟，他们对于学习的目标和过程的认识是有限的，他们还不能从系统的角度去考虑和组织学习的全过程及具体的环节，因此，教师的参与、指导是必需的。

从下面3张数据表中我们可以发现一些问题：

表1 我校近3年来教师课题指导数的统计

教师指导课题数	2008—2009 年		2009—2010 年		2010—2011 年	
	教师人数	百分比	教师人数	百分比	教师人数	百分比
1 个	18	23.4%	17	22.7%	25	31.3%
2 个	19	24.7%	10	13.3%	10	12.5%

续表

教师指导课题数	2008—2009 年		2009—2010 年		2010—2011 年	
	教师人数	百分比	教师人数	百分比	教师人数	百分比
3 个	18	23.4％	20	26.7％	16	20.0％
4 个	15	19.5％	18	24.0％	18	22.5％
4 个以上	7	9.0％	10	13.3％	11	13.7％

表 2　我校在 2008—2010 年北京市青少年科技创新大赛上获奖学生人数

2008—2010 年北京市青少年科技创新大赛奖项	一等奖	二等奖	三等奖	总计
学生获奖人数	22 人	11 人	13 人	46 人

表 3　2010 年高二各班课题优秀率

班级	课题总数	优秀课题数	优秀率
高二 1 班	14	7	50.0％
高二 2 班	15	10	66.7％
高二 3 班	11	2	18.2％
高二 4 班	6	5	83.3％
高二 5 班	15	2	13.3％
高二 6 班	13	4	30.8％
高二 7 班	11	5	45.5％
高二 8 班	6	1	16.7％
高二 9 班	13	11	84.6％
高二 10 班	10	7	70.0％
高二 11 班	10	5	50.0％
合计	124	59	47.6％

自 2008 年至 2010 年，我校学生共完成 623 个课题，而且在北京市青少年科技创新大赛上共有 46 人获奖，居于北京市前列。但是，从上面的数据不难看出，虽然我校教师是全员参与，但是，全员参与的不均

衡性非常明显，学生课题研究的质量很不平衡，有些班级优秀率达84.6%，而有些班级只有13.3%。为什么进入高二以后，班级之间以及学生之间，课题研究的质量差异会那么明显，教师对课题指导的作用怎样体现出来呢，这些都是值得我们深思的问题。

为了促进研究性学生课程的长效发展，我们采取了一系列的培训和激励政策，提高教师对研究性学习课程的认识和提升指导课题的能力。

(1)制定了《研究性学习课程指导教师职责及工作量执行办法》，把能指导学生进行课题研究作为"合格教师"的标准之一。制定了优秀研究性学习课题指导教师的评选标准，不仅明确了教师作为导师的职责，而且把教师的个人发展也纳入进来。

(2)采取集中与分散培训相结合的方式提升教师指导课题的能力。培训阶段(动员、方法培训、参观等)师生共同参与；加强集体备课制度，定期召开研究性学习课题指导研讨会、外请专题辅导报告，校内教师交流等方式，学校集结出版了题为《探索研究实践》的教师论文集。

(3)与高校的教授一起辅导学生课题，提升指导能力。对学校的重点课题，我们实行双导师制。为了保证课题的研究质量，我校制定了《北京师大二附中重点课题的校内外导师职责》，对外聘的专家教授以及校内相关领域的指导教师的职责有了明确的规定，这样不仅学生享受到了在科学家身边成长的益处，而且教师在跟踪课题研究的全过程中，也从高校教师那里获取了指导课题的经验和方法，指导能力得到了提升。

二、增强学生培训的有效性

1.教材的编写

2010年7月，我校又编写了第4版校本教材《研究性学习》。除了具有实用性、操作性外，新教材具有比其他版教材更突出的两大特点：

(1)增强了选题的导向性。教材采用学生的研究案例，增加了对案例的点评，引导学生关注自己的学习生活，选题尽量与自己的未来发展相结合。

（2）增强了资源共享意识。在教材的第二章增加了从2002年以来我校学生研究的优秀课题名称，为教师和学生们的选题提供一定的参考和借鉴。

2. 小班授课

为了进一步提升我校学课程的质量，在对高一、高二全体师生调研的基础上，从2013届高一年级开始，研学培训课程逐步全部实现了小班授课。为了统一大家的认识，提高了课程培训的有效性，进行授课的教师在开学初都要参加集体备课，开阔思路，群策群力，力求把研学的培训课上得有效而生动。

2011年，研学办公室除了聘请了16位教师对高一学生进行文献研究法、调查研究法、实验研究法以及选题指导外，还增加了"选题作业讲评"和"开题辅导"的培训。值得一提的是，选题作业的讲评，让不少学生迫不及待地与教师探讨怎样把自己的问题转变为可研究的课题。

从负责2014届高一开题点评的12位老师的反馈情况来看，前期对学生的辅导培训很有效，高一学生的开题宣讲规范，内容完整、重点突出，同学之间的问辩环节也颇具科研探讨的倾向。

培训课结束后，研学办公室及时对学生进行调查反馈，学生们对于培训阶段各项内容以及形式的安排给予了高度评价。

3. 培训作业的改革

过去，我们的培训作业以参观感想、科学方法培训内容的小作业为主，2010年开始，我们主要考察高一学生的综合能力，要求学生在提出一个小课题的基础上，用400字以内的文字简要叙述自己的研究方案。而高二年级的培训作业则改成读书报告。

三、整合资源，讲求实效

1. 校外教育资源的开发

我校积极开发高校和研究院资源，目的是"为在研学课程上有兴趣和能力的学生搭建更广阔的平台，让学生在科学家身边成长，培养一批对科学研究有兴趣和能力的优秀科技人才"。

为了提升我校学生研学课题的质量，合理利用校外科技教育资源，我们制定了《北京师大二附中课题研究使用校外资源的相关规定》。

我校现在是北京市翱翔计划数学领域基地校、北京市青少年科技俱乐部会员、北京市青少年科技后备人才早期培养计划实验校，拥有北京师范大学科技教育基北京师范大学地等北京市优秀的科技教北京大学育资源，近年来，我校先后聘请清华大学、北京师范大学、北京交通大学、北京航空航天大学、北京大学医学部、北京化工大学、中国科学院、交通部公路交通安全工程研究中心、中国气象中心等科研院所的专家教授作为校外导师，与学校导师一起指导学生展开深入的课题研究。在 29 届至 31 届北京市青少年科技创新大赛中我校共有 20 个项目获得一、二等奖。

利用"社会大课堂"，我校积极拓展课程资源，理化测试中心、中科院、动物博物馆等都成为学生开展课题研究的场所。

家长对研究性学习课程的认识直接影响学生对科学研究的态度。在家长会和家长学校普及研学课程理念，展示优秀课题成果，不仅能使家长支持研学课题研究，同时还能促使家长积极帮助孩子寻找资源，成为孩子课题的研究导师。

2. 与学校不同领域课程资源的整合

随着课程改革的进行，教师的工作负担日益加重，如何在我校"6＋1＋1"课程基础上，整合不同领域的课程资源，发展和完善研究性学习课程内容是摆在我们面前的首要任务。学校正在努力积极地听取各方面的意见和建议，探讨如何整合课程资源，发挥教师的特长，丰富研究性学习课程内容。

近 3 年来，研究性学习一直在实践着与校内其他课程资源的整合。2010 年，我们开展了"2012 届高二文理实验班社会实践成果展示与评选"活动，这次活动是研究性学习课程与社会实践进行资源整合的一次有益尝试。这次活动展示了学生们在社会实践活动中的"寻美"和"探索"的成果，一方面与他人分享收获，另一方面也锻炼自己。在实践中，无论是江南采莲还是西北问道，文理实验班的同学们都开展了丰富多彩的课题研究，共形成 31 个课题。参加展示与评选的 31 块展板,全部由学生自己设计和制作完成。他们大胆的构思,巧妙的设计令人耳目一新。

2011年,我们以进班展示与交流的方式展示了2013届文理实验班社会实践成果以及北极科考成果。通过班级初选、教师推荐等环节,共有"斯瓦尔巴德群岛部分北极植物及其特点浅析""关中民俗八大怪形成的地理环境因素探究"等21个课题组的同学参加了展示,他们精心准备的演示文稿,生动的语言,精彩的互动,科学严谨的探索态度,合作学习的团队精神,赢得了大家的阵阵掌声,在观摩学习中,学生之间加强了交流互动,活跃了思维,对研究性学习课程有了更深的理解。

今后,我们想更多地把研学与学生的社团活动、社会实践活动和社区服务等校内教育资源整合起来,让学习、生活成为充满热情的探究过程。

3. 校友资源的开发

8年来我校研究性学习课程实践已经培养出了一大批科技拔尖人才,这批学生考入大学后,很有为自己的学校做点贡献的热情。研学办公室人尽其才,聘请了一部分学有余力、有热心、有责任感的已毕业学生回学校来指导学弟学妹进行课题研究,同时研学办公室加强对这些课题的调控和管理,确保了课题研究的有效性。北京大学化学专业的张晨博士和北京师范大学数学系林馨怡同学成为第一批被学生聘请的指导教师。

4. 国际资源的开发

从2009年开始,学校为在研学课程上有兴趣和能力的学生搭建了更广阔的平台,先后开展了与新加坡华侨中学的学生合作研究,澳大利亚哈钦斯学校的学生合作研究、英国圣保罗女中的合作研究等学生跨国课题合作项目,无论是对参与学生的实际解决问题能力的培养,还是对跨国语言应用、社交能力的发展都是一个很好的平台。但是,如何确保这些课题研究的有效性,也是我们不断探究的问题。

四、完善研究性学习的评价体系

我校研究性学习课程评价的总指导思想是：建立促进学生全面而有个性的发展的评价体系，发挥评价的教育功能，通过评价帮助学生认识自我，促进发展。

研究性学习课程的评价主体多元化：自评与他评（导师、课题组长、组员）相结合。评价对象多样化：个人、课题组以及班级都是评价对象。评价内容极为丰富：除开题报告，结题报告等文本，还有答辩、电子展板、实物展示等多种形式。评价注重过程化：在开题、过程、结题三方面的评价中过程评价占50％。评价形式在定量的基础上，提倡对学生个体、课题组进行定性评价。

以2010年为例，研究性学习办公室组织评审组对高一年级360名学生的培训作业进行批阅，共完成21000余字的点评，并反馈给每位学生。学期末对全校222个课题进行书面点评反馈，共完成23000余字的点评，逐一反馈给课题组。研学教师对所指导的课题组除面谈指导外，从开题报告、过程报告到结题报告，还完成等级评价和约59940字的书面点评。

但是在研究性学习课程评价与学分认定中，评价指标的科学性与可操作性的统一、定量评价与定性评价的统一、对学校的课程评价与对导师评价、学生评价的统一等问题还有待于进一步的探讨研究，为了体现评价的过程性和有效性，在调研的基础上，我校从2010年5月开始实施校级优秀课题的评选。

具体流程为：申报—初评—答辩—终评

申报：凡是课题研究过程中符合要求（如及时上传活动报告），经导师批准的课题组都可以申报优秀课题。

初评：聘请各学科骨干教师组成评审团，评审团根据课题上传报告的质量进行初评。

答辩：设立优秀课题答辩专场，组成评审团，进行答辩、专家点评。

终评：根据初评和答辩成绩，确定优秀课题，颁发证书。

表4　研究性学习课题评审表

		优秀	良好	合格
评价内容	研究方案逻辑性及严谨性			
	研究方法科学性及合理性			
	研究过程资料搜集与加工			
	研究成果可信度与价值			
	表达能力：语言流畅			
	团队协作：任务分工明确			
本课题最突出的优点： 本课题的不足和建议：				
建议综合评价等级：		评委（签名）：_____		

　　评审结束后，研学办公室及时汇总教师、学生的意见，及时反馈给各课题组评审的综合意见，包括课题的评价等级和优缺点，指导性建议，有利于同学今后的研究。从师生的反馈情况来看，大家对这种课题评价的方法给予了高度评价。

　　研究性学习课程有着极其广阔的前景和生命力，我们期待着通过继续探索、实践，在研究性学习中进一步发展学生的自主性和创新性；在研究性学习的评价与学分认定落实中进一步加强对这门课程的管理水平，取得研究性学习课程的更长效发展。

（三）分级课程

　　为了不断提高理科实验班学生的创新意识和实践能力，在教学的目标、内容和形式上满足理科实验班学生的个性差异，学校构建了适合学生个性发展的分级课程体系。

　　分级课程设A、B两级，在教学目标、教学方式和教学内容上都有所差异。学生根据自己的发展方向和已有的学习基础自愿申请进入相应级别进行学习。

　　具体说来，A级课程的课程内容是在整合国家和地方课程的基础上形成的，学校开发了适合 A 级教学班的学科读本，教学方式上尝试先学后教，实施中多采用教师指导、小组讨论等自主学习方式，培养学生的自主学习能力、解决实际问题能力。

B 级课程教学内容主要以教材为依据，教学方式上以问题启发式和教师讲授为主，实施中设计适合学生的教学问题，注意教学反馈调节，引导学生逐步形成对学科知识的理解，激发学生对学科学习的兴趣，从而提升学科学习能力。

表 5.9　分级课程举例：数学分级课程纲要

课程等级	章节	拓展教学内容	主要教学方式
A	立体几何	熟练掌握传统方法推导角度和距离的各种形式；加强讲授球的相关计算问题	学生自主探究为主，教师指导
	圆锥曲线	适当拓展圆锥曲线的几何特征；整合圆锥曲线的统一定义	
B	立体几何	了解传统方法推导角度和距离的典型方法；适当加强讲授球的相关计算问题	以教师讲授为主
	圆锥曲线	在高考水平基础上适当拓展	

三、以实践活动课程提升理科实验班学生的综合素质

"请进来，走出去"是我校在理科学生中开展各类实践活动的两种方式，旨在完善学生的综合素质。

"请进来"，指的是邀请中科院、北京大学、清华大学、北京航空航天大学、北京师范大学等一大批知名高校和科研机构的著名学者走进校园，开展系列学术讲座，学生通过与知名学者进行面对面、零距离交流，感受学科知识的魅力、科学家的人格魅力，这是培养优秀理科学生的第二课堂。

"走出去"，指的是组织理科优秀生走出校园，走进北京大学、清华大学等知名学府，与大学师生开展面对面交流，参观国家级或部级重点实验室，激发学生的好奇心和求知欲，有助于确立其远大的志向。"走出去"还包括长短期相结合、科技与人文相结合的社会实践活动。以"酒泉卫星发射

基地为中心的西北科技人文之旅"和"安徽黄山为中心的徽文化之旅"两条科技与人文相结合的长途社会实践活动，开阔了学生的视野，激发了学生的求知欲，并促使学生树立起远大的理想。学生将研究课题与社会实践相结合，努力做到学以致用，如在"西北科技人文之旅"中，学生自行设计了"火箭燃料的研究""敦煌壁画中的颜料变色现象""西北饮食文化和北京家常菜的差异"等 21 个研究课题，并在实践过程中开展了深入研究，其研究成果形成了《暑期社会实践手册》一书。此外，理科实验班学生长期坚持开展个性化的社区服务，学生们成立了多个志愿小组，开展了丰富多彩的社区服务活动，并形成了相对稳定的服务对象从而保证了社区服务的可持续性发展。如"走进农民工子弟小学""铁狮子坟车站绿色宣传""中国科技馆志愿服务""走进智障学校"等 20 余个社区服务站点。

通过"请进来，走出去"的实践活动方式，学生们走入社会，体验生活，增强对国家和民族发展的使命感和责任感。

第三节 项目式学习实验班的课程建设

我校自 2002 年起开设研究性学习课程，在课程实施过程中发现多数优秀课题并不是出自理科、文科实验班的学生，而是出自一些在学科成绩上并不十分突出的孩子，他们的共同特征主要是对科学技术在社会中的实际应用充满好奇和兴趣、更善于在实践中学习。我们认识到，实践活动对学生的发展有着重要作用，学生针对要解决的实践问题提出方案并付诸实施，在这个过程中可以增强对知识的理解、提高自身的技能并发展自己的情感和态度。

国内外的许多著名教育家都曾先后阐述过实践活动对学生发展的重要作用，如杜威曾指出学校教育应该激发学生学习的主动性，学习的过程应该是学习者探索实践的过程；克伯屈于 1918 年 9 月在哥伦比亚大学《师范学院学报》第 19 期上发表了《项目（设计）教学法：在教育过程中有目的活动的应用》一文，最早提出了项目式学习这一概念，克伯屈的项目教学法于 20 世纪二三十年代在美国的初等学校和中学的低年级里得到广泛应用；美国哈佛大学心理学家加德纳也认为，智力是"个体解决实际问题的能力，生产或创造出具有社会价值的有效产品的能力"，学生的学习应是以"解决问题或制造产品"为特征的"项目学习"（Project-based Learning），项目学习可以发现和开发存在于每个学生身上的智力强项，充分发挥优势智能在学生发展中的积极作用。

　　有鉴于此，经过多次专家论证会以及研讨会，经北京市教委批准，我校于 2011 年开设了项目式学习实验班，旨在为那些喜欢在实践中学习、对科学研究充满兴趣的学生提供发展的平台，并为国家培养优秀的科学技术预备人才。课程围绕学科的核心概念和重要原理而开展的项目学习行动研究在我国还属首次，对课程建设和教学方式的改革进行了许多有益的尝试。具体说来，我校在项目式学习实验班的建设过程中总结了以下三个方面的经验。

一、构建核心项目课程，适应项目实验班学生的发展需求

　　项目实验班的核心课程是项目课程，通过构建和实施项目课程，可以满足学生的实践能力发展需求，也可以探索创新型人才的培养途径。项目课程是以真实问题为背景、围绕学科的核心概念和重要原理所建设的，学生在学习过程中通过小组合作、自主探究、动手实践等方式获取知识、习得方法、体会知识的价值并培养实践能力和创新精神。

　　项目课程包括项目学习课程和项目研究课程。前者是指在国家课程中的科学和人文与社会领域，以必修内容为基础并将学科内容进行整合，采用"项目式学习"的方式，激发学生的问题意识，提升学生的探究能力。后者即项目研究课程又包括项目研究基础课程和项目研究实践课程。项目研究基础课程设在高一 1、2 学段，主要包括项目研究概论、项目研究方法、项目研究实例以及项目研究所需要的实验技术和基本理论等，目的在于引导学生走进项目式学习，为后一阶段的深入学习奠定知识基础、能力基础和意志力基础。项目研究实践课程旨在培养和提高学生综合解决问题的能力、提升学生的创造能力，分

为实践课程（Ⅰ）和实践课程（Ⅱ）。实践课程（Ⅰ）（在高一3、4学段开设）引导学生根据自己的基础和兴趣自主选择项目并体验项目研究过程，目标在于培养学生的学习兴趣和发现问题的能力；实践课程（Ⅱ）（在高二学段开设）注重设置具有综合性、跨学科性、深刻性的项目，采用校内外双导师制的方式指导学生完成项目，以培养学生综合解决问题的能力和科研创新能力。

表5.10　项目式学习实验班的课程设置

学习领域	科目	模块或专题（内容）
语言与文学	语文	与数字化学习特色班相同
	英语	
数学	数学	与数字化学习特色班相同
人文与社会	综合文科Ⅰ	以政治学科的必修内容为基础，在经济学部分设置项目，以"项目学习"方式学习
	综合文科Ⅱ	以历史和地理学科的必修内容为基础，在环境、资源等部分设置项目，以"项目学习"方式学习
科学	物理	每个学科在每个学期设置1—2个项目，采用"项目学习"方式学习
	化学	
	生物	
技术	信息技术	完全采用"项目学习"方式学习
	通用技术	
艺术	艺术鉴赏	开设创意设计课程
体育与健康	体育与健康	与数字化学习特色班相同
综合实践活动	研究性学习	与"项目研究"课程整合
	社会实践	增加科技社会实践和短期主题社会考察
	社区服务	与数字化学习特色班相同
选修Ⅱ		在学科拓展类校本选修课程部分开设"阅读与写作"和"项目研究"课程
		在综合实践校本选修课程开设"项目研究"课程

表 5.11　项目式学习实验班项目实践课程安排（未反映实际次序）

	第一部分						第二部分	第三部分
	1	2	3		4	5		6	7	8

	第一部分							第二部分	第三部分
周一				课间操			午休	班会	项目实践课程	
周二								综合文科		
周三										
周四										
周五									项目实践课程	社团
	每节课 40 分钟							70 分钟	60 分钟

项目课程围绕物理、化学、生物、数学、信息技术等学科，形成了五大方向：工程与技术（物理学科）、物质与材料（化学学科）、生命科学与生物工程（生物学科）、信息技术与网络安全（机械、电子控制）、应用数学（数学、物理等）。各个方向的具体项目设置如表 5.12 所示：

表 5.12　项目课程具体项目设置

方向	核心学科	项目	学段
工程与技术	物理	设计制作自行车速度表；设计缓降器钟表的设计与制作	高一 3
		设计制作减震和力承重装置	高一 4
		飞针穿鸡蛋	高二 1、2
		物理（电学）与艺术	高二 3、4
物质与材料	化学	保护金属	高一 3
		空气质量监测	高一 4
		保水材料	高二 1、2
		缓冲溶液；化学艺术品的设计与制作	高二 3、4

续表

方向	核心学科	项目	学段
生命科学与生物工程	生物	筛选高效分解纤维素的微生物	高一3
		DNA（脱氧核糖核酸）分子结构模型的艺术创作（表现）	
		提取、鉴定以及扩增[PCR（聚合酶链式反应）]DNA	
		酿酒酵母选育与酿酒实践	
		植物生长调节剂的优与患	高一4
		保水材料	高二1、2
		"手指玫瑰"等微型植物的培育	
信息技术与网络安全	机械电子控制	综合技能项目	高一3 高二3、4
		创意设计与制作1：仿生蝎子的研究与设计	高一3
		创意设计与制作2：仿生无足爬行的研究与设计	高一4
		创意设计与制作3：平衡马	高二
应用数学	数学 物理信息	优选法；几何折叠机构的设计	高一3
		几何机器人	高二1、2

二、探索项目课程实施方案，适应项目实验班的人才培养特色

每一个方向都以学科的核心概念和重要原理为依据，设置项目，每个项目都从"知识""能力"和"科研品质"三个方面设定教学目标。下面以"物质与材料方向"项目为例。

表 5.13　物质与材料方向项目举例

项目	时间	主要目标		
		知识	能力	科研品质
膜材料的认识与制作	高一1学段	胶体；海水淡化	动手实践	
某品牌口服液中 Fe 元素含量测定	高一2学段	铁元素价态和形态间相互转化；氧化—还原理论知识	设计实验	挫折与反思
保护金属	高一3学段	电化学原理；金属腐蚀与防护		系统思考；关注资源
空气质量检测仪的设计与制作	高一4学段	SO_2、NO_x 的性质；$HCHO$ 的性质	定量实验的设计（平行实验；连续实验）	从实验室到产品；关注环境
保水材料的合成与性能检测	高二1、2学段	有机官能团的性质；有机合成思想跨学科知识的应用	分析与推理能力；文献阅读能力；设计实验能力	发现问题，关注环境
化学艺术品的设计	高二3、4学段	开放性的	文献阅读能力	质疑；韧性；创新

　　每个项目的实施过程分为进入项目→项目实施→项目总结及评价三个环节，以"保水材料的合成与性能检测"为例。

　　(1)项目缘起

　　社会实践；有机化学的合成思想、微生物知识。

　　(2)项目教学过程

　　进入项目—项目实施—项目总结。

表 5.14 "保水材料的合成与性能检测"实施过程

阶 段	环 节		问题拆解
进入项目	提出问题:有机物的什么结构有利于吸水和保水?	分析土壤保水能力强弱的原因:从亲水和疏水角度认识有机官能团性质	你知道哪些材料具有吸水、保水功能? 你觉得以上这些材料吸水保水能力如何? 所谓吸水性、保水性是一回事吗? 为什么这些材料有或者没有吸水、保水能力?
	提出问题:有机物的什么结构有利于吸水和保水?	测定不同类型土壤的保水能力	你认为如何定量测量材料的吸水、保水性能? 用不同的方法测试土壤的保水能力,找出你认为合适的方案(自然晾干法、离心甩干等)
	明确任务:设计自己的保水材料	对保水材料的分析	总结保水材料应具备哪些特点?
			你将使用哪些有机基团作为保水基?
		如何设计保水材料的合成路线	对这个大分子,你认为应该使用哪些原料?
		小组设计拟合成的保水材料	你的产品结构如何? 你将使用哪些原料? 你会使用哪些设备? 你设计的操作过程,比如量、顺序等如何?

阶段	环节		问题拆解
项目实施	预实验	明确实验操作方法和目的	计算：你加入的单体浓度、交联剂浓度、引发剂浓度是多少？配制：如何进行溶液（引发剂和交联剂）配制？操作：如何使用移液枪？如何通入 N_2？
		实践	实验安全
	产品合成		
	保水性能化学指标检测	学习红外分析技术对产品进行红外分析	
		测试保水材料保水力	
项目总结	展示交流电子演示文稿		1. 研究了什么（产品名称）2. 如何研究的（原理、步骤等）3. 结果怎样（产品性能）4. 对结果的简短分析与反思
	项目报告		

生物领域的继续……

从以上教学过程可以看出，项目课程教学具有以下特点：

a. 知识（不系统）为项目服务，因为有用，所以学。

b. "做"中学，学生自主探索时间占项目总时 2/3 以上。

c. 师生关系体现为平等对话、共同探讨。

（3）项目评价

每个项目完成后，经评估认定，成绩合格，认定学分。课时为 20 课时项目记为 1 学分，课时为 40 课时项目记为 2 学分，项目课程的总学分不少于 15 学分。项目课程评价注重过程评价与产品评价相结合、小组评价与个人评价相结合。

表 5.15 项目课程评价设计表

项目小组评价			个人评价
过程性评价	结果性评价		
过程表现；项目档案袋	维度	方式	个体价值；动手实践测试
	知识模型	项目答辩	
	项目产品	项目展示	
	创新意识	过程观察项目答辩	
	团队合作		

a. 过程评价与产品评价相结合

过程评价：注重学生有效问题和有效解答问题，将有效问题和有效解答计入过程评价；每次项目课后留有 15 分钟左右的项目总结和交流，按照不同等级计入过程评价。项目档案带记录一个项目的过程材料。

产品评价：始终围绕培养目标，如知识、产品、动手实践和创新能力。

表 5.16 2014 届项目实验班高一第 3 学段项目结题评价(项目名称：保护金属)

评价维度	A	B	C	得分
知识模型（学科核心概念的构建）	能很好地掌握金属腐蚀及防护原理。能很好解释实验原理及实验药品的作用	能较好地掌握金属腐蚀及防护原理。能较好解释实验原理及实验药品的作用	基本能掌握金属腐蚀及防护原理。不能很好解释实验原理及实验药品的作用	
40 分	40 分	35 分(3 点以上)	30 分(5 点以上)	
产品(项目完成与信息应用)	最终报告能很好地反映出对项目的理解和对完成项目的进程设计；有充分的信息收集整理的证据	最终报告能较好地反映出对项目的理解和对完成项目的进程设计；有较充分的信息收集整理的证据	最终报告不能很好地反映出对项目的理解和对完成项目的进程设计；没有充分的信息收集整理的证据	
30 分	30 分	25 分(2 点以上)	20 分(5 点以上)	

续表

评价维度	A	B	C	得分
创新意识（批判性思考和创新能力）	报告有对已有措施的质疑；报告有对本小组项目研究的改进意见；报告中有对生活及生产中金属防腐的建议	报告有对已有措施的质疑；报告有对本小组项目研究的改进意见；报告中有对生活及生产中金属防腐的建议	报告没有对已有措施的质疑；报告没有对本小组项目研究的改进意见；报告中没有对生活及生产中金属防腐的建议	
20分	20分（三项均有）	18分（有其中一项）	15分（三项均没有）	
沟通能力与团队合作	汇报清晰地表达了小组成果；报告中使用三种及以上的呈现方式；小组分工明确；按时完成项目	汇报较清晰地表达了小组成果；报告中使用了两种呈现方式；小组分工较明确；按时完成项目	汇报不能清晰地表达小组成果；报告中只使用了一种呈现方式；小组分工不明确；没有按时完成项目	
10分	10分	8分	6分	
特色（+10）		（请简述原因）		
总分				

评价形式：项目产品是多样化的，项目报告、电子演示文稿、实物、说明书等都是评价表现形式。交流方式除了传统的项目汇报外，还设有产品卖场、方案庙会等多种交流平台，促进学生发展。

b. 小组评价和个人评价相结合

每个项目设项目助理，项目助理负责项目的规划和统筹，并负责协调项目小组与实验室教师、授课教师等之间的沟通与交流。个人评价除了在项目小组对项目的贡献外，还辅以学期末独立完成一个小的项目测试的形式。

三、完善项目实验班课程体系，反思创新人才培养方案

在积极建设项目实验班的核心课程——项目课程的同时，为了进一步完善项目实验班的课程体系，我校还建设了一系列辅助课程，如"阅读与写作课程""社会实践课程""讲座课程"等。项目课程的教与学主要采用"做项目"的方式，突出学生的学以致用；阅读与写作课程的开展主要以

"做项目"涉及的文献阅读和项目报告作为中心，突出课程的实用性；社会实践课程则通过密切联系项目课程，引导学生关注社会，树立社会责任感；讲座课程主要是在于扩展学生的视野，激发学生的学习热情。

项目实验班开设以来，学生在"实验设计""动手实践""文献查阅""系统思考"等方面的能力得到了锻炼和提升，尤其是在创新能力上获得了显著提高(北京师范大学王磊教授主持的国家级课题"学科能力评价"结果)。项目式学习实验班的学生在化学、物理、数学、英语、机器人比赛中均有不俗表现，许多原本"普通"的学生在各种比赛中脱颖而出，这些成绩都体现了项目实验班的培养对学生能力的发展尤其是创新能力的发展所发挥的重要作用。当下，创新型人才的培养日益受到重视，《国家中长期教育改革和发展规划纲要(2010—2020 年)》将创新型人才的培养提到了战略高度，倡导各级各类学校结合培养目标和自身特色，加大创新型人才的培养力度，探索切实有效的培养模式。项目式学习实验班在培养创新型人才发面可能会发挥重要的作用，对此我们需要进行更深入的反思和更进一步的探索。

在"项目"的海洋中遨游

一、丰富多彩的项目体验

(一)齿轮钟的"诞生"

在高一下学期的项目课中，选择课题是我们面临的首要问题，动量能量是核心知识，但是如何在学生动手实践中展现，困难很大。同时圆周运动也是课程的核心知识，尤其我们在讲到皮带传动之后，学生提出问题了：那齿轮咬合的装置是不是线速度也相等呢？以此为出发点，现实生活中有很多齿轮传动的装置，那我们在项目课中有所体现不就更好吗？于是，我们选择了齿轮钟的设计制作。课题提出之后，学生很感兴趣，有很多学生以前拆过闹钟，因此说到制作，他们就觉得很有意思，于是我们就定下了课题。

在提出研究的要求后，提供玩具齿轮钟和家用齿轮钟(如图 1)供学生拆卸，研究内部结构。

接着各组同学进行了不同的设计，其间发现和解决了各种问题：

1. 齿轮板材的选择(高密度板和亚克力)、齿轮轴的确定。

2. 确定齿轮数据，绘制齿轮打印图。

图1

3. 排除了异轴齿轮的干扰，巧妙的时分针同轴。

4. 修复齿轮转歪、咬合不好、不稳定的缺陷，解决材料带来的摩擦等问题。

5. 在设计齿轮钟的计时装置时，首先在没有严格控制计时的时候，齿轮钟满足时针、分针、秒针的转速比。其次，加入计时装置，学生想到以下几种解决办法：晶体振荡器（技术有限，实现起来有很大的困难），定速电机，调速电机，单片机，擒纵摆。最后完成比较好的是单片机和擒纵摆。

图2展示了某组同学的设计图稿和其他两组齿轮钟的测试、安装过程。

图2

（二）电磁炮的制作

在高二上学期的学习中，电场、磁场和电磁感应是课程的核心知识。因此，制作电磁炮提上了议程。通过查阅资料，了解到电磁炮的基本原理之后，我们决定分为两步走：先制作低压电磁炮，再制作高压电磁炮。

学生在接到课题之后，补充了大量的相关知识，发现电磁炮有线圈炮、轨道炮、重接炮等。从制作的角度入手，他们最开始想做轨道炮，但是发现小球与轨道接触电阻太大，而且找不到合适的能提供大电流的电源，又没有办法权衡过大的摩擦力和过小的接触面积造成的打火现象，最终没能成功。于是转为制作线圈炮（如图 3）。

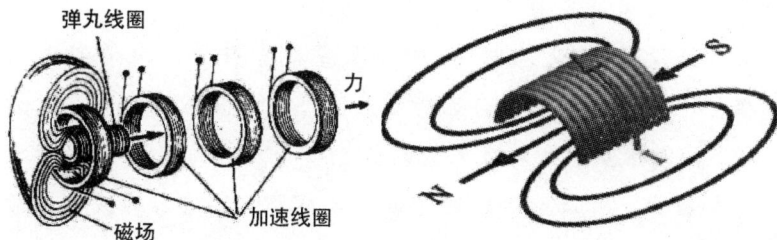

弹丸线圈
磁场
加速线圈
力
S
N

图 3

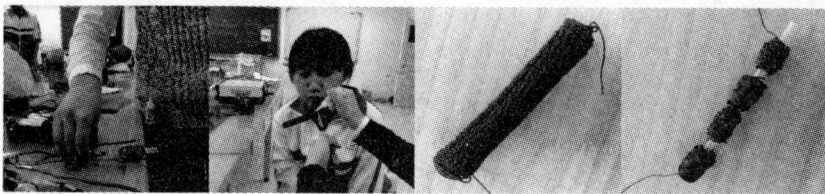

图 4

在绕制好线圈（如图 4）之后，学生有了困惑，如何寻找提供大电流的电源？我们让学生自己尝试，他们去实验室借了学生电源和各种电池组，但是效果都不好。虽然我们老师知道可用电容并联，但并没有直接告诉学生，而是让他们自行阅读课本上电容这一节，然后提供一些电容，让他们去尝试，并提出：如何利用手上的电容得到更大容量的电容，学生经过查找资料和实践，找到了电容并联（如图 5）的方法。

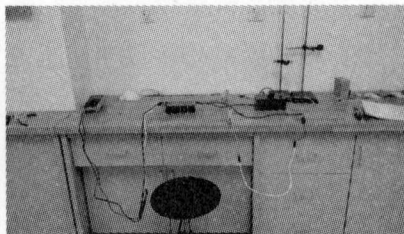

图 5　　　　　　　　　　　　　　　图 6

　　在完成制作(如图 6)发射之后，学生发现子弹(钢针)的出膛速度不够，于是提出了高压电磁炮的制作设想。我们跟学生交流后，提出了以下几个问题：如何得到高压直流电源？低压线圈还适合吗？如何监控电容器电压？如何保证发射安全？

　　当时，还没学到"交流电"一章，在查找资料后，同学们借来了铁芯、二极管、电感、电容，自己绕制线圈，制作升压、整流、滤波电路(如图 7)。如何检验学生的成果呢？出于安全考虑，我们使用学生电源(交流 12V)输出，升压后，通过示波器观察整流滤波后的波形，学生为得到的完美波形而开心不已。

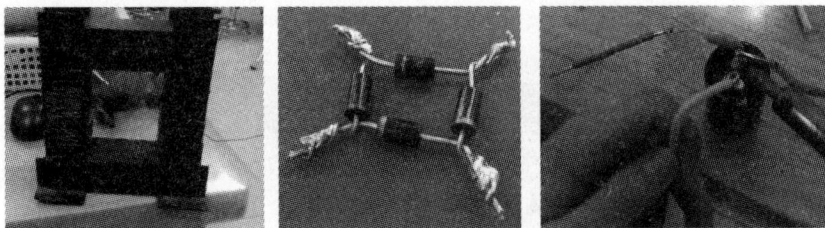

图 7

　　在真正的发射过程中，电压可达 200—300V，出于安全，并没有使用学生制作的直流高压充电装置，而是使用了一个老师制作的直流高压充电装置。最终我们提出的几个问题被一一解决，学生也成功地发射了自己制作的电磁炮。

　　以下是发射的一些数据。

A 组

电容器型号：450V，470 μF×8，线圈 200 匝

123V 时：射程 170 cm 发射高度 81 cm 出膛速度 4 m/s

200V 时：射程 280 cm 发射高度 81 cm 出膛速度 7 m/s

B 组

电容器型号：400V，470μF×5，线圈 120 匝×8 层

200V 时：射程 8—9 m 发射高度 81 cm 出膛速度约 20 m/s

（三）设计自己的"电声乐器"

在高二下学期，学完电磁感应的知识后，给学生讲线圈式话筒和喇叭的原理时，学生提出了一个问题，那电吉他的工作原理是电磁感应吗？我们的第一反应是电磁感应，但是具体的原理不太清楚。在查阅资料和询问相关专家后我们弄清了原理，然后想到，我们的项目课程是不是可以让学生制作一把电吉他或者他们喜爱的乐器呢？

于是我们请专家给同学做了一次讲座，讲授了电声乐器的基本原理（如图 8）。

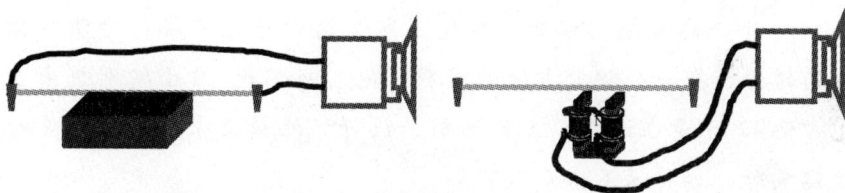

图 8

明确原理后，学生开始动手设计（图 9 为某小组设计的电吉他方案）。

小组内部进行了分工，有的负责木工切割，有的负责线圈绕制，有的负责电路测试，有的负责组装调音（如图 10）。

整个制作过程中，老师只提供方向和思路，所有问题的解决和动手制作都由学生完成。从 2 m 长的木方变成琴身，从 0.6 mm 的漆包线变成 1600 匝的线圈，从硅钢片锯成合适的铁芯，从木方上开槽，锯子、凿子、刨子、台钳、台钻、切割机。全都是学生自己动手，最终整个项

目完成了 3 把吉他和 1 把小提琴的制作。

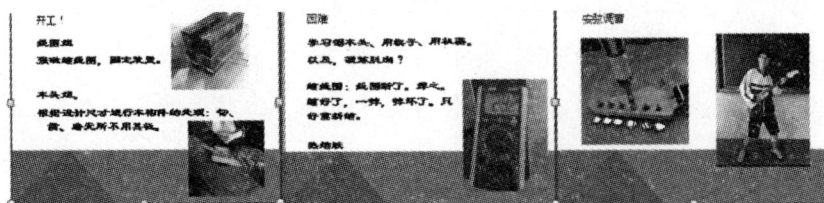

图 9

图 10

二、学生的收获

1. 一个个感兴趣的课题，激发了同学对科学的兴趣，为梦想插上腾飞的翅膀。有一个酷爱吉他的男孩，他对我们说"自己特别想亲手做一把吉他"，于是在课上，无论选材、设计，他精益求精，当优美的声音被弹响时，那种满足感无以言表。

2. 自主管理项目的能力。同学要完成先期文献查找、项目策划、制定方案、原材料购买、加工制作、问题解决、成果评价、成果发布等各个环节，在每个环节的深思熟虑中，增进了自主管理项目的能力。

3. 给同学更多机会——敢于尝试、乐于动手、勤于思考。

(1)敢于尝试——各种工具齐上阵

从最初使用传感器完成各种测量，到使用设计软件配上激光打印机切割板材，台钻钻孔，锯木头，锯铁芯，焊接电容器、导线，组装支架、轴，拆装空气、按钮开关，绕线圈，喷漆，使用各种胶以及用各种仪表检验，学生在实践中培养了动手能力，遇到各种工具都能够比较熟练地使用。

（2）乐于动手——做中学，做中用

"碰撞"实验所遵循的规律是高中物理研究的重点之一，让学生通过传感器亲身研究，印象深刻（如图 11）。而亲手制作游标卡尺，不仅可以熟悉计算机设计软件，而且对了解游标卡尺的原理和使用有莫大帮助。

图 11

圆板尺是学磁场时的辅助工具，先做一个准备着，再做点自己喜欢的东西，如钥匙扣、吊坠等，那可是相当美的事（如图 12）。而亲手制作的电声乐器可以秀一把，沉浸在美妙的音乐中，让项目课充满魅力！

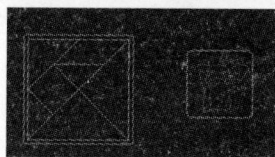

图 12

（3）失败中汲取经验，动手中勤于反思

在尝试的过程中，同学曾把电容器正负极接反、焊错，为了让钢针射程更远不断调整初始位置，因为电声吉他的第一次发声而兴奋地让线圈落地（断开）而重新返工，为齿轮咬合不好多次调整模数，在硬纸板上反复调试轴间距离以期达到最佳效果。用同学所说的："我们还是在不断发现问题和改进中学到了一些东西，知识是一部分，但更多的是经验和技能。""做实验规划时，考虑的再细致、全面一点，减少无谓返工，提高效率。""理想和现实总是有那么点差距的，脑袋想和动手做总是有那么点区别的。失败着失败着有时候就成功了?！成功着成功着没准又失败了?！所以，平常心，平常心……"

三、多样化的评价机制

通常每个学段项目的结束，有一个总结和评价，通过什么样的总结和评价来激励学生呢？项目课不同于平时的课程，不可能通过考试来评价，于是我们采取平时的过程性评价和产品评价来评估学生的学习过程。

1. 在高一下学期末，我们办了齿轮钟展示会，邀请了 2 个项目班的所有学生和班主任、项目课的老师一起参加，每人 4 张票，觉得哪组齿轮钟做得好，就把手里的票投给他们。展示会票（如图 13）：

齿轮钟展示会（投票时间 1:10—1:50）

签名：_____

我最喜欢此组（原因）：_____

图 13

通过这项活动，极大地调动了同学的热情，在各自的"摊位"上使出浑身解数推荐产品，回答参观同学和老师提出的问题，赢得选票（图 14 为当时的情景）。作为优胜组，学生很喜欢得到的奖励：在工程技术实验室选取板材打印自己喜爱的东西。

图 14

2. 高低压电磁炮以钢针发射距离远近作为评价指标之一，开展了有趣的发射比赛和打气球比赛（如图15）。在设计中，学生通过选择合适的电容器、绕好线圈（匝数），调整发射钢针的位置、角度，施加一定的电压，希望射程最远同时能命中目标，制作最好的组在 3 m 的距离能够准确地命中目标，并击破气球。

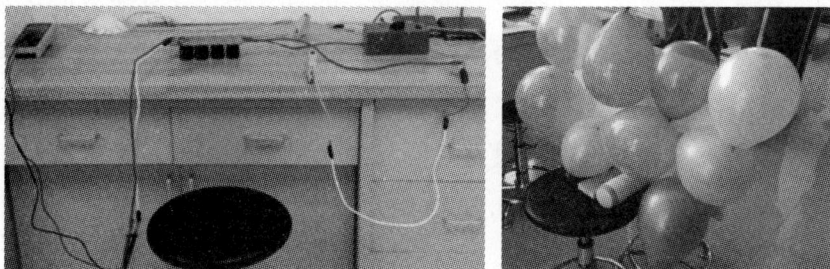

图 15

3. 我们邀请家长和同学一起参加电声乐器项目的展示，分享制作的经历，然后现场来一段表演，极大调动了现场的气氛。随后，一个项目班的学生自发在学校操场用他们自制的乐器开起了"演唱会"。

图 16

这两年的项目式学习实验班的授课，也让我们深刻地体会到，学生的动手实践能力和创新能力不是像我们之前所想象的那样糟糕，而是我们之前没有时间和机会让学生展现出他们这方面的能力，如果我们能够坚持学以致用，坚持培养学生的动手实践能力，那么创新能力在动手实践的过程中就能逐渐养成。如果这种教学模式能够长时间、大规模地坚持下去，那么创新能力的培养、工科技术人才的培养是可以期待的。学生的创新能力直接关系着国家未来的创造力，作为教师，我们任重而道远！

第四节 社科特色班的课程建设

进入 21 世纪以来，随着社会文化的不断发展，我国对政治学、经济学、法学、伦理学、社会学、管理学、传播学等社会科学方向优秀人才的需求与日俱增。高中阶段是学生人生方向形成的重要时期，如何引导那些有潜能、有志趣在社会科学方向进一步发展的学生不断明晰他们的发展目标，如何使他们通过这一阶段的学习强化专业素养从而为他们在未来成为社会科学领域的优秀人才打下坚实的基础，已经成为一个富有挑战性和研究价值的课题。

历年以来，在我校统招录取的高一新生中，都有一定数量的学生对社会科学有着浓厚兴趣，并且基本明确了具体方向如经济、法律、管理等(这些都是近年来社会需求不断上升的专业方向和领域)，而原有的课程结构已经不能很好地满足这批学生的学习和发展需求。虽然学校也曾尝试在高一年级部分必修课程的修习方式上，进行"侧文"方向的安排，但由于涉及的领域和空间有限，不能很好地整合国家课程和校本课程，使得教学的系统性不强，教学难度不易把握，课程管理的难度也比较大，学生的需求仍然不能得到很好的满足。

基于上述考虑，我校认真论证了学生的实际情况，经过一系列全面细致的准备，于 2012 年 9 月正式开办了"社科特色班"，寄希望于既能充分满足学生社会科学方向的学习需求，增强学生的自我认同感，同时能够有针对性地推进课改实验和课程管理，探索优秀社科人才的培养途径。

社科特色班的课程建设主旨是：在保证学生全面发展的基础上，着眼于培养学生文科学习的良好习惯，加强学生文科学习能力，提升学生自主规划和发展水平，为学生未来的发展提供更有针对性的专业支撑。

社科特色班课程设置的具体思路如下：

(1)通过整合教学内容和改进教学方式来高质量地实施国家课程，

保证学生具有文理平衡的知识体系和学科素养，保证学生的全面发展。

（2）在人文与社会领域必修和必选课程的教学中，帮助学生把握文科学习的特点，促进学生拓展文科学习的领域和深度，引导学生广泛阅读、大量积累以夯实基础、确保实效。

（3）构建社会科学领域的专修课程，专修课程以必修内容为基础来组织模块和专题，旨在拓宽学生的视野，提高学生社会科学领域的学科能力，帮助学生学有所长。

（4）提供丰富的实践平台，激发学生的学习积极性，增强学生的自主发展能力，提高学生运用知识解决问题的能力。

（5）构建应用型课程，提升学生的综合学习能力，为学生在大学阶段的学习和在未来的职业发展奠定基础。

（6）开设艺术特色课程，激发学生健康、文明、阳光的精神状态，培养学生的合作意识和责任意识，增强班级凝聚力。

其中，专修课程是社科特色班的特色课程，其通常做法是：在校本选修课程中开设社科拓展课程，由政治、地理、历史三个学科共同参与，每学期围绕社科方向的重要知识点、核心概念或者时事热点设置2—4个专题，以问题为载体开展教学，学生通过查阅资料、自主研究、讨论交流等方式进行问题解决，教师在问题解决过程中进行指导和评价，课程旨在提升学生社科方向知识积累的广度与深度。如在以"钓鱼岛"问题为中心设置的专题中，不同学科的教师从钓鱼岛的历史归属、地理特征和国际关系等不同角度出发引导学生进行研究。在多学科合作的背景下，学科间的相互作用会使不同的思维方式和观点发生激烈碰撞，进而达到互相补充、相得益彰的效果。对学生而言，对同一问题在同一时间的观察和思考，从不同的视角和不同的视野出发而达成共同的结论，这样的过程更加具有可信度和说服力。而且从更广泛的意义来说，多学科合作有利于知识生产方式的革新，有利于社会综合问题的解决。

社会实践课程则主要是开展社会调研活动和志愿服务活动，深入社区、敬老院、打工子弟学校、希望小学等，帮助学生深入了解社会的不同层面，引导学生关注现实，关心社会，激发学生的责任感、使命感，培养学生的爱心和奉献精神。组织短途社会实践，考察部分北京的文化景点、名人故居和博物馆等，在考察过程中将学科知识的学习与实地观察相结合，既开拓学生视野，丰富学生的文化底蕴，又对课内文科学习产生促进作用。组织长途社会实践活动，以"晋商文化考察"为主线，通过讲座、师生交流、课题研究和展示等活动，深入了解晋商的历史发展脉络、运作方式、在政治和经济层面的影响、历史意义和现实启迪等，并以此为切入点，引导学生在实践和研究中体验和学习社会科学研究方法。

此外，社科特色班所开设的应用型课程也有着显著特色，这是针对社科特色班学生的特点及需求专门构建的涉及工具学科的模块，典型的如实用写作课程和应用数学课程等。在语文学科中开设实用写作课程，通过社科文、科普文、研究报告、论文、策划案等实用类文本写作的教学和实践，提升学生实用类文本写作能力，为他们从事社会科学研究打好基础。另外，考虑到学生在社科领域的经济、教育、心理、管理等方面学习中经常需要利用数学工具进行统计和计算、需要建立数学模型分析和解决问题，于是开设了应用数学课程，补充和加强社科特色班学生在统计分析、数学建模、经济数学等方面的学习，这对培养他们的逻辑思维能力、提高他们的研究能力和后续发展能力都有很重要的作用。

综上所述，社科特色班构建了多样的、有特色的课程来满足社科特色班学生的发展需要，这些课程从不同的角度和侧面提升了社科特色班学生的学习和实践能力，使他们的个人志趣和专业素养在高中阶段不断明朗、稳定和强化，为他们在未来发展成为社会科学领域的优秀人才打下了坚实的基础。

第五节 数字化学习特色班的课程建设

随着计算机网络技术的迅猛发展，先进的数字化科技已经成为一股时代的大潮，涌入了现代人工作、生活的各个角落，同时也不可避免地改变了现代人的学习方式。获取信息的便捷以及信息本身的泛滥，对新时期的人才培养提出了更高的要求。为此，教育者们需要与时俱进，主动更新教育理念并积极探索适应时代需要的教育方式。

我校作为北京市首批重点建设的普通高中示范校，积极引入先进的数字化教学模式，开创性地建设了数字化学习特色班，此举走在全国教育改革的前列。在这样一种具有鲜明特色的班级当中，数字化资源的运用受到空前的重视，学生可以享受更加丰富的学习方式、增强沟通与写作能力、开展更有效的个性化学习从而最终实现学习能力和学业水平的提高。虽然数字化学习特色班目前还处在最初的探索、熟悉阶段，我校还是尝试着结合探索过程总结了以下几个方面的经验。

一、硬件支持和软件配套并重，为课程实施建设良好的数字化环境

为课程实施营造良好的数字化环境，学校在教育设备上做了一定的投入，主要包括：

（一）先进的硬件设备支持

学校基于现有的网络通信设施在各教室及公共学习区域架设了无线局域网络，实现了学生学习区域的无线网络覆盖。我校建立了一套网络管控机制，能够很好地区分各教室网络标识、各教室准入网络设备等，并能针对不同教室的无线局域网络设置灵活的互联网访问控制时段，为有效支持学生的数字化学习建造了良好的网络环境。

另外，我校对现有的多媒体教学设施进行了改造，增设了高清电视机顶盒＋高清投影仪组合，从而能够将移动终端的信息直接无线投影到白板，为有效地实施课堂移动教学与师生互动投影提供了支持。

此外，我校还在广泛调研的基础上引进了移动网络终端设备，为每位参与数字化教学实验的教师配备了1台笔记本电脑和1台全新平板电脑，以支持教师的备课与移动教学；同时为每位学生配备了1台平板电脑作为数字化学习终端，以支持他们进行自主的个性化学习。

(二)配套的软件系统建设

在学校开展数字化学习实验，非常重要的是要有适合的教学软件与教学资源。在调研中，我校发现目前市场上还没有一套成熟的软件可应用于教学。学校积极采取多项措施来解决此项问题：(1)充分利用社会资源，有选择性地购置符合我校教学需求、适应学生学习需要的软件，并购置移动设备管理软件以实现对学生终端的远程管理；(2)与公司合作，联合开发课堂互动教学软件；(3)设立技术类助教，与学科教师一起开展学科课程资源建设；(4)研究并尝试运行开源教学软件，建设校本化的网络教学平台。

二、完善管理与保障机制，确保课程实施的数字化实验有序开展

数字化学习特色班，是我校探索课程实施创新模式的试验田。从实验初始起，我校就十分重视管理与保障机制的建设，以保证课程实施的数字化实验的有序开展。

(一)组建专业的教学、技术团队

在教育教学方面，我校成立了教育教学研究核心团队，定期开展数字化资源的教学应用研究。在技术保障方面，我校组建了以数字校园项目组为主体的核心团队，为每个学科配备一名技术类助教，协助教师解决学科教学中的技术问题，并开展学科教学的数字资源建设；为每个班级配备一名技术教师，负责解决教室多媒体设施及学生终端在使用过程中所出现的的问题，并帮助学生安装个性化的学习软件。同时，技术保障团队还将根据需要组织师生进行相关技术培训。

(二)建设配套的设备管理制度

学校组织教师结合学校的管理要求编写了《数字化学习终端管理及使用手册》，详细梳理了数字化学习终端的相关管理制度及要求，并将手册和学习终端一起配发给了每位学生，以此引导学生合理使用数字化学习设备，促进学生的自主学习与健康成长。

(三)借鉴高校专家的研究成果

我校聘请了北京师范大学教授作为数字化学习特色班的顾问，不定

期开展相关专题讲座，为教师教育教学理念的更新和教师数字化教学能力的提升提供支持。

三、探索课程实施方案，实现数字化学习特色班的特色教学

我校的数字化特色学习班还处于起步阶段，为了使改革的步伐走得更为稳健，学校决定先从三大基础学科入手开展数字化教学，等取得一定的经验和成绩之后再在各学科推广。从课程实施来看，现有的尝试主要包括以下三个方面：

（一）利用管理软件，实现课堂教学的有效互动

在课堂教学中，教师可以通过运用管理软件来实现师生的有效互动。如教师给学生设置测试题目，可以从客户端上即时读取每一个学生的答案。这与传统的课堂教学相比有着明显的优越性，教师可以了解全班每一个学生对知识的掌握情况，而不必再像以往那样根据一两个学生的回答来推断整体，避免了以偏概全。

（二）利用学习软件，帮助学生更直观地理解科学知识

对于一些比较抽象的科学知识，学生很难达到清晰、准确的理解，教师可以利用一些学习软件来帮助学生更直观、具体地理解这些比较抽象的知识。例如，在数学课上，教师运用函数图像生成软件，帮助学生直观、快速地发现了函数图像的变化规律。

（三）利用无线网络环境，随时查找信息解决课堂上遇到的问题

课堂教学不是既定的而是生成性的，师生随时都有可能遇到新的问题。难免也会因为缺乏信息的依据而陷入相对低效的争论。在以往的课堂教学中，面对随时产生的新问题，学生难免会因为缺乏可靠信息作为依据而陷入相对低效的争论，教师往往只能以一个权威者的形象站出来给予分析和解答。而在现有的无线网络环境下，每一个学生都有先进的设备，都能够随时上网找到对解决自己问题有效的信息，教师能够有效地引导他们通过自己查找信息获得正确答案，这其实是一种非常有效的帮助学生提高信息素养的方式。

（四）利用网络教学平台，支持教师的教学管理和学生的互动合作

网络教学平台是一个为教师教学和学生学习提供支持和辅助的综合

性平台。利用网络教学平台，教师可以建设自己课程的学习社区，发布各种学习资料，管理和评价学生的作业；学生可以通过互联网提交自己的作业，还可以看到其他同学的作业，这为学生之间进行思维碰撞、开展合作学习提供了一个更加便捷的渠道，这些是在传统的教学过程中难以做到的。

（五）把课堂教学延伸到课外，培养学生的数字化学习能力

除了课堂教学之外，学校还注意让学生在日常的学习生活中熟悉、开发数字化学习设备的使用方法，进一步培养自己的数字化学习能力。学校为学生的平板电脑有针对性地安装了相关学习软件，学生可以借助这些软件背单词、学英语，还可以大量阅读电子书籍，也可以运用软件来管理每天的作业、计划每天的时间等，我校的教师们充分相信学生对电子设备的使用和开发能力。而通过数字化学习特色班的诸多探索我校亦相信，在如此努力之下，现代信息技术会在学生的日常学习生活中发挥起越来越重要的作用，帮助他们形成终身学习的态度和能力，促使他们有意识地自我计划、自我管理、自主努力，进而为他们迈向信息化的未来打下坚实的基础。

第六章

学生需要贯通课程改革

衡量一项课程改革成效高低的重要因素是看其是否能够做到了解、认可以及满足学生的需要。因为教育的目的在于促进人的发展。这个发展应该是基于全体学生需要的基础上的。当然，我们也注意到学生的需要有其特殊性和差异性。由于高中学生在思想上并没有成熟，加上青少年时期人的自我同一性还没有完全确定下来，故而不能以学生们表达的需要作为他们真正的内在需要。因为需要是有一定的社会性和伦理性的。这就要求学校教育要对学生的需要有深刻的认知和了解，要尊重和引导学生的需要，以激发和满足学生的需要来促进学生的自主成长。

第一节　学生指导体系满足学生需要

一、学生指导体系构建的理性自觉

在普及高中教育的背景下，高中学生面临着诸多决策性的重大选择，其中包括升学与就业、文科与理科、兴趣与学业、专业与职业、理想与现实等各种抉择。对于一名高中学生而言，三年的生活不仅是他逐步积累知识的过程，更是世界观、价值观不断形成的过程。这期间他们不但面临着许多成长的烦恼，而且面临着巨大的升学压力。因此大多数学生需要教师的指导和帮助以实现其个性的全面发展，完成由青少年过渡到合格公民的任务。而传统的知识传授、思想教育、教育者主导等方式难以完成促进每位学生个体发展的教育使命，在这种情况下运用尊重学生个体主体性与自主性的"指导"的思想与方法，将有助于促进高中生的全面、健康发展。

新课程带来的种种变革，推动着原本处于零散且缺乏约束性、随意性的分外的"指导"工作成为与"教学""管理"并列的学校三大职能之一。这三者之间既相互独立又彼此渗透，"指导"不像"教学"那样强调知识和技能的传授，也不像"教学"那样具有系统性和计划性，"指导"更强调个性，强调灵活性和随机性地服务于学生学业成长和个性发展的需求；"指导"与"管理"相比，后者强调强制性和整体性，侧重于合格社会成员的培养，"指导"主要是（但不限于）个别指导，作为一种非强制性的引导，作为一种开放性、选择性的辅助，伴随并服务于学生的成长发展，帮助学生解决成长中的困惑。这不仅是现代学校必须为学生提供的一项服务，也是新课程"为了每一个学生的终身发展"核心理念的重要体现。《国家中长期教育改革和发展规划纲要（2010—2020年）》中明确提出："全面提高普通高中学生综合素质……建立学生发展指导制度，加强对学生的理想、心理、学业等多方面的指导。"这从政策上赋予学校中的指导工作以常规化和制度化的合法权利。

　　对学生的发展进行帮助和指导一直是我校学校教育工作重要的组成部分，也是一贯倡导的"教书育人"的体现。已有的指导工作主要围绕三个问题进行了探索：谁来指导，指导什么和如何指导。随着教育教学环境的变化，不同的历史时期在不同的时代需求召唤下，学校探索的形式不同、内容不同、途径不同。对既往探索的传承和积淀，构成了学校在当前背景下构建学生发展指导制度的宝贵经验和历史基础。在新课程改革推进的第一年，学校依据北京市要为每位学生配备一名导师，也提出了每一位教师都成为导师的要求，在重新审视对学生指导工作的意义基础上，规划并确立了同步于新课程下的教育教学改革活动的以"导师"为核心的学生指导体系，构建独立的学生发展指导制度。

二、"学生发展指导体系"的组织架构

　　依据《北京市实施教育部〈普通高中课程方案（实验）〉的课程安排指导意见（试行）》中关于建立和逐步完善导师制度的要求，为了加强对学生的个性化指导，促进学生健康发展，也为了探索全员德育的有效途径，促进教师综合素质的提高，我校于2007年成立了系统完备的"学生发展指导体系"。"学生发展指导体系"由学生指导中心、导师组、导师三个层面组成，面向全体学生，进行有关学法、生涯规划、选课和心理方面的指导，同时承担培训导师的工作，组织结构见图6.1。

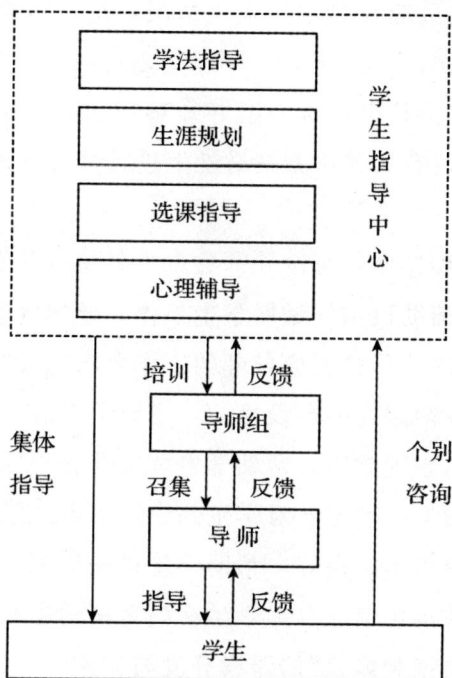

图 6.1 "学生发展指导体系"组织结构

（一）"学生发展指导体系"的组织分工及工作要求

1. 学生指导中心

"学生指导中心"的职责是面向全体学生，进行关于学法、生涯规划、选课和心理方面的指导，同时承担培训导师的工作。"学生指导中心"的具体工作由专任或学有所长的兼任教师承担。工作任务为：

（1）确定每个行政班的导师；

（2）开展培训导师的工作；

（3）组织针对学生的专题讲座；

（4）开展对个别学生的辅导、咨询工作；

（5）收集、整理学生的个案；

（6）建立学生心理档案、升学信息资源库。

2. 导师组

每个行政班的导师组成一个导师组，该行政班的班主任是导师组的组长。导师组的具体工作为：

(1)导师组的成员应及时沟通学生情况，组长协调导师工作，导师积极配合班主任工作；

(2)每学期末，组长组织本小组导师对每一名学生的情况进行分析与交流，并依据学校有关评价方案对学生进行综合性评价。

3. 导师

我校导师由学校指派，每位导师负责十名左右的学生。导师是班主任工作的助手，应辅助班主任做好学生工作。导师应参加相关培训，不断提高自身综合素质，尽快适应导师的工作要求。导师的工作任务为：

(1)了解学校各种课程的开设目的，指导学生恰当选课；

(2)关注学生的心理健康，帮助学生解决部分心理困惑；

(3)了解学生的学习状况，对学生的学习提出建议；

(4)了解学生的兴趣、爱好，帮助学生正确认识自己的优势与不足；

(5)了解高校的招生信息，为学生在高考中的志愿填报提供参考。

(二)"学生发展指导体系"的课程开发与实施

开学之初，"学生指导中心"会安排高一新生进行拓展训练，以体能活动为引导，引发出一系列富有教育性的认知活动、情感活动、意志活动和交往活动。如各种形式的挑战极限项目，具有一定的难度，并且通常表现在心理考验上，需要学生向自己的能力极限挑战，拓展极限。孩子们在克服困难顺利完成要求以后，体会到发自内心的胜利感和自豪感，获得人生难得的高峰体验。再比如，各种分组和集体合作，每一名学生都需要竭尽全力为集体争取荣誉，同时从集体中吸取巨大的力量和信心，在集体中显示个性。到了第二学期，中心则会安排生涯规划指导的内容，包括了解自我、感知社会、确立理想、生涯决策、自我规划、任务管理、时间管理、情绪管理、能力提升等，其中每一条都有着明确具体的指向。比如，能力提升可以是人际关系能力培养、自信力的锻炼、沟通技巧培训、领导力提升或者意志力锻炼等，相应的，采取恰当的活动形式，实现个性化的学生指导。除此之外，中心还会组织针对学生的专题讲座，开展对个别学生的辅导、咨询工作，收集、整理学生的个案，建立学生心理档案、升学信息资源库。据不完全统计，针对导师的培训每年有 4 次，针对学生的集体辅导每年有 20 多次，定期开展对学生的个别辅导每年超过 400 次。导师的工作既有学校的统一安排，也有导师自行开展的指导活动。导师每学期与每位学生交流 3—4 次，了解学生的情况，对学生予以指导，同时与学生共同商议"学生成长记录袋"的编制并参加"学生成长记录袋"的展示活动。开设生涯发展规划的必选课程，加强学生指导的课程化。在原有开设生涯规划选修课的基础上，招募有兴趣的教师（包括有专长的学生家长、校友），组建"学生生涯规划课程筹备组"，商议课程纲要，共同开发校本课程，见下表。

表 6.1　学生指导课程体系

时 间	年级	活动主题	达成目标
9 月	高一	适应学习—学法指导	使学生了解高中主要科目的学习方法
		适应学校——学长引领参观校园	使学生熟悉校园，了解学校文化
		适应学习——学校课程介绍	使学生了解我校的课程体系
		适应自己——侧文、侧理辅导	帮助学生科学、合理地选择课程
		了解自我——高一学生心理档案的建立	了解学生的基本情况
		了解自我——开设"生涯规划"课程	认清自我，确定目标
	高二	提升学习——学会反思、学会记忆	文科(历史、地理、政治)、理科(物理、化学、生物)
	全校	导师交流	交流本学期目标及策略
10 月	高一	自我探索日	通过活动让学生了解自己的个性、特长、兴趣与潜质
	高三	梦想挑战日	明确目标、体验自我超越
11 月	全校	导师交流	明确期中成绩暴露的问题，确定对策
		学长进校园	从学生的视角介绍高校
	高三	了解自我——学生考前焦虑心理档案建立	筛出考前焦虑度高的学生，便于有针对性的辅导

时间	年级	活动主题	达成目标
12月	高三	高考辅导——自主招生	聚焦时事热点、学长经验介绍、模拟面试演练
	全体	导师组会	交流、汇总本学期学生情况
3月	高一、高二	学科日活动	展示该学科知识与生活、生产实际相结合事例和活动，增加学生对该学科的兴趣
		导师交流	交流本学期目标及策略
4月	高二	规划人生——职业介绍	帮助学生建立对职业的熟知度，借以激发学生对今后从事职业的思考
5月	高一、高二	学会交往	教会学生与人沟通与交往的能力
6月	高三	传承活动——学长团讲座、图书捐赠	将学长备考的经验传承给高二学生，让学生把可以继续使用的书籍留给学校，体验校友之间的"传承"

(三)"学生发展指导体系"的队伍构成与建设

1. 校内导师组

一方面，根据教师的特长，成立学生发展指导的校内专家团，可以实现学校内部具有专长和特色的优秀教师资源的最大化效益，整合全校师资队伍的优势为学生提供特定内容的辅导和帮助，提供学生以横向和纵向的途径与方式，向自己班级任课教师之外的优秀教师学习和请教的机会；另一方面，加强导师的培训工作，提高导师对学生的生涯规划和职业选择的指导能力，使导师的工作成为教师专业化发展的必备内容。采用多种手段加强对导师专业化发展的培训，如开设专题讲座、建立资源库、参加互动培训、导师工作交流等。培训的内容依据调查问卷确定为：

(1)帮助和指导学生寻求合适的学习风格和方法；

(2)帮助和指导学生根据自己的志趣、特点、专长订立事业上的目标；

（3）帮助和指导学生了解各行各业；

（4）帮助和指导学生根据自己的兴趣及能力逐渐明确未来的职业方向和范围；

（5）帮助和指导学生了解各大专院校及其系科专业。

2. 校外导师组

丰富学生发展指导的工作团队的人员结构，成立学生发展指导的校外专家团。根据我校指导学生工作的需要，发放聘书，聘请校外专家、校友、家长参与学生发展指导的工作，促使学生发展指导队伍的专业化、多元化，提升学生发展指导工作的水平和效益。学生指导中心组织了多次介绍高校情况的交流会，交流会的主讲人都是我校毕业的校友。这些校友分别来自海内外的高校，被邀请到的校友都热情、积极来学校参加这项活动。人数最多的一次讲座有将近200人参加。校友们除了介绍自己的高校以外，还把自己在高三备考时遇到的困惑、解决的办法与同学们进行了坦诚的交流。他们幽默的讲解、耐心的解答、鼓励的话语都为高三学生树立了良好的榜样。在交流活动中我们感受到，正是由于校友与在校生有相似的年龄，共同的高中经历，正是有这些共同的背景，使得他们之间的交流更顺畅。

（四）"学生发展指导体系"的电子平台建设

学生指导中心组织的大多数活动，都会由于场地和时间的原因，导致部分学生和家长无法参加。以满足这部分人群的需求为契机，我校在数字化校园的基础上建设了导师工作电子平台，利用现代化手段为导师的工作提供必要的支持和帮助。平台的服务对象为校内导师、校外导师和全体学生。导师工作平台的主要功能为建立导师资源库，加强信息的共享性；建立指导中心与导师、导师组长与导师、导师与学生间的及时对话功能；增加沟通的渠道。平台上还会呈现我校的选修课课程纲要、学法方面的指导、2006—2009年毕业生的模拟成绩以及高考去向介绍、活动计划、宣传和活动演示文档。

（五）"学生发展指导体系"的制度保障

建立学生指导中心例会制度的相关工作制度，进一步规范学生指导中心的具体活动。

建立学生会学习部牵头的年级学习委员工作制度，构建学生指导中心在学生中的联系渠道和活动骨干，培养《成长报》编辑和发行的学生团队。

评级和激励机制的完善。建立常规化的导师工作反馈机制，及时发现和奖励优秀的导师。利用数字化校园的调查平台，设置导师工作调查问卷，由学生及时反馈导师的指导工作情况。常规化的评价既有利于学校了解导师的工作，也有利于表彰和奖励优秀导师，同时也为推广优秀导师的工作经验服务。

第二节　学长制引导学生需要

15 世纪英国伊顿公学开始实施学长辅导制度，由高年级学长管理低年级学生，这种学生管理方式因效果良好受到推崇并在高校内流传开来。学长制具有以下特点：学长辅导的目的不仅仅是给予学业上的指导，而是对受辅学生的生活、心理、情感等方面给予全面的指导，使得学生与学长进行思想和个性的充分交流；学长教授给受辅学生的不仅是知识和经验，更多的是学长与受辅者之间价值观和情感的交流；学长们和受辅导的学生虽然有着成熟程度的不同，但基本上是同龄人，均为学生，交流起来基本上没有代沟；学长与受辅学生的地位是平等的，双方是在自由的气氛下交往的。[1]

因此，学长制实际上是一种学生自主管理的模式。高中生虽然在年龄和心理成熟度上略低于大学生，但他们已经初步具备自我管理的能力了，而且其自我管理的意识和需要还是比较强烈的。与此同时，我校的大多数学生要比同龄人优秀一些，这种优秀并不仅仅体现在入学成绩上，而是更多地表现在他们的自我管理、自我规划等非智力因素上。考

---

[1]　万旻轩．高校"学长制"的模式与成效探析．南昌：江西农业大学，2011．

虑到当代高中生的普遍成熟程度和发展需要，尤其是我校学生的特点，为了更好地促进学生的全面发展和自主发展，也是学校人文精神在学生管理上的体现，"学长制"在我校方兴未艾。

2012年8月30日，4个刚刚升入高二的同学（下面分别以A、B、C、D代称）以我校首届项目实验班"学长"的身份为高一年级的学弟学妹进行了一次入班宣讲。4个人很认真，提前一周便开始碰头讨论，准备好电子演示文稿并打印出讲稿。

【A】2015届项目实验班的各位同学大家好，今天由我们，比你们只长一岁的首届项目实验班的四个人来为你们讲述如何在项目实验班这个独特群体中获得自己的光芒。

【B】2011年8月，2014届项目实验班成立。一年过来了，这时间跨度到底意味着什么？

【C】一年，可以让原本处于摸索阶段的项目实验班走向成熟；一年，可以让带着迷茫与懵懂踏入高中的我们变得清醒与坚定；一年，可以让我们此刻站在这里，尽力地告诉你们这一年里我们经历的各种事件，以及在其中走过的弯路和找到的捷径。

【D】在这一小时里，我们尽全力向你们描摹出我们走过的那条道路的景色，然后满怀期待地注视着你们踏上一条相似却绝不会相同的道路。

简短的开场白之后，其中一个同学首先向大家介绍了宣讲的主要内容。根据同学们的反馈，结合自身的经验，他们重点准备了三部分的内容：定位、学习、生活。

【A】首先是定位。定位不对，啥都白费。然后是学习，我们毕竟是学生。而作为项目实验班的一员，项目必不可少，当然应当在保证学业的前提下。二附的活动还是丰富多彩的，积极参与活动会让你受益匪浅。最后还要讲一下人际关系和班级建设，我们毕竟要在这里度过最有活力的3年生活。

【B】你进入了一个新的班级，新的学校。有可能原先你是显得样样精通，抑或者是要啥啥不行，但现在，你在一个全新的班集体，你的定位极有可能发生了重大的变化，尤其是咱们项目实验班云集了全市热爱研究的同学们，先前很牛的同学有可能流星陨落；先前很"挫"的同学有可能金子发光，一切还都是未知数。

【C】其实可能有很多人都有困惑，为什么人家能当干部，我却不行。其实人和人之间的能力本来就有差距，如果志不在此，根本不用勉强。如果做不了组织者，那么，一个受人欢迎的执行者也是非常不错的选择。另外，提醒各位已经进入组织者行列的同学们：对你们而言，工作究竟是什么？是非常重要的经历，还是只是学习生活的调剂？这其中的差别是非常大的，这决定了你有必要承担的责任和任务的上限。项目也是如此，它在你心里究竟是什么？学习知识的手段？实验技能的培养？项目流程的熟悉？创新意识的培养？四个其实都没错，关键是这决定了你能把自己多大限度地投入项目研究的过程中，以及你最后究竟能得到些什么。

【D】其实我觉得学习主要是三个阶段，先是要有动力，然后要对自己进行分析，最后总结出方法。关于动力，下面是两个问题，你为什么而学？你学习的目标是什么？我觉得动力是高中阶段学习很重要的一个部分，其重要程度不亚于学习方法，因为高中阶段比以往任何时候都考验你的毅力，你将面对更多的活动，更激烈的竞争，以及更多别人的影响，当然还有比以前更强，更厉害的老师和同学，强到你不管怎么努力，似乎都无法超越，同时你会很快发现，自己空有一堆方法，却没有力量去将其付诸实施。以上这两个问题仅仅是一个引发剂，希望帮助大家在将来可能碰到的难关中找到动力。至于分析，其实就是你的动力和方法之间的一个衔接，让你能根据自己现有的情况总结出适合自己的方法。你是个什么样的人，在充满诱惑的高中时代你怎样才能专注于学习？在充满机遇和竞争的高中时代你要做怎样的调整才能更好地把握自己的机会，更好地去学习？再强的动力没有合适的引导也将消退，而之后再找到动力就不那么容易了。最后是方法：一是列个时间计划（一定要切实可行），在列计划时最好不要把学习和你的生活孤立起来，也就是想专门找一段时间学习，因为你将会发现，几乎抽不出时间来专门学习，光是项目就可能耗尽你所有的精力。二是找到一个自己的方法（切忌只跟在老师后面）。这我想不用多说大家都知道，自己的方法才是最好的方法。三是永远不要把你的学习与生活割裂开来。

准备的内容刚讲一半，下面已经有同学忍不住了，一堆"小问号"争先冒出头来：哪个学科竞赛更有挑战性？机器人项目好玩吗？要不要考虑出国这条路？高中要不要住宿？要不要参加社团？……类似这些，去咨询专家，请老师和家长帮忙参谋固然是重要的途径，但与学长们的现身说法相比，后者更有一些自己人推心置腹的感觉，有一种默契与认同。同样，对学长们而言，倾诉与分享自己经历的愿望更是迫切，四个同学不约而同抛开最初的讲稿，全情投入。

【A】和大家一样，我们最开始其实也挺困惑"项目"的意义。在一开始的项目通识课上，老师会告诉大家，大家日后也会有所体会。我们体会出的就是这四条：学习知识的手段、实验技能的培养、项目流程的熟悉、创新意识的培养。但要注意的是，一定要想着去体会。不要人来了，心没来，这样这两年就真的虚度了。

【B】作为过来人，比起一些官话，我们更想介绍一些我们的小经验、小窍门。第一，留心细节，注意思考和反思。在项目的过程中，有时会出现一些意料之外的事情，但是往往就是这些意外背后的道理比我们研究的东西本身更加重要。第二，注意随时累积数据、现象、影像资料。有些东西错过去，后来觉得重要，想重来就很困难了。这有个反面例子。就是我们组做化学项目时，仪器做过好几次重大改动。我们想在结题报告中体现这种不断改进的思路，却发现之前的仪器没记录，只好花了一个下午又搭了一遍。费时又费力。第三，学会合作、容忍他人。在项目分组时，你不一定能和自己认可的人分在一组，就如同我们踏上社会后不一定总能和欣赏的人共事一样。所以不要抱怨，就当体验生活。如果你不喜欢自己的搭档，两个人之间也不要有摩擦。毕竟，好好完成项目才是对两个人来说都重要的事情。第四，学会表达。就是告诉大家清晰明确的表达方式的重要性。在项目结题的时候，这一点表现得尤为明显。你要学会把自己的思路、创新点完完整整的表达给别人，这一点绝不能大意。第五，接受烦琐，接受失败。在一次生物项目里，有一组做植物生长素对小麦萌发影响的实验，大约测量了上百组长度，但是没有任何一个人抱怨。最后他们拿到了生物学科代表汇报的资格。

不同学科的项目有什么特点吗？

【C】我从自己参加过的化学项目来说，基本上是围绕课内知识展开的，但基本上一定会有课外的知识；好好做的话，能学到很多课本上面没有的东西，还有可能提前涉及有机化学的内容，可以先了解一下。

要参加社团吗？其他有什么好玩的活动吗？

【A】在学校，积极参与丰富多彩的活动也是非常重要的。其中活动频率最高的无疑是每周五的社团。我推荐大家仔细思考之后选择一个适合自己的社团，然后坚持一阵子。拿我自己举例，我参加的社团是科技俱乐部，实验室都在中科院地理资源所，做植物提取氮素的相关课题。这是非常正式的研究，是已经超过项目研究课的水平的科研活动。对项目实验班的各位来说，是一个宝贵的机会，而且可以跨越年级寻找志同道合的同伴。科技俱乐部的上任社长就是我的朋友。

【B】学校也一直在组织各种大型活动，如校训杯、艺术节、科技节。大家参与这样的活动有两种途径。一是作为个人参与，非常有意义，能丰富你的生活，体验更多不同的经历。二是作为组织策划团队的成员参与。一般是由校团委、学生会的骨干干部来把握。大家如果有兴趣的话，一定要从开学起就积极投入到各项工作中去，提高自己的影响力和组织力，这样才有可能在那些大型活动的前期被选入策划团队。

【C】去年(2011年)我们刚入学时上届学长也告诉过我们一遍这些事情并让我们提前准备，但是后来发现这几乎是不可能的，基本还是处于各种临时抱佛脚的状态。所以其实我们觉得大家不用提前考虑太多，认真工作，认真学习，有责任时负起责任来，不要拖延，就没什么问题了。最重要的就是享受过程嘛。

【D】除了校级活动之外，班级活动也是挺多的。外出参观的机会一定要珍惜，多思考多提问，才能有多于别人的收获。至于班会和团会，对大家最大的期待就是当仁不让。有才能一定不要藏着掖着，一定要展现出来，这样才有助于班级事务的高效处理。

听说学长是志愿者？

【A】大家可能觉得参加志愿活动是一个义务，就是用来赚学分的，但其实当你真正开始认真做的时候，你就能感受到其中所蕴含的激情。你帮助别人一两次没什么大不了的，但也许就是这一两次，你就能对周围，对世界产生了不同的看法。所以希望大家好好品味珍惜自己做志愿活动的机会。高中就这三年能做，之后大学及工作后，大家往往想做都没工夫了。

高中的人际关系会变复杂吗？

【B】2014 届"项实"27 个人里有 17 个人来自三帆中学。而我比较"悲剧"，来自宣武区的十五中。在两区合并之前二附是不对宣武区招生的。所以我是十五中上师大二附的第一也是唯一的一个。在这里我根本没有认识的人。开头可能比较艰难，但是只要真诚开朗、主动地结交他人就不会有问题。现在我的朋友圈子甚至大过了一些三帆毕业的人。

【C】班级建设是一件大事，班级氛围影响着班内每一位同学。同学和睦相处、班委负起责任、每个人都为班级建设出一份力，确定并建设班级特色、注意细节、整顿好班级内务，如值周评比。

一小时的交流很快就结束了，学长们意犹未尽。

【A】我们想告诉你们的还有很多很多，但想来，那终究是要由你们自己来体会和感知的吧……正如我自己开头时说的，我们想讲讲我们曾走过的弯路，是为了防止你们像我们一样误入歧途。然而，有些弯路是一定要走过一遍才明白的。所以如果有不如意的时候，难过沮丧失望的时候，都不要责怪自己为什么当初没……。有些弯路，真的只有走过才明白。

【B】回想我们经过的一年，有难过，有开心，有风平浪静，这就是我们的生活。会有非常不如意的时候，但终会过去；也有高兴得如登上世界顶峰的时刻，但也还是会过去。子在川上曰："逝者如斯夫，不舍昼夜。"光阴是这样的飞逝而去。只要人发明不出能使时间停驻的机器，我们就永远是时光的囚徒。往下走吧，路还很长。

如此别开生面的指导，显然不同于过去局限于本班级或年级层面的活动。教育者的智慧决定着教育关心的价值和品性，而缺乏教育智慧的关心常常成为教育暴力的漂亮借口。在我校，教师充分发挥教育智慧，利用学长资源，巧妙地达成最为广泛而有针对性的教育效果。许多话只道寻常，一旦换做学长们的口吻，立刻有了不一样的教育意味。比如，每年高考结束，学校都会邀请刚刚毕业的学生代表按照对应的班级给即将升入高三的高二学生指导如何快速进入高三状态，如何高效地处理高三阶段的学业、社会活动、人际交往等诸多问题。与此同时，即将升入高二年级的学生也不闲着，他们要在新生入学教育中分组带领新生参观解读校园人文风物，指导新生如何适应我校的校园生活，讲解他们自己初高中衔接的得失经验。和前面提到的项目实验班经验介绍活动类似，同学们的积极性都很高，学长团在组织教师的指导和建议下，把学校希望指导的内容都很有创意地实现了，在校的新高三和新高一学生则热情高涨、专心投入地向学长们提问请教，比起原来的校内教师或聘请专家讲座指导气氛更好，效果更显著。

"从活动本身的效果来看，学长的资源能够产生更好的活动效果。相较于单纯的教师辅导，学生更喜欢教师、学长结合的辅导方式。在这种综合性的辅导过程中，学生能更全面地获得信息，同时由于学长和自己的贴合性以及学长本身的榜样作用，更能引发学生对辅导内容的信任感。学长作为学生，能提出更多符合学生需求的建议和意见，对于教师的辅导水平的提升也有帮助。另外，学长制的引入对学生来说也是一种德育和一种爱的传承。通过参与此活动，学长感受到奉献和被他人需要的精神升华，被辅导者感受到被关心和爱护的人文氛围，慢慢地在校园中形成了一种关爱学弟学妹的氛围，这种氛围甚至在学生离开学校之后还能产生影响。比如，在各个高校，我校毕业的学生会自发组织本校新学弟学妹的迎新会，向他们介绍该如何适应大学学习和生活。"[1]我校教师这样一番深刻的感受和反思也从一个侧面反映出学长制的推行对师生们的改变。"学长"的更迭，未尝不是一种学生自我教育的薪尽火传！

---

①　张二羚，等．学长制在重点高中校学生辅导工作中的实践探索．中小学心理健康教育，2014(19)：42—43.

学长制引入辅导工作中需要注意的问题

1. 学长的选定

学长的选定是影响辅导效果的很重要的因素。如何选定学长，学长是固定还是浮动？进行实践探索之后发现，根据不同的辅导活动需求选定不同的学长是操作后归纳总结时感受到的相对较好的一种方案。比如，"新生入学适应进班讲座"可以选定那些适应良好、善于讲解、德行突出的学生，而随后的"学长带校园"对公众演讲能力的要求不如前者那么高，而对"热情""耐心"的心理品质要求更高，所以，可以根据需求挑选不同的学长。同时，浮动的学长选拔制度也使得能够有更多的学长有机会能参与辅导工作中，让更多的人获得锻炼机会。

学长选定还需要考虑同年龄还是高年龄的问题。在重点高中，更建议选择高年龄的学生作为学长而不是在同年级。在心理周中，曾经尝试让同年级优秀的学生作为学长来向同学介绍经验，结果发现，与被辅导者同龄、同年级以及平时距离很近这些因素会让学长的权威性降低，影响被辅导者的参与意愿从而拉低辅导效果。

学长选拔的方式上也要有所考虑，是完全以学生自主自愿为主还是班主任推荐与学生自愿相结合，需要根据情况来确定，对能力、品行等要求更高的活动里，最好两者结合，而要求相对较低的活动中，学生作为学长的意愿强烈程度更能影响活动的效果。

2. 学长的培训

学长的培训对于学长明确工作内容、落实工作效果有非常重要的意义，必须要给予重视。在学长的培训中，可以适当地加入"学长制意义""学长精神传承"的教育，提升学长工作的使命感。另外，辅导教师要在工作中注意积累，给予学长更多的资料和资源以降低他们的辅导难度，如在"新生入学适应进班讲座"工作中，每一届学生的进班讲座讲稿和演示文稿都进行留存，以供下一届学长参考使用，能有效低降低学长准备工作的难度和心理压力，提升学长的工作兴趣。

3. 学长的激励

除了使命感、爱这类情感因素的激励之外，还可以引入多种激励机制。比如，学长工作会占用学长很多额外的个人时间，因此，可以采取计算勤工俭学、志愿者学时等各种因校制宜的激励办法，以激发学生对学长工作的正向情感。

　　总之，在学生辅导工作中，学长是一种非常良好的资源，可以作为教师辅导的一种辅助，甚至可以成为一种独立的力量来提升辅导工作的实效性，甚至可以说，学长资源的有效开发程度与学校辅导工作的有效程度有紧密的联系，重视学长资源，用好学长制，为高中学生的辅导工作添砖加瓦。

第三节　实时调研明晰学生需要

　　我校从具有不同志趣和潜质的学生需求出发，先后创办了文科实验班、理科实验班和项目实验班，积极探索文科、理科和工科等各类后备人才的培养途径，取得了显著成效和丰硕成果。目前，各类实验班学生已经达到全校学生总数的50%。但是，诚如数字显示的这样，还有一半的学生是在各类实验班之外的。对于这部分学生，采用何种教育理念，适用何种教育方式，恰是考验我们是否具有真正的教育信仰和教育理想的验金石。为了保障这50%的学生的充分发展，我校近年来积极探索，从2010年开始就通过调查问卷、教学咨询、学生座谈、学情分析、课堂观摩等形式去挖掘平行班学生的真正需要和学情特点，力求从他们的需要出发去展开有目的、有针对性的教育教学。

一、潜心分析学情特点，客观评价学生情况

　　我校平行班学生的组成特点相对于实验班要复杂一些。具体表现为学生分布在不同分数段，学习水平差异大，尤其前后差距很大。以2011届某班为例，学生共32人，成绩在年级前30名的有3人，占班级总人数的9%；成绩处在年级后1/3的占班级总人数的41%，共有13人，而其中6名在年级后30名，也就是学习上最困难的学生。

　　学习水平的差异必将带来课堂表现、听课习惯和学习心理的差异，

这就为教师教学和辅导造成了较大的困难。从课堂表现来看，许多平行班的课堂展示出比实验班更为活跃、积极和热情的精神面貌，教师调动和引导总能得到不同程度的呼应。但"热闹"的背后是"雷声大，雨点小"的落实效果。教师们普遍认为，平行班执着于一个问题并有效落实的态度和能力要弱于实验班。从听课习惯来看，有些同学误以为听课就是听老师讲，"欣赏"地看着老师讲授，认真而又被动地听，忽视了思考和参与；有些同学误将听课等同于记录，对老师所讲的内容事无巨细、不假思索地记录下来，跳过认识事物的艰苦思考过程，直接去背结论，学习效果自然不佳。从学习心理来看，表现为过分依赖兴趣驱动，耐力不足。学习是一个长期积累和内化的过程，近期的努力不一定能完全在学业成绩上体现出来，有些同学因看不到及时的效果会产生较强的负面情绪，丧失信心。或者，当教学中出现连续的控制性的练习、长时间安静的个人任务或者难度较高的任务时，平行班的学生就相对缺乏自控能力和钻研精神。

尽管在学情上存在一些客观困难，但放在北京市整体学生水平的层面进行比较，我们也可以发现平行班学生的潜在特点和积极方面。首先，平行班拥有为数不少的优秀生，即使和我校实验班学生相比也毫不逊色，这是多年来工作实际证明了的。其次，单以中考分数而论，平行班学生仍然在北京市学生整体中处于优秀水平，也就是说，虽然群体水平相对于我校实验班稍弱，但和区重点甚至部分市重点的统招生相比，仍位于前列。最后，平行班学生可塑性较强，进步空间大。中高考的学科知识、能力要求差异很大，初高中生学习习惯和方法差异很大，学生心理成熟水平也不可同日而语，所以中考成绩对高考成绩不能起到决定作用，良好的教育环境，恰当的引导，适应性的教学，这些都为提升教学质量，促进学生的充分发展提供了可能。

二、以数据评判听课效果和影响因素

课堂教学是学生学习的关键环节。为此，在分析学生特点基础上，学校根据学情特点和各类座谈会反映出的问题，认真设计了调查问卷，对高一、高二年级共四个平行班进行了抽样调查，分别调查了"学生听课的掌握程度"和"影响听课效果的因素"。

表 6.2 学生听课的掌握程度

	90％以上	约 80％	约 60％	50％以下
语文	71	51	8	3
数学	44	53	27	10
英语	46	49	32	7
物理	40	27	14	5
化学	32	36	16	2
生物	21	12	0	0
历史	25	15	5	3
政治	18	22	5	2
地理	3	9	12	3
合计	300	274	119	35
百分比(％)	41.21	37.64	16.34	4.81

表 6.3 影响听课效果的因素

	难度	节奏	兴趣	氛围	练习	习惯	答疑	其他
语文	2	12	14	7	17	35	2	4
数学	21	54	18	10	3	37	2	6
英语	5	14	22	13	13	35	5	4
物理	14	20	3	3	11	29	1	1
化学	13	16	3	4	5	33	5	2
生物	3	1	0	1	4	10	0	0
历史	1	7	1	1	4	13	2	0
政治	2	5	2	0	6	13	1	1
地理	0	0	12	12	8	3	1	2
合计	61	129	75	51	71	208	19	20
百分比(％)	9.62	20.35	11.83	8.04	11.20	32.81	3.00	3.15

调研数据显示，"学生听课的掌握程度"的问卷结果分析表明在所有

学科的掌握程度中，能够掌握 80％以上教学内容的听课效果所占比例将近 80％，这说明当前普通班教学效果和质量还是令人满意的，但是，为什么从学业成绩来看，学生的实际掌握情况远没有如此乐观。"感觉掌握"却并没有"真正掌握"的那一部分教学效果流失在何处？是不是落实上出了问题？教师该如何监控和引导？这些都是值得我们思考的问题。仍有约 20％的情况属于掌握程度在 60％以下，属于这种情况的学生哪里出了问题，教师该在哪些方面加强个别指导？仍需要具体问题具体分析。而"影响听课效果的因素"调研在于回答"如何加强平行班学习习惯的培养"这个问题。调研结果的启示就在于，教师在授课时要针对具体班级的哪一部分群体来设计难度和把握节奏，才能做到效益的最大化？讨论会时大多数教师提出针对班内排名在 15—20 名的学生，这一经验具有一定合理性。

三、满足并引导学生需要的教学策略提高教学质量

基于对学情特点和课堂教学实际情况的深入调研和分析，我校明确地认识到，平行班的学生更需要教师的关注和引导，更需要有针对性的教学设计，更需要注重培养良好的学习习惯，学校对平行班的教学提出了明确的三条要求。

(一)发现学生的聪明点

在教学中不宜将平行班和实验班横向比较，主观地将平行班定义为"差班"，更不能因为受到个别学习态度或水平较差的学生影响，视大多数学生为"差生"，否则，这种情绪和定位必将影响教学工作的积极性。反之，如果能够在看到平行班和实验班差距的同时，认识到我校平行班学生在北京市学生群体中处于优秀水平的客观事实，再给予学生合理的期待，有针对性地进行引导，必将看到学生的进步，收获更多的成就感。正如化学组刘老师在"教学论坛"中所说："每个学生都有自己的优势智能，有自己的学习风格和方法，只有各具智力特点、学习潜质和发展方向的可造就的人才。"既然每个学生都有优势，这种对学生的高期望也带来教师对自己的高期望。我们看待学生时应该时刻清醒地认识到，每个学生都具有不同的智能特质和程度，问题不再是一个学生有多聪

明，而是一个学生在哪些方面聪明。

（二）教学速度不是最重要的

课堂教学是培养学生的主渠道。切实关注学生，就必须注重课堂教学的实效性。平行班教学，要在课前准备的教学设计上下功夫，用丰富的、有吸引力的、重点突出的教学设计吸引学生注意，使之参与到课堂的思考和活动中来，努力让80％的学生理解掌握课堂所学的80％以上。例如，英语组就提出平行班教学设计的四项原则：选择内容（重视课内，突出核心），设置难度（划分梯度，兼顾两头），培养恒心（明确目标，量化过程），促进参与（丰富形式，美化评价）。这对于平行班的英语教学是十分适宜的。平行班的教学更要注重落实，不仅是课下的答疑辅导，课堂上更要"留白"，给学生总结反思、训练迁移的时间。实验班学生接受能力强，自学能力高，"满堂灌""抢进度"尚且不可，相比之下，对于平行班就更要注重效果，不能把速度放在第一位。

（三）多方位关注学生需要

良好的教学效果是多层面、多方位的教育之间合力而成的，因为学生的需要是有层次和类别之分的，忽略任何一个类别都可能会影响到学生的学习效果。因此，我校在学生需要的满足上是多方动员、联合行动。首先是培养良好的听课习惯，许多教研组提出了具体的有针对性的培养办法，如数学组就提出"告知学习目标""具体细化指导""注重课堂留白"等策略，学生反响良好。其次是关注学生的心理，及时而真诚的鼓励和肯定，能让学生产生更加浓厚的学习兴趣、树立更强的自信。生涯规划和理想教育，能让学生产生更强劲的学习动力，增强克服困难、承受挫折的意志品质。心平气和地对待每一位学生，包容和善待每一位学生，能让学生感受到教师的人格魅力和集体的温暖，构建平等、和谐的师生关系。这些，都是培养过程中不可或缺的。

语文学科的因材施教

因材施教始终是教学过程中颠扑不破的真理。语文学科毕竟是母语教学，孩子们在学习中有共性，然而个性差异更明显，所以我们应该充分重视学生个体差异，根据教育对象的具体情况，将教育大方法转化为有效的教育小战术，这才是教育内涵的真要。我们要尊重学生个性、尊重学生成长规律，在具体教育活动中，顺应其个性规律。这其实就是具体情况具体对待，如我们可以鼓励一些学生针对自己的情况制订符合自己的学习计划，教师也可以针对他们布置个性化的作业等。

2012届刚刚毕业的一位学生 M，语文的基础非常好，但是升入高中后，当数理化的压力沉甸甸加在肩膀上时，她开始一步步后退，将更多的时间停留在题海之中，面对这样的孩子，我们需要的是帮助她重新找到学习语文的乐趣，找回曾经的自信，于是在一次次沟通交流中，我和她重新制订了学习计划，慢慢地，她又回到自己的阅读世界，开始了语文的思考和感悟。有一段时间，她几乎周周会有练笔文章，然后我们俩单独分析，之后她继续笔耕，当139分的高考成绩出来后，我们俩都倍感欣慰。

至于 Z，她和 M 的特点完全不一样，这是个极有灵感的孩子，她的大脑总在不停运转，总是让自己陷入思想的河流中。于是，我总会给她有一些额外的任务，或者是一篇文章，或者是一个问题。如我们所写的西城区一模作文。

【作文题目】阅读下面的文字，按要求作文。

有这样一句电影台词："你如果不出去走走，就会以为这里是全世界。"

你是否认同这句话中的观念？它引发了你怎样的思考？请写一篇文章表达自己的认识和感悟。

要求：立意自定；标题自拟；不少于800字；除诗歌外，文体不限。

Z 在考场上写了《一星如月看多时》，主旨是"不必过多地行走，内心沉静广博，自然于细小中看见大千，于星空中望见永恒"，获得了55分的高分。但是，考完后她和我聊，说这是自己当时的第一反应，并没有过多思考，后来又觉得出去走走未必不好，所以我就又要求她再写一篇，谈谈自己关于走出去的想法，于是她在原来的作文基础上又来了一次头脑风暴，新写了《风物长宜放眼量》，这是针对她的特点独有的作业，却也能更大的激发她的能量。

【附：Z同学两次作文】

［首次作文］

一星如月看多时

范仲淹给陆文通作墓志铭时，以"汗牛充栋"形容其读书之多，然陆文通何许人也？查而不得其详。想来"读万卷书"也不过如此，未能消化便全是无用之物。"行万里路"又何尝不是呢？世界之大，出去走走也大抵是走马观花，而心所能包容的却远比眼所能见的广博。人生的意义本就不在于所视的广度或所走的长度，而在于心的宽度。

而心的宽度是不拘于外的，纵使终生居于寸土之地，纵使身陷困顿不能成行，我们也能用心感悟出一个眼力所不能及的世界。

柯尼斯堡，18世纪普鲁士的一个小城镇，见证了康德的一生。他终生未曾离开这小镇一步，并未有过"出去看看"的想法，却有着常人难以达到的远见卓识。没有旅人的匆匆，没有过客的纷扰，没有纷繁的景致来干扰他的判断。海涅说，康德是没有什么生平可言的。的确，他只有脚下一片故土，头上一片星空，他的足迹从没踏出小小的城镇，他的脚印却遍布了这苍茫的人间。

你用来收拾背包的时间，他用来完成了著作的一章；你在火车上无聊地看着窗外，他已在仰望星空中得到智慧的启迪；你疲于奔走，乏力之际，他正在悠闲的散步里整理思绪……也许他的一生是单调的，可就是在这单调里他创造出震惊世界的热闹。

如今这个时代，我们想要"单调"一些实属不易。便捷的交通提供了无限可能，若不与异国他乡亲密接触一番，好像成了罪过。频繁的出游，奔走，我们美其名曰"开阔眼界"，到底不过是填补一己之空虚。我们读何秉棣的留学日记，所书不过"努力学习，争当第一"耳耳。再反省自身，走过了那么多的地方，又是否真有所收获，又是否摒弃了以自我为中心的狭小世界，容下了这有情有义的星球？

爱默生素来反对旅行，原因也正在于此。心有戚戚，心生怵惕，岂是外物所能改化。沃然有得，笑悯万古，又岂是时空所能限制？

康德爱星空，清人黄仲则亦有诗云：一星如月看多时。想象一下吧，遥望天际，一星如月，省察自身，感叹万分。不必过多地行走，内心沉静广博，自然于细小中看见大千，于星空中望见永恒，自然拥有目不能及的广阔世界。

［二次作文］

风物长宜放眼量

范仲淹为陆文通作墓志铭，以"汗牛充栋"形容其读书之多。然陆文通何许人也，查而不得其详。想来"读万卷书"亦不过如此，自顾自埋首于书堆之中，便自以为拥有了整个世界，最终一无所成。殊不知古谚早已有云：读万卷书，莫如行万里路。出去走走，始知这书本是书，书本也不是书，这世道是书，万事万物无一不是书。

提及行万里路，恐怕我们首先想到的是如徐霞客一般"驰骛数万里，踯躅三十年"的行客们。大好河山尽收眼底，抑郁之气一扫而光，自然下笔便有万丈波澜。这样的例子固然令人心驰神往，却也是常人难以企及的。我们所谓出去走走，看看这世界，倒也不必是真的背起行囊去远处，要的是能够跳出自己狭隘的小圈子，去接纳一个更为广阔的世界。"风物长宜放眼量"，有了这种胸怀，走到哪便都不重要了，在昆明湖也能品出些富春江的感觉。

可惜却是，走出自己的封闭世界，在我们的文化中也是实在难得的。三百年前自诩天朝上国，闭关自守，外邦风物在统治者看来全是草莽，自己所安的一隅之地便是整个世界——而且是最好的世界。结果是现实给了我们一计当头棒喝，历史送了我们一副"对联式的悲歌"。往事不堪回首，而今人又有多少哀之又能鉴之。冯骥才感叹，世界上每个博物馆都有中国的文物，而中国的博物馆里只有中国的文物。我们置身其中，看来看去看的还是自己，并看出了不少得意和自豪。视野中只有自己，又怎么能知道世界的多姿多彩。

这种封闭的文化心理，甚至对个人生活也产生着深刻影响。生活的镜头永远以自我为焦点，拍下的全是个人喜怒哀乐的大特写。这样若是快乐的时候还好，独乐乐也算是一种福气；可若是遇上不顺，便糟糕了，伤春悲秋无可转移，天昏地暗也难以排遣，纵有读书万卷，也难免像长吉英年早逝，义山抑郁而终。要是能把这镜头对向大千世界，别让眼前只有一己欢戚，在山穷水尽时都能走出柳暗花明来。李白、李贺、李商隐并称"三李"，二李终生寡欢，可是三李中的另一李——李太白——却能自得逍遥。仕途不见得比他们顺利，人生不见得比他们如意，可是眼界够宽，胸怀够广，看万事不过浮云苍狗：我的小世界崩塌了，还有一个更美的世界等我去畅游呢。

对蜩与学鸠而言，榆枋之下是他们的整个世界，实在可悲。视野局限于此，反而嘲笑鹏鸟的志向，可悲而不自知，更为可悲。如今是一个空前开放和交融的时代，上九天通四海早已不是什么难事，再如蜩、鸠固守于自己的枝头，可悲又甚于蜩、鸠了。

封闭的心态是可以转变的，这个时代无疑为每个人提供了最好的契机。只要愿意敞开心扉，出去看看，每个人都能拥有一个崭新的世界。

第四节　教学模式调动学生需要

课堂教学是最直接、最集中和最真切地表现教育主体价值和意义追求的教学组织和展开形式，理想的教学应从激发并满足学生的需要出发，围绕学生合理的需要来开展。

一、"双主体-互动式"教学成就学生需要

我校主张"双主体-互动式"的教学模式，强调教学过程是教师的教和导，学生的学和习，师生充分交流互动的完整教学过程，是充分发挥教师和学生两个主体作用的过程。教师的"教"主要是传授知识和帮助判别是非，教师的"导"主要是指方向上的引导和方法上的指导；学生的"学"主要是指主动获取知识和探寻获取知识的方法，学生的"习"主要是指知识应用的实践和探究解决问题方法的实践。通过教、导、学、习，师生互动，最终使学生在原有认知结构的基础上，经过同化和顺应得以整合，形成新的知识结构。图6.2为我校为促进学生自主性学习而探索

出来的教学组织模式，可以看出该模式围绕着学生的自主需要和自主发展在客观环境、主观动力、教师引导等方面都已经形成了相对成熟的机制和策略。在这样一种教学模式之下，学生的需要便会在如此宽容以及极富激励性和支持性的环境下被激发出来，并得到相应的满足。

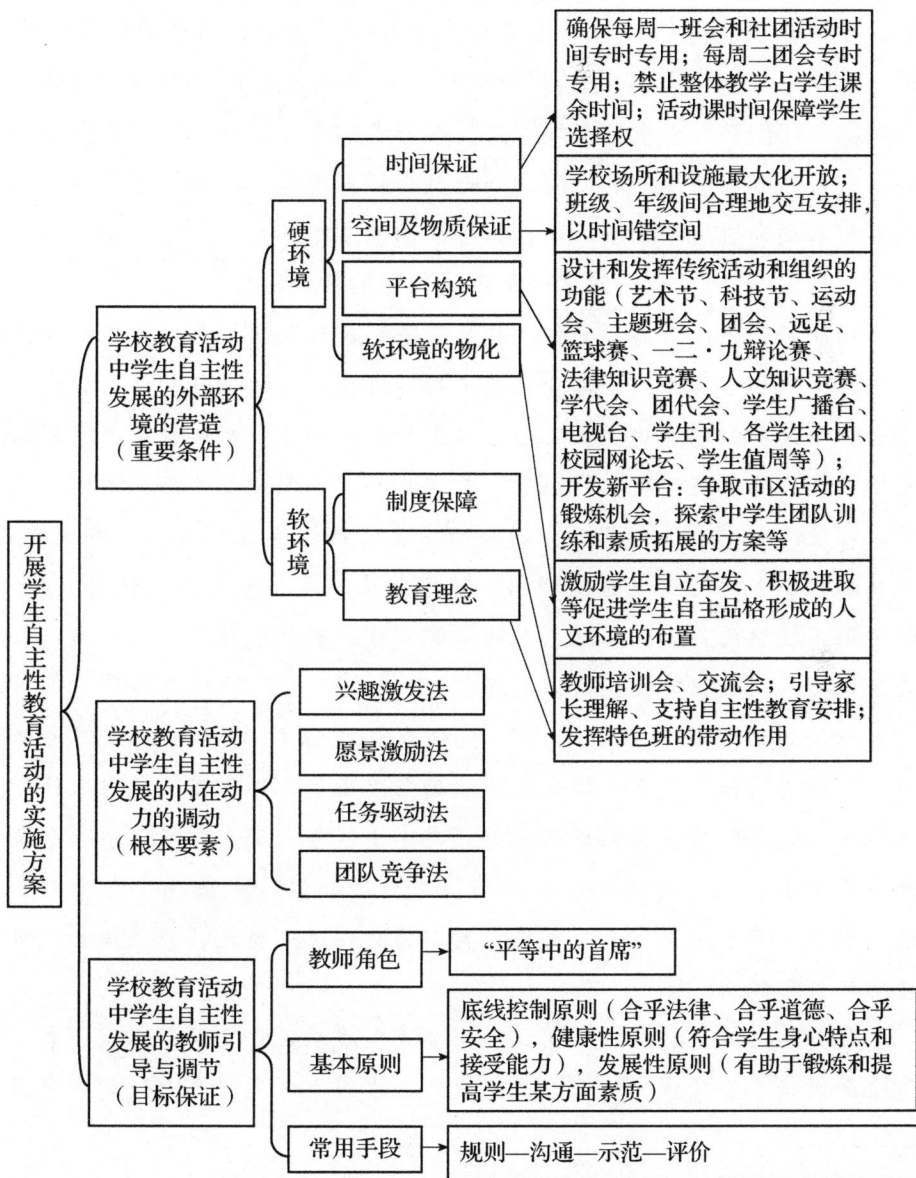

图 6.2 学生自主性教育活动实施方案

二、学习做自我教育的主体

鲁洁教授早在 20 世纪 80 年代初期就提出过主体性教育思想，她认为，人是自己创造自己的，在人自身的发展中，它既是发展的主体，又是促进这种发展的客体。她的主体性教育思想并没有停留在"教育是主体，要培养学生的主体性"等教育的宏观层面，而是深入到具体的教育教学活动中，她认为："受教育者的最大特点就是他是作为一个主体而存在的。任何教育要求都必须通过受教育者的主体活动，同化为他自身的要求，才能促使他们的发展。"她强调受教育者（学生）是作为主体参与到教育活动和过程中来的，这是教育活动的基本特点。[①]

给学生一个练习沟通的舞台

互联网时代，微博、微信、转帖、跟帖、人人网、豆瓣等已经成为学生生活中相当重要的一部分。匿名的网络为肤浅的批判和评论提供了平台，导致人人都喜欢说上几句，评上几句。网络社会这种人人参评的思维模式已经跨越到现实社会中，对学生而言，他们喜欢品评而不会倾听，往往没有耐心听完或听全别人的发言，就轻率地打断别人的发言，或在别人发言的过程中随意评判，随意交流，发表不太负责任的言论，这是很不礼貌的行为，是对别人的不够尊重。长此以往，在学生走入社会后，与人交往中会出现诸多问题。

意识到这种现象及其后果，我校在语文课前实施了一项固定活动——课前讲话。每个教师会从不同的角度出发，选取不同的内容让学生练习，旨在锻炼学生的说话能力。对于讲话者来说，它提供了一个表现自己的机会，既展现了学生学识、眼界的积累，也锻炼了思维与表达。对于听讲者来说，意义也很重大，因为倾听是现代社会一项非常重要的品行和能力。

教师在活动前会给全体同学提出要求：在别人发言时，要注视着发言者的眼睛，专注地倾听发言者的内容，在观点不同时要允许发言者讲

---

① 张应强. 建构以人为本的教育学理论——鲁洁教授教学思想之解读. 高等教育研究，2010(3)：20—25.

完，再发表自己的看法，不能随意打断别人的讲话。同学发言后，要对他付出的努力给予充分的肯定，要学会欣赏别人，学会为他人的成功喝彩。这些话说起来容易，其实落实起来并不简单，开始时，有些同学真的做不到，这时，教师要做的不是简单的提醒，而是郑重地讲评，不厌其烦地重申学会倾听的重要性，使学生从内心深处意识到学会倾听是一种品质，一种修养。教师在这项活动中的使命在于：基于对学生的了解，教师从学生的发言中把握学生对本此发言态度是否认真，准备是否充分；发现能力差的学生发言中的闪光点，并及时给予鼓励，以增强学生的信心；对发言中暴露出的个别学生哗众取宠以及不严肃、不负责任的态度也要尖锐但技巧地提出批评，以期树立正确的舆论导向。另外对于一些有不同意见的看法，还可以引导学生展开讨论，课上时间有限，可以利用周记进行交流。

客观地说，这是一个很小的教育举动，但却闪耀着非凡的教育智慧。它首先体现的是我校教师对学生需要的客观认知和有为引导，这背后是对学生主体性的理智的尊重。其次它展示了我校对学生自我教育的价值和重要性的实践体认。可以想见，短短的课前讲话也是需要学生去认真地明确自己的兴趣所在、查找资料、组织汇报以及报告演示的，这是以任务驱动的方式推动着学生的自我成长。最后它让普遍化的、概念化的主体性教育落到了特殊的、具体化的教育活动之上，通过学生的行动和教师的引导得以落实。

第七章

教师成长比翼课程改革

英国著名课程研究专家斯腾豪斯(L. Stenhouse)认为，"课程改革是人的改革"，"课程发展是人的发展"，"没有教师的发展就没有课程的发展"。[①] 教师作为课程改革和建设的具体实践者，在教育中发挥着至关重要的作用，没有教师在理论与实践、科研与教学过程中的不断成长，课程改革无从谈起。

自新课程改革以来，我校一直把教师的专业发展作为教育的重要价值取向之一，着力打造一支高素质、专业化、有特色、创新型的教师队伍，不断为教师搭建平台，使其专业知识、专业技能、专业情意等方面都得要提升，为学生发展、课程和教学改革质量提供了有力地保障。

第一节　教师探索应答课程改革

众所周知，教师的专业知识并不是教学质量高下唯一的保证条件，教师在不断变化的教育教学实践中积累和发展的专业技能，对教育教学的成败具有最直接的影响。换句话说，教师的专业技能不是仅靠学习专业学科知识和教育科学知识就可以生成的，也不能仅靠教学经验的积累，而是需要在具体的教育教学实践中投入大量的精力进行研究与探索，需要敏锐地洞察、深入地分析解决教育、教学情景中的问题，形成改进教育教学实践的方案和措施，并将成果迁移推广到实践中。

自 2004 年曹保义校长提出有效教学理念起，我校在教学中全面开展"有效教学"的研究和实践，以此推动教学的改革，至今这一理念已经成为学校教学工作的指导思想和工作核心。我校有效教学理念的策略和方式主要体现以下四点：教学要满足学生的需求；教学要因材施教，循序渐进；提倡教学的适应性；教学活动要重视教学反馈。在五年来的教学实践与课程改革中，我校一直围绕这四个核心，探索有效教学的实施策略，进而推动有效教学的落实。

---

① 许文芳. 以校为本的教师专业发展认识、举措和成效. 教育导刊，2006(1)：56—57.

一、营造教师自主探索环境

在一节余华小说阅读课上，李老师引导学生在自学文本基础上质疑提问，并对问题进行筛选、归类、分析，在修正问题表述的同时修正思想，聚焦含有语文学科价值的核心问题，进而建立联系，有助于学生整合素材、明确研究领域和方向，确定研究主题，探究研究方法。在这里，课堂上的"问题"由传统意义上"教师预设的教学手段"，变成了"学生质疑的载体""生成性的教学资源"和"师生对话的媒介"。学生或通过细读文本，或向课外延伸，给出了丰富多彩并且高质量的答案，课堂教学的效率更是有目共睹：四部长篇、六册中短篇、两本随笔，一节课四十余问题，每人一篇专题研究论文。不仅知识信息量充足，思维能力与表达水平更是得到了大幅度提升，课堂教学堪称高效。

相比于当下语文课堂上高投入、低效能、形式和内容联系松散、缺乏系统性等弊端，李老师的教学显然是对语文教学改革的有效尝试。借助对大量阅读内容的有机整合以及富有启发性的师生对话与提问，有计划、有目的地让学生生疑、质疑、解疑，触及学生的思维层次，引导学生进行有质量的思维活动。

在我校，主动探索日常教学、总也"玩不厌"的远不止李老师一人。

在高二年级"轨迹方程"学习单元中，数学组的教师们从学生的不同基础以及需求出发，研究并实施了各有特色的教学设计：在理科实验班，考虑到学生对于求动点的轨迹方程问题并不陌生，直接法、定义法、相关点法、参数法等基本方法均已掌握，所以教师给学生充分的时间来自己提出问题，并运用几何画板解决所提出的问题，进而主动整理以往的零散的知识碎片，最后上升到让学生参与编题的探索。而对文科实验班的学生来说，尽管已经掌握了求动点轨迹方程的常用基本方法，但仍旧需要在原有基础上进一步综合、深化和提高。与此同时，考虑到解析几何的特点是用代数方法研究几何问题，涉及代数、几何、三角等各种数学知识，解题的着眼点不同，方法也会有所不同，一题多解的情况比较普遍。所以，教师设计通过多方位、多角度探索，寻求不同的解题途径，对不同思路进行比较辨析，总结解题规律，选择最佳解题方法，以利于学生实现思想方法上的迁移。

我校借助目标引领，采取符合人才培养规律的策略，注重在实践活动中培养人，用项目和任务培养人，用专题和研究培养人。每个人都有自己的实现方式，都有自己的选择，要做到曹校长所说的"让他干"，就要信任教师，尊重教师自己的选择，鼓励所有教师大胆实践，营造自主探索的环境与氛围。

首先，我校在各级组织职能上强化学习职能，创设多种学习交流平台，如《求索》《教研简报》《三色帆》三种学校刊物和教学、教育论坛等，有效传播和推广教师们的科研成果。

其次，建立了相关的奖励制度促进教师提高，如"教育科研奖励制度""教师教学、辅导学生、发表文章奖励制度""教师脱产、半脱产进修制度"，对教师进修、交流、科研等活动中提供物质、资金支持。

由此我们看到，我校上上下下围绕着日常教学而展开的一系列积极自主的探索活动，既促成了学校多样化课程的发展与成熟，更成为教师专业成长的重要途径。在数学组，为了推进学校的人文教育，教师们主动承担了一项任务，为学生编写数学课外读物，开阔学生视野，使学生对于数学的过去、现在、将来有更全面地认识。通过书目的编写，同时也促进了数学组所有教师的再学习。在历史组，为了开展有针对性的教学，入职仅一年的周老师主动请缨编纂历史读本，激发普通班学生对于历史学科的兴趣，同时渗透历史文献研究等方法。教师们致力于真实问题，寻求答案和改进措施，他们研究的课题来自实践，无一不是为了教育改革的需要，注重延续性和实效性，因此，研究的过程和研究的结果必然直接推动学校的教育改革，进而实现自身的快速成长。

为了开拓学生视野，增强他们对于金融等社科类科目的学习兴趣与积极性，地理组的孟老师翻出自己近三十年的股海生涯日记，在第八节选修课上为孩子们开设了"股海沉浮"：

"炒股不是赌博，股票操作的方法和技巧是否可以通过系统的学习和训练得到？我没有十足的把握。但有一点可以肯定，几乎没有人仅仅依靠天才的灵感和直觉在股市中长期获利。偶尔我们会听说，某人什么专业知识都没有，大赚了一笔，但几年之后，他基本上会把盈利还给市场。更糟糕的是，第一次轻松的获利会使他盲目乐观，轻率交易，其后果恐怕就不是退回盈利那么简单了。

"就我个人的经验教训而言，良好的策略比一两次莫名其妙的暴利要可靠得多，我们需要的是高成功率的可以重复的获利操作，也就是人们常说的，授人以鱼不如授人以渔。换句话说，我们必须具备和运用这种良好策略所具备的所有基础知识，必须克服许多阻碍我们执行策略的心理障碍。不要羡慕别人骑上了黑马，只要你通过学习掌握了足够的知识并终于找到了良好的策略，只要你的人生修养让你能够从容地面对所有的风风雨雨，那么你就是那匹最大的黑马！"

要积极备战，"必须知己知彼，不打无准备之仗。准备越充分，获利的概率越大。准备工作必须从读、看、练三方面入手。多读相关书刊，多看、多查、多分析、多思考，勤训练"。

要建立心态，"最大的敌人是自己。心态不平衡往往给自己做成毁灭性打击。输掉资金可以卷土重来，如果输掉信心将会被市场彻底击垮"。

要严明纪律，"战胜市场，首先战胜自己，就必须有严格的操作纪律来约束自己的思想和行为，并始终如一地坚持下去"。

······

不难看出，孟老师将个人爱好与特长施以教育的眼光和处理，不仅满足了孩子们的多样需求，教师本人的专业境界亦得以提升。

现如今，我校几乎每一个教师都参与了不同的课题，结合他们各自的课堂教学开展研究。毋庸讳言，用科研的办法切实解决教师们面临的实际问题，在学校实践中总是说来容易做起来难。由于教学实践本身具有的强烈的过程性和动态性，教师在千差万别的教学现场中的教学实践行为，如果单单借助课题或是专家的力量，显然是没有生命活力的，有些教师也正是因为这个原因对科研萌生了无用和失望之感。更有甚者，有些学校不是出于真心研究的目的，仅仅为了荣誉、为了经费而科研，这些现象都加剧了一线教师对于科研的反感情绪。相比之下，我校脚踏实地从实际情况出发，引导教师关注自己的教学实践，为教师自主探索研究提供充足的空间，切实改进教育教学行为，促进专业成长，效果显著，经验更是弥足珍贵。

二、创设多样化教学实践平台

学校开展丰富多彩的教学实践活动，组织教师参与完成各级研究课、公开课，使教师在准备、研究、授课、总结、反思等诸多环节落实有效教学。近几年，围绕落实学校有效教学理念，先后组织了多次教学实践活动。

(1)以"充分利用课堂40分钟，体现有效教学理念"为主题的学科带头人示范课研究：展示青年教师"教学基本功"为主题，通过说课、备课、授课、评课四个步骤，重点考察青年教师在课堂教学设计、教学难度与密度、把握课堂教学能力以及教学语言和板书四个方面的基本能力。

(2)"关注学生的能力与发展、研究课堂教学的有效策略"为主题的多元智能研究课。

(3)"有效复习在课堂教学中的实施"为主题的高三复习教学研究课。

(4)"探讨分层教学的模式和特点以及在分层教学过程中如何更好地突出教学有效性"为主题的分层教学研究课。

(5)"落实有效教学，加强课堂教学基本功训练"为主题的青年教师公开课。

(6)"常态课评比"为主题的青年教师公开课。

为教师创设实践平台，有力地推动了我校以有效教学理念为核心的教学研究活动，强化了理论对教学实践的指导，激发了全体教师关注教学、研究教学、探索理论实践的积极性和热情，促进了教师教学能力和教学水平的提高，使有效教学得以落实。

三、尝试多渠道教学反馈交流

美国心理学家加涅认为："学习的每一个动作，如果要完成，就需要反馈，反馈是学生学习的重要条件。"学生的学习行为是否向预期目标发展，就需要反馈调节。我校提倡课堂教学节节有反馈，提倡教师及时批改作业和进行阶段测验，根据批改情况和存在问题，调整教学内容和方法，不使问题积累起来；提倡教师掌握学生的学习"病历"，以便分析学生的学习动态，有的放矢地进行辅导。

　　除了学生的学习行为需要反馈调节，同样，教师的教学行为想要不断提升发展也需要相应的反馈调节。因此，我校从学校层面统一为教师的课堂教学提供有针对性的反馈，帮助教师及时修正、调整和改进教学工作，激发教师的教学积极性、创造性。在 2004 年工作会后，我校开始尝试对教师课堂教学常规进行全面的调查和反馈，至今已经进行了11 次课堂教学反馈。每次反馈，教学处给每位教师打印反馈信息并装入信封，一对一地交给本人；将全校各班反馈数据的最高值和平均值上网公布，教师可以对应比较；之后，组织教研组长与校领导、教学干部进行交流，根据学生反馈情况与组长沟通，针对每位教师的教学情况进行分析交流，提出改进意见，使反馈更具有效性和针对性。

　　在具体做法上，二附中的教学反馈有以下表现：提倡一节课留几分钟给学生答疑或进行小练习、小测试，实施"课堂达标"考查；提倡教师及时批改学生作业和阶段测验，然后根据批改情况和存在问题，调整教学内容和方法，不使问题积累起来；提倡教师掌握学生的学习"病例"，以便分析学习动态，有的放矢地指导；提倡教师制定教学目标要尽可能明确和具体，以便于测量和落实。

　　多渠道的教学反馈交流带来的是教学质量的提升，我校把多次反馈统计数据进行了纵向比较，发现各项数据都有不同程度的稳步提升。这个数据说明每位教师对反馈是很关注的，是在不断改进和完善自己教学的，这样的教学反馈是成功的，多渠道的反馈交流是有效的，实现了有效教学理念提出的教学要注重反馈。

四、实施多需求分层教学方式

　　习以为常的学科教学，看起来无甚高妙，凭经验简单地重复进行即可，然而，一旦与不同的班级和学生联系起来，和因时因地变化的情境与问题结合起来，便焕发出无穷的魅力，吸引人们不断地尝试和挑战，而不再是一般意义上地完成工作，伴随而来的，自然是教师永不枯竭的专业发展。教学要满足学生认知的需求，学生认知是有差异的，因此我们提出教学要做到目标分层、策略分层、任务分层和指导分层。

对于大多数学生，抓好课堂教学，这是提高教学质量最重要的阵地。对于优秀的和基础薄弱的学生，通过学校指导中心给每位学生配的导师，进行个性化辅导，对优秀的学生实行任务与引导相结合的方式，对基础薄弱的学生实行边讲边练和个别答疑的方式。

教师们不断钻研，对国家颁布的课程标准和审定教材在学校实施层面进行校本化处理，使其更具适切性，进一步提高教育教学的质量和效益。在对教学设计与教学实践不断进行调整和改进的过程中，教师们越来越深刻地认识教学规律，越来越游刃有余地运用教学规律，而不是矫揉造作的刻意打造或是进行仅供别人欣赏的所谓研究。应该说，这样一种整合与调适的模式对于改善学校教育教学具有现实意义，更是教师实践自主、自为课程改进与发展的重要策略。由此，学校也日益成为一个不断改革，促进其成员持续发展的组织，充满了生机与活力。

在一次化学课上，孟老师巧妙运用"一位电工因为手出汗导致触电的意外发生"的新闻让学生思考"为什么水很难导电但是汗水却容易导电"。提出的问题有启发有趣味，贴近学生，激发求知欲，促进学生思维活动的积极开展。在实际教学过程中，甚至有学生能够主动设计出探究实验来验证自己的猜想："是水导电？还是食盐固体？还是食盐溶于水后产生的带电粒子？"众所周知，最稳定持久的学习动机必然来自学生内在的需求，而一个符合学生学习特点与兴趣的关键问题，可以最大限度地满足学生的情感需求与认知需求，由此，学生进入良好的思维情景中，积极参与问题解决，教学活动更具针对性和实效性，学生的升学需求同时得到了满足。

从2004年至今部分学科针对不同届学生的情况，实施分层教学，因材施教。实践证明，分层教学使我校的教学更具针对性和有效性，是提高教学质量的有效途径。以2010届高三为例，进入新课程以来，通过教师会上所反映的本届学生特点，在部分班级实施了数学和英语两个学科的分层教学。分层教学给了不同层次的学生适当的教学密度和信息量，最大限度体现了因材施教的原则。

第二节　团队合作共进课程改革

生物学的研究表明，复杂性状来源于多个基因以及基因与环境之间的相互作用，甚至一个简单的双眼皮的性状都需要 140 多个基因协同才能表达。从这个意义上，原始而无情的达尔文竞争论以及由此所推导出的单一化的"适者生存"理念，显然应该被一种更好的视角取代，那就是合作。这种合作给有机体带来了一种多重保护，使个人免受有害突变和过于苛刻的自然选择的威胁。

相似的道理，教师个人必然势单力薄，既有这样或那样的优势，更有这样或那样的劣势，与此同时，现实当中存在诸多单靠专业知识解决不了的问题，单靠个人力量解决不了的问题。然而长期以来，在教师个人发展的规划与评价中，我们过于强调平均使用力量，往往要求教师在教育、教学、科研等诸多领域面面俱到。由于重点突破不够，教师很难形成自己的特色，发挥自己真正所长。从这个意义上，我校的团队合作可以集中力量发挥优势，尊重每一位教师的个人成长规律和发展差异，鼓励教师根据自己的特长，寻求不同方面、不同层次、不同角度、不同范围的发展。这样一种合作的氛围，让我校教师队伍迅速融合并发挥各自所长，成就团队的巨大合力。

一、建设学习型教师团队

长久以来的研究表明，教师不仅要进行独立的探究，更要与其他教师进行合作、交流，共同寻求更好的理解，并从中获得支持。事实上，教师专业化发展水平的重要标志之一，是能与同事一起，分享对日常工作中问题的共识。在一个由不同性情、经验、才能和观点构成的教师团体中，他们可以通过互相质疑、脑力激荡等方法，充分调动每个人的思维，从而激发出新的火花，创生出新的思想。在这样氛围之下，教师的专业成长不再是一种自发、孤立的研习，而是在共同讨论与研究中的共同成长与提高。

在我校，各个学科几乎都有自己的特级教师，有的甚至不止一位，各级各类骨干、学科带头人更是不胜枚举。然而处"江湖之中"，我们很少看到哪路英雄"独孤求败"，相反，活跃的从来都是团队的身影。走进备课组、教研组，置身班主任与学科教师之间，或专门或随机的研讨、交流极为常见。

在数学组，从1998年开始，教师们便利用教研活动时间开设系列讲座，分10个专题，对高中数学教材逐章进行分析。青年教师则发挥他们的优势，开设计算机操作的讲座，在相互学习实现优势互补。在生物组，韩老师回忆自己初入职的情形："大家合作意识比较强，压力都分担了。我第一次带高三，甭管遇到什么问题，高二老师都会帮忙。第一次当班主任，不知道在家长会上说些什么，老教师就会把自己的课件都发来。大家都是这样相互支持的。"

在第四届全国实验区高中化学研讨课活动中，化学组的孙老师和孟老师各自呈现了"金属及其化合物单元复习"和"元素化合物复习课——对实验习题的研究"两节展示课，获得与会专家与教师的一致好评。仅以孟老师的课为例，在区教研员和学校化学组的帮助下，他不厌其烦，改了整整五稿。我们看到，在一次次的课例研究中，为了让学生更有收获，使教师和学生的活动更有实效性，大家团结协作，反复琢磨每一个环节，准确定位每一个问题，从而真正促进教师的专业成长。

我校的做法让教师们在长期的共同探索过程中，形成一种独特的"研究氛围"，大家及时发现自己工作中的得失，不断反思，进而改变自己的教育实践行为。特别是随着学习型组织理念的提出和兴起，教师间的协调关系逐渐增强，沟通、交流、合作、互动也日益频繁，教师彼此之间的分享与学习日益加强。

二、搭建研究交流平台

在我校看来，每一个教师的不同特点，都是培养学生所需要的。教师们每一种不同的观点和做法，都有尝试的价值和意义。学校能为教师做的，就是提供多样化的研究交流平台，创设一种有利于教师成长的土壤，让每一位教师通过广泛的交流和协作，每个人都以不同的风格、方式展示自己对教学的看法，实施自己的教学理念，进行教学的个性化探索和创新。此外，这些不同风格、不同课堂氛围而产生的不同教学效果，让每位教师从中反思自己的课堂教学，实现卓有成效的专业提升。下面以"有效教学"的研究为例，简单介绍我校为教师所搭建的交流研讨平台。

（一）教学论坛活动

从 2004 年开始，学校利用每年岁末开展年度"教学论坛"，论坛围绕有效教学，一年一个主题。

表 7.1 北京师大二附中开展教学论坛的主题和发言举例

2007 论坛主题	课程建设与教师的专业发展
发言题目	国家课程校本化实践初探——数学组汪燕铭
	文科实验班"文化系列"拓展类校本选修课的设计、实施与反思——语文组陈立今
	"青年理财"活动类校本选修课的开设与教师专业发展——政治组李文燕
2008 论坛主题	新课程背景下的课堂教学
发言题目	新课程背景下课堂教学之三维目标——数学组王张平
	浅谈有效教学的问题优化设计——化学组孟茂
	探究课堂教学活动设计有效性——英语组张晋芳
	课堂教学中的教师角色——地理组徐镔镔
2009 论坛主题	新课程背景下的有效复习
发言题目	机遇与挑战——新课程背景下的高三数学有效复习——刘建吾
	新课程背景下高考政治复习策略的"扬弃"——李文燕
	把好高三化学复习的"脉"——谈新课程背景下高三化学复习的有效性——刘鹏辉

从这三年所开展的教学论坛主题可以看出，新课程的到来给了我校新的契机，学校和教师对有效教学的认识又有了进一步的提升，三年的主题层层递进，从第一年的理念研究，到第二年的课堂实践交流，再到

第三年的有效复习，初步形成了新课程背景下有效教学的实施策略。

(二)教研组交流活动

学校提倡教研组进行学习交流活动，不同学科教研组开展的学习交流活动是不同的，需要学校搭建在某个方面突出的教研组进行交流的平台，请该教研组的组长在我校的"教研组学习交流活动"中作主题发言，取长补短，比如：2009年4月的教研组学习交流活动中，语文组组长陈老师做了题为"学习型教研组的建设"发言，政治组王老师做了题为"教研组的读书交流活动"发言。学校积极开展教研组学习交流活动，目的是加强教研组自身建设，实现教研组"学习、管理、研究"的职能，让教研组成为教师交流、成长的重要平台。

(三)备课组交流活动

备课组是教学研究的基层单位。只有备课组集体备课和集体研究搞得扎实有效，才能取得理想的教学效果，曹校长在2008年备课组交流活动提出，备课组的研究活动要做到：有主讲，但无旁听；有组织，但无旁观；有专家，但无权威的备课组研究和学习活动，这样实现课堂教学的有效备课，才能实现有效教学。因此，有效教学的认识要渗透到备课组活动中，学校每年创设备课组交流活动平台，相互交流有效教学实施策略。2007—2009年，开展了如下的交流活动：

表7.2 备课组交流活动内容

2007年	集体协作，有效复习——07届高三理综备课组
	分享做法，共同进步——08届高二英语备课组
	前进中的高二物理备课组——08届高二物理备课组
2008年	让学生心中有数，让教师教有所得——08届高三语文备课组
	备课组研究活动的实效性——化学组各备课组集体智慧
	物理备课组的研究备课——08届高三物理备课组
2009年	创新与发展，师生共同进步——09届高三英语备课组
	团结合作，共同专研——09届高三历史备课组
	校本研究，奠定基础——09届高三物理备课组

（四）专家交流

除了校内教师之间的合作交流，我校还充分利用各种专家资源，开展交流学习活动。比如，我校派遣教师参加 icci（控制与信息国际会议）之后，给组内教师介绍会议精神，介绍以色列的英才教育和法国、英国的英才教育等。而且，学校发挥大学附中的优势，积极获得北京师范大学等高校的课程和学科专家的支持，并与上级主管部门、教科所、教研中心建立联系，形成自己的专业咨询和专家指导队伍，开展可持续的、有针对性的专家交流交往。

第三节　课改研究推动教师成长

新课改的核心理念是"一切为了每一位学生的发展"，要实现这一理念必须以教师的发展为本。可以说，新课程的实施，对教师来说既是一种机遇，更是一种严峻的挑战。作为新课程改革的主力，传统的教师角色已经无法适应新课程改革的需要，新课程要求教师重新定位自己的角色，由知识的传递者、灌输者转变为研究者，成为学生知识建构的促进者、教学内容的研究者、校本课程的开发者。"为了应对这种挑战，教师必须进行教育观念的更新、教育能力的提高与教育行为的转变，而这种更新、提高与转变就是教师的进步和发展。"[①]

一、在课程改革中促进教师专业发展

毋庸置疑，任何一所学校的发展，必然是每个教师个体成长历程的汇流，而一所学校最终的竞争力，也必然来自其储备的教师资源。称得上资源的，关键在于稀缺性，他人无法替代性。这意味着，一方面要尽力保护每一个独特于他人的个体，充分尊重他们各自的差异，以发挥其特长为要务；另一方面，培养有独立意志的个体，为他们提供空间。正

---

① 吴国平.新课程行动中的教师成长——教师专业成长的案例研究.上海：华东师范大学，2008.

如我们所看到的，宽容的文化氛围、允许多样性存在的节制以及有针对性的支持与帮助，鼓励着每一位教师以及不同的教师群体尽情地丰富和发展。

在我校，个性化的多元课程体系建设需要高素质、高专业水平、有特色、创新型的教师队伍，需要激发教师主动、自主和创造性的实践热情。接连不断的改革举措，丰富多彩的课程设置，在满足学生需要的同时，更催生了教师的成长，他们积极转变，主动定位，人人能胜任特色班的教学，人人需要开发特色班课程，在课程改革的推进过程中寻求自身的专业发展。

（一）直面挑战，提高教师专业能力

在我校课程改革过程中，不同特色的课程满足学生不同发展需求的同时，也挑战着任课教师的专业能力。不同于爱想爱算的"理实"学生和爱读爱写的"文实"学生，项目实验班的学生更倾向于工科方向，喜欢"做中学"。在2012级项目实验班学生的研究计划中，我们看到了诸多基于学科同时又超越传统学科分类的主题与内容：融合了物理与数学建模问题的"齿轮的增速传动与减速传动"，需要掌握力学基本知识以及三维机械设计软件应用的"桥梁模型设计与制作"，涉及化学能与电能转化的"金属腐蚀的本质与途径"，生物学与统计学相结合的"用液体培养基培养酵母菌并探究种群数量的动态变化"……

如此这些，除了需要物理、化学、生物、数学等诸多教师联手上阵，更需要教师们超越过去习惯的传统学科教学模式，或未雨绸缪，更多的是"现学现卖"，以任务为导向，兵来将挡水来土掩。项目组牵头人相老师就曾由衷感叹说："在二附中，老师总是不断地面对新挑战，尤其这几年，各种特选课程，不同教学方式，每一位老师必须能独当一面，否则很难站住讲台，甚至都没有你能教的课。"

（二）优化课程，提升教师研究能力

在新课改的研究过程中，教师不断钻研，对国家颁布的课程标准和审定教材在学校实施层面进行校本化处理，使其更具适切性，进一步提高教育教学的质量和效益。在对教学设计与教学实践不断进行调整和改进的过程中，教师们越来越深刻地认识教学规律，越来越游刃有余地运用教学规律，而不是矫揉造作的刻意打造或是进行仅供别人欣赏的所谓研究。应该说，这样一种整合与调适的模式对于改善学校教育教学具有现实意义，更是教师实践自主、自为课程改进与发展的重要策略。

比如，在社科班，教师们为了优化教材内容，实现各学科互补的综合知识建构，同时借助方式变换激发学生学习兴趣，提高文科学习质量，提出开设双语鉴赏课程，尝试中英文联合教学。两位教师精心设计，从语文、英语选修教材中挑选出外国文学鉴赏专题，将两学科的交叉部分适当进行整合与优化，既节约了课时，提高了教学效率，同时更为有效地落实了两学科的课标要求。全新的授课方式，多样的课堂形式，如小组探究、翻译、朗诵、电影对照、表演等，更好地激起学生对两个学科的兴趣。通过英语原文赏析，学生可以提升英语语言能力，通过中英的对比，更有利于他们把握住语言学习的共同性规律；在品味语言的同时通过语文教师的引导，学生能够更深刻的理解作品的文学内涵和艺术特色，从而增强阅读感悟力。借用奚老师的说法："外国文学作品在语文课上用的都是中译本，丢失了原语言的意境，使得品味语言有所削弱，二者联合，可以有效解决这一问题，不仅语言得以还原，用中文进行探讨还可以加深对作品内涵的思考。"

长久以来，人们普遍意识到，教师的专业成长是一个终身学习的过程，是一个不断解决问题的过程。正是在新的挑战与问题面前，教师不断深化对于所教学科的价值、认知、审美等方面的理解与把握，提炼升华专业理想、精神、伦理情感以及社会责任感，教育理论思维与教育实践能力不断成熟，形成教育智慧。与此同时，课程变革在本质上也就是教师的变革，没有教师自身的主动适应与变化发展，没有更高水平、更高素质教师的积极参与，无论怎样的课程改革都不可能有效实施和获得成功。学校发展的主体力量是教师，在我校，课程改革俨然已把教师摆到了显著位置，教师的自我发展与学校的使命有机联系，教师们从学校和学生的实际出发，参与课程设计与实施，规划专业发展与教研活动，把专业成长巧妙地渗透到日常的课程实施与教育教学情景之中，更具活

力与效率，目的与手段适切而鲜明，走出了一条实现教师专业成长的有
效途径。

二、在闲暇生活中实现教师自我完善

长期以来，许多教师抱怨工作烦琐，生活单调，没有自己的闲暇时
间。起床、赴校、备课、上课、下课、批改作业、放学、回家、家务、
睡觉，一天满满的，被各种人、事占满。事实上，教师工作负荷过重、
缺乏闲暇时间以及由此而导致的职业倦怠和焦虑已经为诸多实证研究所
证实，即所谓的教师职业"无产阶级化"现象。

由于教师教育的普及、教师职业竞争的加剧、教育技术的革新和推
广等因素的影响，教师职业成为竞争潮流中的脆弱群体，面临着由技术
性劳动力贬低为普通劳动力的威胁。按照许多学者的分析，这种脆弱性
除了表现为失业威胁、减少工资、提升训练成本、减低工作自主性、强
化劳动纪律和教育职业工序化等形式外，一个典型的表现就是增加工作
时间①。由此带来的后果便是职业倦怠乃至人才流失，教师疲于应付流
水线式的程式化教育任务，无暇让自我的心灵得到喘息和充实，难以体
验到职业的幸福感，导致其怀疑乃至丧失对教师职业的专业认同，更无
心在教育过程中倾注对学生的爱、责任与关怀，甚至因心理失衡而诱发
有违教师德性伦理要求的行为。教育是一个使教育者和受教育者都变得
更完善的职业，只有当教育者自觉地完善自己时，才能更利于学生的完
善与发展。我校的教师们用实际行动告诉我们，教师应该如何投入工
作，如何涵养精神，如何经营生活。我们没有看到教师沉闷而艰辛的成
长，而是一个个既能享受工作，又不浪费自由时间的完整生命价值。

(一)"闲暇"的含义

闲暇是人的生命的一种状态，是一种"成为人"的过程，是一个人完
成个人与社会发展任务的主要存在空间。《学记》中就有关于闲暇的精辟
论述："时教必有正业，退息必有居学"，"藏焉修焉，息焉游焉"，即主
张把敬德修业与闲暇游乐结合起来。据《论语》记载，孔子曾与四位弟子

---

① 郑新蓉. 教师的阶层身份、社会功能与专业化. 教育学报，2005(3)：30—34.

一起闲坐，他要每个学生谈自己的志向。曾点说："莫春者，春服既成，冠者五六人，童子六七人，浴乎沂，风乎舞雩，咏而归。"孔子喟然感叹："吾与点也！"

亚里士多德在《政治学》中也曾专门指出，闲暇是一个人和谐发展的必要条件，它不是生活的残余，而是决定人生幸福的核心因素。"人唯独在闲暇时才有幸福可言，恰当的利用闲暇是一生做自由人的基础。"到了近代，马克思更为明确地提出了闲暇对于人的发展意义。在他看来，节约劳动时间就等于增加自由时间，即增加使个人得到充分发展的时间。

我国最早开始关注和研究闲暇问题的学者于光远在《论普遍有闲的社会》一文阐述道："'闲'是生产力发展的根本目的之一，闲暇时间的长短与人类的文明进步是同步的。从现在看将来，如果闲的时间随着社会生产力的发展能够进一步增加，闲的地位还可进一步提高。这是未来社会高速发展的道路。"①法国后现代大师罗兰·巴特在接受记者采访时谈到他希望的理想生活：有点钱，不要太多；有点权力，也不要太多，但要有大量的闲暇。按照当代学者的观点，闲暇的最终目的是培植有趣味的生活，学会和自己相处，让自己从最深的内里变得丰富灵动起来，从而确认自身的完整性。简单来说，只有一个完整的人才更有能力关心别人。

（二）闲暇生活对教师的意义

长久以来，我们总是习惯于将教师比成"红烛""春蚕"等注重奉献甚至牺牲的角色，殊不知，教师在实质上是一种"极富创造性的职业"②。面对千差万别的学生、千姿百态的教学情境，需要教师有足够的教学机智和创造性的思维，在把握学生的心理和培养学生创造力、促进学生健康发展等方面，无不显示出教师的生命价值和职业意义。正因为如此，教师不应只是一味地付出和奉献，更应享有自己别样的

---

① 于光远. 吃喝玩——生活与经济. 上海：华东师范大学出版社，2001.

② 叶澜，白益民，等. 教师角色与教师发展新探. 北京：教育科学出版社，2001.

人生，善于品味日常生活的缤纷与乐趣，充分享受生活，享受闲暇带给我们的愉悦。

闲暇生活促进教师自我专业认同

通常情况下，人们会把教师的专业发展大致归结为以下几个阶段：首先是关注生存，找到维持最基本教学的求生知识和能力，期待站稳讲台。其次是关注任务，此时的教师基本可以站稳讲台，完成教学任务，获得自信和更好的外在评价。接下来便是众说纷纭的自我发展阶段，以更具指向性的专业发展为标志，需要教师有意识地自我规划，进一步拓展个人实践知识。毫无疑问，上述过程长期而复杂，需要教师自觉学习、主动提高，自我教育，更需要建立在对个体过往经验、生活习惯、生命体验、趣味等诸多基础上的生长。

在现代性所带来的普遍自我认同的困境中，教师是否拥有和如何度过闲暇生活，构成其生活方式的一部分，积极、愉悦的闲暇生活无疑是教师自我专业认同的必要条件。愉悦的闲暇生活能增强教师的职业满意度和自我认同，同时，正是在闲暇生活中，教师才有时间自我反思自身专业角色与身份，加强与其他教师和专业人士的交流和沟通，从事与专业有关的创造性工作，增强专业自主的感受，进而增强专业认同。

教师个人独特的生活能促进教师自我反思，产生更深层的自我了解，激起自我成长的职业承诺与动力，努力探寻个人发展的新的方向与策略，从而促进教师更积极主动地发展，建立高度的专业意识与自信心。[①] 而一个因闲暇生活的缺失导致缺乏专业认同乃至自我认同的教师，就会陷入认同焦虑之中，其德性发展就会丧失心理基础，甚至会因认同的混乱与迷茫导致人格的偏差。岂止教师，对每一个人来说，树立对自己的认同都尤为重要。

闲暇生活完善教师知识体系

当今的社会是一个科技日新月异的社会，知识的一体化使得自然科

---

① 姜勇. 个人生活史与教师发展初探——一种解读教师专业成长的新视角. 外国中小学教育，2004(3)：17—20.

学、社会科学和人文科学的界限越来越模糊，而不是过去那种学科高度分化的情况。这就要求我们的教师不仅具有精深的专业知识、学科知识，更要有广博的知识储备，才能应对不断变化的教育教学的需要。对一个教师来说，无论是科学、艺术、哲学还是宗教、技术等，都应该在他的兴趣范围之内。这种情况下，闲暇时间的利用对教师来说就显得格外有意义了，这并不是说提倡教师在闲暇时间里不停地进修和涉猎各种学科的知识，而是鼓励教师在闲暇生活里建立一种对知识全方位、多角度的吸收和了解的态度。并且知识的一体化不是简单的知识统合，不同学科的教师其知识结构仍有各自的重点，但丰富的知识结构和情感世界为教师的专业发展提供了可能，同时对教师的教育教学也是一种借鉴和帮助。另一方面，闲暇生活的质量对于教师德性的提升同样具有重要影响。

闲暇生活提升教师德性修养

众所周知，教师德性修养应以自身专业素质的不断完善为基础。专业知识、专业能力与德性的发展是相辅相成的。不论是学科知识、教育专业知识，还是外围性知识的增长，都能开阔教师的专业视野，增强教师的专业意识和专业能力。

如果抽离了专业知识素养，教师德性的发展就失去了依托，教师德性的发展也表现在运用专业知识和专业技能于教书育人的过程中。教师德性中的爱、善良与公正，如果离开了其专业素养的支撑，就难以在教师的教育工作中真正得到展现。闲暇生活为教师完善自身提供了广泛的途径。

闲暇生活激发教师创新能力

人需要并渴求有意义的生活，作为人类文化的传播者的教师，更需要反省自己对生活态度、认识生活对自我的价值，在对生活意义的追寻中构建完整的生命世界，把自我引向好生活之中。闲暇生活里，教师所做的很多都是与其工作可以相联系的活动，正是在这种平静、民主、快乐的氛围下，才能让那些压抑的情感得到释放，平日无法琢磨透的问题才在这种随机的、发散的思维模式下逐渐理顺，迸发出新的思维火花。

相比之下，各种途径和形式的教师教育能够让教师掌握一定的教学知识，可以培养教师的教学技能，并在一定程度上促进教师观念的转变，但难以触及教师的内在精神世界，通过外在的培训获得到的自我认同是脆弱的，闲暇生活才是教师专业发展的根源性土壤。不仅如此，闲暇生活与教师专业发展这个话题，会让所有教师感受到一种温暖。它意味着对教师的关注和重视，意味着对教师个体生命的爱护和期望。正如有学者指出的，要看到教师在教学以外的生活，他们是孩子的父母、爱人的伴侣、朋友的知己，必须把这些角色也同时扮演好，"你和这些生命中重要的人应该有更多在一起的时间，即使你选择了教师这个光荣而辛苦的职业"①。从这个角度来说，长期以来我们在教育领域所提倡的"以人为本"，其中的"人"不但包括学生，也应该包括教师。

作为一个独立而丰富的人，教师的完整生命及其对教师专业发展的影响必须得到重视。甚至可以说，教师个人的闲暇生活是教师专业活动的重要的个性基础，教师的生活方式、闲暇体验直接影响着他的专业活动。一位教师有什么样的生命体验，自然会将这种体验带进他的专业生活，教师个人认为重要的东西，他更有可能引介给学生。而他自己没有体验到的东西，如自由、主动、尊重等，他也不可能很好地引领学生去体验和习得。正如帕尔默在《教学勇气》中谈到的，当一个人失去心灵，连自己内心的声音都听不到，还奢谈什么与别人对话？一个教师，如果连自己都不认识、不了解，不知道自己的专长，不知道自己对所教学科的能力与兴趣，不了解自己的教学特色，不明了自己的课堂，不知道自己的生活期待……又怎能去彻底地认识教材、认识学生？当我们把一方讲台看成人生的舞台，在那里书写的除了汗水，更应当是我们独特的生活姿态。教师只有给予自己更美好的生活，并从中获得更多的自信与乐趣，然后才可能影响他人。正是闲暇，让我们返回到健康、平衡的天性上来，获得一种职业的优雅和生命的安顿。因此，作为教师，不但要召唤、激励学生进步发展，也要帮助自己温文尔雅地走向幸福的生活方式。正如叶澜先生曾感叹的：没有教师的生命质量的提升，就很难有教

---

① 瓦赫特，卡哈特．教师时间管理策略．张迪帆，译．北京：中国轻工业出版社，2009：4.

育质量的提升；没有教师精神的解放，就很难有学生精神的解放；没有教师的主动发展，就很难有学生的主动发展；没有教师的教育创造，就很难有学生的创造精神。

(三)我校教师的闲暇生活

在我校，倡导教师自身修养，提高闲暇时光的质量，重视闲暇时间对其自身专业化成长及个人生活的意义，已经成为渗透在校园文化和每一位教职工身上的重要理念。正是那些数不胜数的充实的闲暇生活，滋养出真正高素质的教师。

周五下午，一群年轻的教师们聚在活动室搞起"家长沙龙"，向有经验的同事讨教如何做一个好家长；另一群年轻的教师们来到篮球馆搞起"友谊杯"，舒展筋骨，切磋技艺，交流感情。

在每周二固定的教师集体活动时间里，"宽视野·多角度·对话科研"的主题活动如火如荼地开展，教师们根据自己的兴趣与需要，在四个不同方向的科研沙龙活动中进行选择：博学楼五层会议室，乐老师从艺术教育的多面性入手，和老师们探讨学生独立人格及判断力的养成；在公用教室7，梁老师与大家分享恒星演化的奇妙过程；在科技活动中心，樊老师带着老师们走进《刺杀希特勒》和《国王的演讲》两部电影的片段，在光影之旅中解读影像背后的观念和技巧，阐释电影与人们工作和生活的丰富关系；在科学楼2层美术教室，冯老师和同事们一起动手学习扎染，在完成作品的过程中感受因为变化而产生创意的体验。

诗人荷尔德林说过："神本是人的尺度。充满劳绩，但人诗意地栖居在这片大地上。"闲暇生活是我们有意识有目的的生存，是人的生存状态的积极的充盈与展现。如果说工作是必须做的事，那么，"闲"时以欣然之态做自己喜爱的事，可以更为真实地反映人的精神状态，进而决定生活的质量和做事的差异。从这个意义上，我校教师们的闲暇时光与他们高效而优质的专业工作状态可谓相容相生，相辅相成，相互促进，共同组成了完整而健康的个人生活。

第八章

学校管理护航课程改革

学校管理是学校管理者通过一定的机构和制度采用一定的手段和措施，带领和引导师生员工，充分利用校内外的资源和条件，整体优化学校教育工作，有效实现学校工作目标的组织活动。不论如何，学校管理一方面以育人为根本，另一方面追求学校内部机构、组织、人员的协调，好的管理定能促进学校制度的运转，提高工作效率和师生的工作积极性。"领导学校，首先是教育思想上的领导，其次才是行政上的领导。"①这是苏霍姆林斯基在管理帕夫雷什中学的时间过程中积累的管理经验之一。随着课程改革的深入，学生的学法、教师的教法、学校管理的运行机制都发生了改变。新课程改革背景下的学校管理必须与时俱进，以关注生命发展为价值取向，用新的教育理念来管理和发展学校。

第一节　人本和谐的管理理念

学校的管理有各种类型，大致有人治管理、法治管理、"无为"管理、德治管理、人文管理等。人治管理依赖个人权威施行管理，其优点是效率高，但容易形成个人专断；法治管理的特点是一切以法规为依据，简易公正，但缺少人情味；"无为"管理利于营造自由、宽松的环境，却易于出现放任自流的状况；德治管理强调以德治校，领导的道德品格和群众的道德素养是管理的支柱，其缺点是见效慢。

"以人为本"是新课程的核心理念，也是现代教育管理的主要特征。我校倡导的是人本和谐的人文管理理念，人文管理是一种"德治"与"法治"相结合的管理，是以人为本的管理，人文管理也讲个人权威，但这种权威是建立在校长个人人格魅力基础上的权威。人文管理也讲法规，但强调法规是为人服务的。人文管理尤其讲管理文化，强调人的观念和情感在管理中的作用。人文管理既重视人在管理过程中的能动性，又重视人在管理过程中自身的完善，人既是管理的出发点也是管理的归宿。

---

① 苏霍姆林斯基．和青年校长的谈话．赵玮，等，译．上海：上海教育出版社，1983.

一、人本和谐——校长的角色

人们常说，一位好教师会对学生产生一种精神上的辐射，一所好学校、一个好校长会对所有教师和学生产生一种精神上的辐射，而这种融洽良好的关系本身正是绝佳的教育手段和教学方法。在苏霍姆林斯基看来，所谓"校长"，不是习惯上人们所认为的单纯的行政管理干部，而应是教育思想家，是教学论研究家，是全校教师的"教育科学和教育实践之间的中介人"[①]。

与曹保义校长亦师亦友的朱正威如是评价："这个人很正直，很正派，非常实在，有什么想法就说。在许多热点和敏感话题面前，他有一说一，从不隐瞒。求实的人相对就会正直，就不会去搞投机取巧的事。你看二附作为一个名校，在学生多方位的全面发展上非常重视，同时学生的成绩还有升学率也很高。在各种艰难复杂的情况下，能够在这两者之间求得一种平衡，是很难的。曹保义却做到了，就是因为他正派，敢于实事求是地面对这个问题。"在时髦而干练的陈老师看来："曹校长是有思想的人。在咱们的学校规划当中，他有很多自己的想法，包括干部建设，教师队伍、职工队伍的建设，都有提法。来到二附，明显能感觉咱们的干部特别主动，独当一面，我觉得和校长的做法是有关的。"作为学校的一把手，曹保义校长常年坚持带课，被问及原因，没有高头讲章，只说是"教师的分内工作"，是"垂范"，可以"少说很多话"。问及教育理想和办学理念，他更是不以为意："办好一所学校，可以有很多条路。理念太多了，都挺好，关键看你选哪个理念最合适，然后怎么去真正落实。"谈到管理："我感觉，给学校自主权特别重要，比给钱还重要。光是给钱不见得能办成一个好学校。"话很朴素，道理却不浅。有实用主义的精髓，却不功利；有理想主义的影子，也很务实。如此种种，有丰富的实践做支撑，加上有效务实的思维方式和处事风格，蕴含人文精神和自主意识的校园管理文化，成就了我校多年来包括课程改革在内的一系列发展与变革。

---

① 苏霍姆林斯基．育人三部曲．毕涉芝，译．北京：人民教育出版社，1998.

二、人本和谐——管理的出发点与归宿

诸多研究都表明，学校的组织文化是影响包括课程改革、学校管理、教师成长在内的一系列工作的重要因素。课程实施与教师专业素养中最为核心的实践性知识和个人化的教育观念正是每一个教师个体依存于特定的背景，以特定的教室、特定的教材、甚至特定的学生为对象，在真实的教育教学场景中形成的，是在充满情感、理想和特定的组织文化环境中逐步发展的。因此，学校的文化氛围对于课程落实以及教师发展极为关键。在我校，人文精神浸染到学校的方方面面，管理自然也不例外。具体来说，所谓"人文管理"指的是既重视人在管理过程中的能动性，又重视人在管理过程中自身的完善，人既是管理的出发点也是管理的归宿。我校的人文管理理念包括以下四条基本内涵。

(一)学校管理"目中有人"

所谓"目中有人"的"人"，相对应的是"物"，管理工作中无时不遇到人和物的关系，在处理人和物的关系时，我校始终坚持"先人后物"的原则。20世纪80年代初期，学校图书馆的业务正在扩大，当时负责图书馆工作的董老师本着"图书为学生、老师服务"的原则，通过举办"读书报告会""新书介绍"等方法，努力加大图书的流动量，并较早地实行了对师生开架阅览的制度。董老师的管理思想，对学校资源管理是个很大的启示：图书馆、实验室、计算机教室等学校教育资源及设备的管理，是只把东西看管好的"看摊"式管理，还是利用其资源及设备充分为师生服务？"看摊"就是见物不见人，为师生服务就是以人为本。"东西用坏了不可惜，放坏了可惜"，这是我校对教学设备管理的一条原则。

学校教育中，如何看待学生与分数的关系，也是一种处理"人"和"物"关系的问题。不能否认，在学校的教学中，还存在着不同程度的不顾学生身心健康发展，而违反教育规律，一味追求高分数的教育行为，这是一种严重的见"物"不见"人"的行为，这种行为往往表露出学校和教师的一种功利思想。在"人和物"两者发生矛盾的时候，宁可牺牲一点"物"(分数)，也要保护"人"(学生)，这就是"目中有人"，这才是以人为本。

（二）重视观念在学校管理中的定向和指导作用

学校要注重群体的观念，这种群体观念包括群体精神、群体意识和群体作风等。一个集体有了统一的观念，才能有统一的目标、统一的意志，才能万众一心，否则就会思想涣散，一盘散沙。因此，学校领导要下大力气通过提倡、培植、宣传，形成学校的群体精神和群体意识，树立良好的校风。群体精神和群体意识是管统一意志的，它是从价值取向方面对师生员工的一种引导，是学校目标的一种指向。20 世纪 90 年代初，由于受到当时社会的影响，"一切向钱看"的思想在教职工中有所滋长，有的教师搞第二职业，到校外上课挣钱、搞有偿家教，思想涣散，精力不放在本职工作上，严重影响学校的教育教学工作。针对这种苗头，学校及时总结了学生处、数学教研组、物理教研组等单位的先进思想，大力加以提倡和表彰，并逐渐提升成为我校的群体精神——奉献、务实的精神；尔后又树立起我校的群体意识——一流的意识。群体作风虽是一种非纪律、非规章制度的，但却是规范群体成员的无形准则。它不用强迫，却能造成良好的舆论和氛围，很好地影响和规范师生员工的行为。经过多年的积淀，我校形成了"勤奋、廉洁、奉公"的干风、"正己、敬业、爱生"的教风和"勤学、文明、朴素"的学风。由这三种作风组成了学校良好的校风。

（三）发挥情感的亲和力与凝聚力

人是有情感的，情感在人的工作和生活中有特殊的作用。有了情感才能有同情，有理解、有爱心、有热情，它在学校这样的群体中能起一种亲和的作用与凝聚的作用，所以，我校特别重视情感在管理中的作用。老校长林福智就曾这样评价曹保义校长："他对人的感情是真的，他不世故，不会来事，很尊重人。这是二附中很好的传统。这是第一。第二讲宽容，他对人很宽容。这其实也是二附中一个很好的传统。我们主张要有宽松的环境。首先是领导，容得下人。我举一个例子，像有的老师教学不行，学生有意见，曹保义总是想办法，让他非常体面的换工作。学校的教师总有参差不齐的，但不是谁都能这样做的，这一点他做得非常好。"与曹保义同在生物组的韩老师就曾向我们感叹说："我们曹校长的笑很憨厚，让你觉得真心真意。"

"情感的力量"有着以下几项内涵：

尊重。尊重教师的人格，校长与教师在政治上和人格上是平等的，校长同教师之间除了是领导与被领导的关系外，更是同事的关系、朋友的关系；尊重教师在学校中的地位，强调发扬教师在学校的教育和管理工作中的主人翁精神；尊重教师的创新精神，鼓励和支持教师的教育创新；还要尊重教师自我完善的要求，主要是完善人格的要求、完善知识能力的要求等。

宽容。只有宽以待人，大家才有"安全感"，才能营造比较宽松的环境，才有民主的气氛，学校才有生气、有活力。孔夫子说："宽则得众……惠则足以使人。"我校所坚持的宽容，就是要能包容各种各样的人，包括意见不同的人、有缺点的人、犯了错误的人。"海纳百川，有容乃大"，有了包容才能最大限度地团结人，队伍才能兴旺，事业才能发达。阮校长就曾感慨地对我们说："咱们学校好多的工作安排，比如不愿从高中去初中的，不愿当班主任的，都要找到曹校长。他就给说说利害关系，讲讲道理，调节调节，最后结果也都挺好的。"

激励。满足需要是人的特性之一，所以应当重视激励的功能。人的需要既有物质方面的需要，也有精神方面的需要，因此激励也应有物质的激励和精神的激励。对于知识分子来说，在物质待遇得到基本保障之后，更看重的是精神的激励。精神激励有目标激励、信任激励、肯定激励等。目标激励，包括群体目标和个人目标。群体目标是一个群体所有成员在某个时期统一的价值取向，是凝聚人心的基础。个人目标则是个人完善的需求，是个体发展的一种强大驱动力。信任激励，信任是相互的，领导对群众信任才能得到群众的信任。

中国人向来把诚、信合在一起说，对人只有诚恳、诚心、诚意，才能有对人的信任。中国知识分子历来有"士为知己者死"的传统精神，足见待人以诚的重要。肯定激励，要肯定教师的劳动，特别要肯定教师的工作成绩，使做出成绩的教师得到受人尊敬、受人爱戴的地位。

(四)营造博爱思想的品位文化氛围

博爱之谓仁，孔子曰"仁者爱人"。"仁"，是儒家思想的核心，是我们民族的传统精神；"爱人"也是现代人文管理的核心精神，是管理人性化的集中体现。"爱人"就是要爱学生、爱老师、爱同事、爱周围所有的人；"爱人"还要爱惜人的才能，爱惜每个人的才能，用人之长，避人之短，充分发挥人才的作用。由此我校强调：学校领导班子中每个人都不是完人，但每个人都有自己的长处，各自发挥长处，班子就可以是一个较为完美的班子，就像唱京剧一样，有了好的生、旦、净、末、丑，才能唱一出"龙凤呈祥"的好戏，这个道理推广到整个学校也是一样。

古人云"亲其师，信其道"，在我校，教师自身的人文素养、道德修养是赢得"师道尊严"的首要前提，而崇尚人文管理的理念与做法，必然会赢得师生长久的信服、喜爱、尊重与效仿。

第二节　制度先行的管理策略

在我校有关班集体的奖项中，设有先进班集体、文明班集体、值周评比先进班、健康促进教育先进班以及班级根据本班优势和特色申报的特色奖项。通常情况下，各班级可以重点申报相关奖项，也可以不特别申报，由评审组根据班级参与展评的汇报和日常情况在所设奖项中评定。但是，无论是否申报奖项，所有班级均须参与展评，从规定建设项目和特色建设项目两个方面进行 10 分钟的班级展示。接下来，谁当评委呢？我校的做法很值得一提。

每个班选派出 5 名代表，组成大众评审队。每班的这 5 个人当中，每人分别负责一个专项（奖项）的评审，并与其他班负责相同项目评审的同学一起组成全年级的项目（奖项）评审团队，每名学生代表独立评议，汇总之后形成该项目的评审意见。除此之外，组建学校评审组，由"干部深入制度"确定深入联系该年级的校领导、学生处（副）主任、年级（副）组长、团委委员、学生会（副）主席、该年级体育教师 6 方面各至少有 1 人共同组成，对 5 个项目进行评审。在最终形成表彰结果的时候，大众评审队和学校评审组的意见各占 50％ 的权重。

不难看出，与传统的相关干部或教师正式或非正式讨论、多方权衡、领导敲定等模式不同，在我校，整个过程有据可循，公开可见。除了确保公平公正，学生"买账"，更方便班级之间相互分享和借鉴，激发主动性与荣誉感，从内心实现认同。在 2012 年 6 月 1 日最新修订的方案中，我们看到了有关集体评选项目与评选办法的详细内容，包括各个集体奖项设置及条件。一系列规则的明确与公开，显然有助于最终真正实现评选的目的：促进班级集体建设的规划与落实、总结与提高，激励各类先进班集体。负责制定相关规则的陈老师介绍说："管理工作看似烦琐，不能量化，不可预期，有时候争议还很大，但其实许多工作都可以通过规则的明确实现'减负'，至少能做到任务分类，不同领域和性质的问题一目了然，规则说了算，而不是个别人的决断，做起事情来自然条清缕晰，心不累。"他得意地指着 2012 年 8 月修订的最新版校规："全面考虑，反复修订，字斟句酌，就 30 条，估计在北京所有中学里是最少的，但涵盖了学生在校日常行为的几乎所有方面，而且每一条都明确有所指，清晰可评判。学生自己遇到问题，和其他同学、教师发生冲突，先看校规，基本就都明白了。"

在我校，类似规则优先的行动策略还体现在很多方面。

活动安排有规则。例如，我校将每个学期、学年乃至三年高中的节奏通过《学生手册》明示给全体师生。入学教育系列以及开学之后的军训和团体拓展训练活动，10 月份的书评书展活动，中秋赏月会、音乐会，10—11 月的"方正杯"法律知识学习与竞赛活动，11 月中旬的主题班会公开观摩活动，12 月 9 日的"笃志杯"合唱比赛或辩论赛，12 月中下旬的"博学杯"人文知识竞赛，12 月 31 日的迎新年文化活动，次年 3 月初的绿色生活行动（志愿者行动）促进周系列活动，4 月中旬的共青团员年度评议，4 月末的主题远足活动，5 月中旬的成人仪式预备班会及成人仪式，7 月中上旬的长线社会实践活动，等等。在我校，师生和学校都会形成预期，不再会出现因为各方面缺乏统筹而临时出现的活动通知或者其他临时性考虑而在校内随意增加大型活动的情况，各项管理也得以有序进行有条不紊。

　　顺应时代制定新规则。如随着近年来手机的普及，我校及时制定学生在校期间使用手机的管理规定与说明，从教育教学的秩序与效益、亲子交流的及时与便捷、学生安全与健康等诸多因素出发，提倡学生不使用手机，如果监护人决定为学生配手机，在校期间须将手机关闭并且放置到班级里自己的储物柜中，中午 12：15—13：00 可以使用。学生必要的通信联系可在教师办公室和年级组办公室免费使用学校办公电话；家长如需联系学生，可请相应教师转告，或给学生发短信。

　　学生管理量化规则。在先前陈老师提到的校规校纪执行办法中，言简意赅，除了 6 条重要条款，即学生不能触碰的底线，其余均采取量化处理机制，并规定了相应的处理程序。在社团管理办法中，学校将学生社团明确分为四类：学校组建（如校排球队、校合唱队、校舞蹈队、校龙舟队），部门主管（如红十字会、"三色帆"电视台、《三色草》学生刊编辑部、校国学社等），教师指导（如模拟联合国、戏剧社、环境社、双语社、金融社等），学生自主（如动漫社、散打社、街舞社、爱心公益社等），相应制定社团活动宗旨、内容和计划。每周五下午 4：00—5：00 为社团统一活动时间，学校组建类社团每周活动 4 次以上，其他社团每周至少活动 1 次，学年初提交《社团活动计划表》，学年末提交《社团活动总结表》；学年内开展活动不少于 18 次，并且社团成员个人参与活动不少于 15 次的，社团成员可获得 1 个学分；学校组建类社团成员学分加倍，活动次数达到 36 次可计入 2 个学分，超过 72 次以上可计入 4 个学分。如此等等，不一而足，规则明确，有据可循，过去令学校所头疼的诸多社团管理问题迎刃而解。

　　应该说，我校的这一套"问题澄清""规则优先"的理念与做法，在任何学校和教师都绕不开的管理工作面前，不仅透出了高超的智慧，更彰显了现代社会民主法制的精神，值得推崇与借鉴。长期以来，学校管理工作的复杂性在于，学生群体并不像产品一样，通过程序的设计和质量的检验，就可以生产出预期的成品。由于家庭背景不同、成就取向多样、亚群体归属不一、地位等级有别，学生群体呈现出极为复杂的样貌。在这个过程中，学校和教师需要丰富的实践智慧和专业能力。在激烈变革的现实生活中，面对纷至沓来的各种新的情境、新的问题与新的挑战，每个教师都要持续不断地做出各种专业行动的判断和决策。与此同时，管理当中充满了大量事务性的工作，"从头管到脚"，操劳各种大事小事，学生的思想、心理、学习、生活，学校教学、德育、科研等各部门安排的任务……尽管如此，正如前面陈老师所说，只要能够透过现象，理出本质与关键点，真正找到针对性主题，然后考虑"个问题"还是"类问题"，是常态问题还是偶发问题，从而采取不同的应对措施和工作流程，就能实现"一目了然"，"心不累"，想要当个轻松的管理者也就不是奢望了。

按照社会学家当下的主流观点，学校最重要的功能有两个：社会化和筛选。如果说筛选主要是通过教学与考试来完成，那么，在学校日常管理中凸显出来的就是社会化的功能。每个身处学校教育环境的青少年，都必须按照社会的要求，塑造自身。法国学者福柯在《规训与惩罚》一书中对学校的规训策略及规训手段给予了深刻的揭示。在他看来，学校中充满各种规训策略，包括分配的艺术、对活动的控制、创生的筹划、力量的编排，与之相对应的是分配空间、编码活动、积累时间、组合力量的技术。如此视角下，让学生获得一种恰当的"定位"势必成为管理的重要目的之一。"全世界的教育在骨子里面都是相同的：那就是通过对儿童的塑造，来构建我们的理想社会。"[①]威斯康星大学课程与教学系主任托玛斯·波克维茨这一观点曾经引发极大的争议。但经年以后，波克维茨的观点被美国和英国教育学界所接受。毋庸讳言，教育对儿童的这种"铸模"功能，在世界范围内都是一致的。无论是"塑造"(shape)，还是"铸模"(mould)，这些词并没有贬义或者褒义的截然划分。倒是我们自己，经常轻易地将其定义为强力下的控制、成人的规训。事实上，只是不是一个消极的"被社会化"的过程。学生真正成为主体，校园生活就可以给他们带去积极的作用，留下美好而生动的回忆。从这个意义上看来，我校通过有限而明晰的规则，凸显教育智慧，符合现代文明社会

---

① 马克斯·范梅南. 教学机智：教育智慧的意蕴. 李树英，译. 北京：教育科学出版社，2001.

的基本精神，在给管理者减负的同时，充分舒展了他们的教育想象力，从根本上优化了学校管理，最大程度地实现了学生的内心认同和自主管理。

第三节　管理对象止于团队

在实际的管理领域，人们早从 20 世纪 70 年代就开始探索团队作业的有效性。"工作团队"逐渐成为管理领域的流行概念，团队成为绝大多数大公司运作方式的重要组成部分，"财富 500 强中 80％的公司有一半以上的员工在团队中工作"。[①] 有学者指出："以团队的形式来管理组织以及开展组织发展的活动无论在学术或实践中都产生了多元的和深厚的冲击力。在可见的未来，团队的方式将不容争议地成为管理理念进步的一个里程碑。"[②]

我校将西方团队管理理念应用到学校管理领域，通过项目组负责制的方式，发挥教师在团队中的优势互补、资源融合作用，从而实现项目团队的自主管理。

一、新课改催生项目组团队

著名学者伯恩鲍姆曾指出，有效的管理取决于接受和理解的松散联合，而不是去制约它。目前我国中小学校中大部分以教研组、学科组、备课组、年级组等形式承担着教学、科研任务。但事实上，教研组等组织只是由同一或相似学科教师组成的教学研究组织。它是教学研究组织，不是行政组织，其任务是组织教师进行教学研究，提高教育质量。教研组长虽然肩负组织教师业务活动、提高教师业务素质的责任，但并无任何行政权力，他们对教师的影响力更多依靠自身的专业经验和能力，即非权利影响力。

---

① 斯蒂芬·P. 罗宾斯. 组织行为学精要. 柯江华，译. 北京：机械工业出版社，2003：100.

② 吕晓俊，俞文钊. 团队研究的新进展. 人类工效学，2001(3)：51—54.

在课程改革背景下，类似教研组等传统的层级制、垂直式的科研组织结构已无法适应新课改要求。我校项目团队的出现不是基于对某一管理理论的机械套用，而是源自于课程改革的实际需要。在课程改革中，学校着力进行"基于学生差异"的班级特色化建设，力图实现"班班有特色，人人有所长"：在为全体学生的发展打好共同基础的前提下，着眼于社会对人才的多样化需求，根据学生不同的志趣、潜能和擅长的学习方式，将学生分编为不同类型班级，如文科实验班、理科实验班、项目式学习实验班、数字化学习特色班、社科特色班等，依据不同的办班宗旨和培养目标，有针对性地开发和实施特色课程。这就需要唤起教师课程建设的主动性和自觉性，需要充分发挥教师的创造性劳动，积极参与到课程实施的决策、组织、实施、监控、反馈、改进等各个环节中来，从而保证课程设计的科学性、课程目标的针对性、课程内容的科学性、课程实施的实效性和课程反馈的及时性。

从这个意义上，我校的每个团队都以项目的形式开展工作与研究，多个团队相对独立又相互联系，由于改变了过去严格的科层体制，淡化了行政色彩，学校各项工作真正围绕教育教学与改革展开，保证了教师有充分的时间和精力从事教育教学改革，减轻了教师身上不切实际的繁重负担，改革成为教师乐意而为的一项工作，而不是额外增加的任务。团队的领导者不再是高高在上的控制者和发号施令者，而是团队成员的助手、导师。与此同时，以项目组为基本单位，集体审议，共同决策，而不是一时的心血来潮或跟风，保证了决策更富科学性、民主性和自主性，减少了管理层级，降低了控制程度，增进了沟通交流，促进了团结协作。真正建立起多方力量之间的合作、交流与对话机制，学校日益成为一个具有开放性、创新性的学习社区。

二、建立项目团队自主管理模式

犯罪学研究表明，最为科学有效的指认方式，不是让证人更快地指认，而是在选项中增加一个"我不知道"。如果强制要求记忆模糊的证人不得不进行选择，则会大大增加冤假错案的发生。知之为知之，不知为不知，无论怎样高明的领导或专家都不是万能的。正如曹保义校长所说："如果一味地行政管理，老师一切行动都听指挥，那就麻烦了，你真懂吗？你真懂每个学科吗？咱们肯定不存在这样一个校长，也没有这样的专家。说哪个领导什么都懂，哪个都管，这种说法我不相信。不懂的情况下去管理，最后必然会变成谁官大，听谁的。必然是这个结局，开始还能够给你解释解释，后来就不再给你辩解了，反正最后是听你领导的。"

随着课程改革的深入推进，我校根据教师自身的专业特长、兴趣、经验和实际工作安排，先后组织成立了6个项目团队：文科优秀人才培养与课程建设团队、理科优秀人才培养与课程建设团队、项目式学习实验班课程建设团队、数字化学习项目团队、艺术特色课程项目团队和学生指导项目团队。学校授予项目团队决策、执行、研讨、改进、资源（人、财、物）调配等责权，全面承担起各项目推进工作。团队内部由项目负责人、核心成员、参与成员组成。为加强力度，项目负责人一般由中层干部担任；核心成员一般由资深教师或改革热情和能力较为突出的青年教师担任，会根据不同时期的需要做适当调整；参与成员包含全体与项目有关的任课教师。团队之间工作的协调、成果的分享、经验的交流则由学校课程领导小组统一管理，该小组由校级干部组成。

在我校的项目团队管理模式下，学校层面行政班子的主要任务是理念指导、目标引领、策略协调以及环境支持，教学处和学生处则负责辅助参与指导落实和交流工作。至于具体的工作重点和行动方案，包括一系列方案的组织实施和评估调控，都交由各项目组自主执行。每一个教师个体则在各自的项目组中，树立起强烈的责任意识和主动意识，充分发挥聪明才智，创造性地开展工作。换句话说，层级管理重在服务和协调，项目团队直接承担起组织、决策和实施的职责。通过完善民主管理机制，推动不同层次、不同团队的独立思考，具体工作的决策权尽可能下移，让师生的需求得到快速、真实的反映，提高科学决策水平。

以数字化校园项目组为例，他们着眼于学校教育教学资源的重组及供给方式的改变，同时注意与学校其他项目组的有机结合，积极开展已有平台的改进推广及数据整合工作，与学校办公、后勤、教育教学、常用工具、网络服务与计算机应用、学生业务、学校论坛等各方面代表广泛合作，完善数字校园平台的各项功能。从 2009 年进入全面建设阶段以来，在几位核心成员的沟通与协调下，越来越多的教师参与到项目建设中来，项目规模明显扩大，建设速度大大提高。除此之外，项目组成员还结合学校发展的现实需求，主动开展数据积累、促进师生使用、调研师生需求等工作，促进各项业务在数字环境中常态化运作。2013 年年初，他们完成了针对全校各个特色班学生的抽样调查，掌握了学生对于现有课程设置满意度的大量翔实数据，为教学改进以及进一步的课程改革提供了重要的依据，极大促进了现代化的学校管理与改革。众所周知，传统的组织结构是自上而下的，容易造成管理成本高、行动效率低等官僚现象，不利于优秀个体的涌现。与此同时，纯粹自下而上的形式也会产生弊端，比如过于专注个体目标，缺少分工与协调等。相比之下，我校从构建最基本的细胞单位"项目组"开始，各组自主确定工作重点，自主策划行动方案，自主组织方案实施，自主参与评估调控。在项目组里，没有所谓的"上下级"，项目组成员来自学校多个部门，大家在召集人的协调下分工承担各自的责任，共同完成项目任务，实现平等、开放、互助式的成长。

对此，常务副校长阮国杰曾生动地打比方说："有一次开会我跟大家讨论，蜀国之所以完蛋，是不是跟诸葛亮过于勤奋有关系？因为他没有带出接班人来。学校管理也是这样，你非常强悍，事无巨细，有好的一面，也有不利的。要充分调动每个人的积极性，不要老是打击他的积极性，不要总是干预他。无论教学还是管理，都是一种创造性的劳动。咱们有教学处、学生处、总务处，哪个部门想要搞个什么事情，比如学生处说要弄个高三 18 岁成人仪式什么的，你就让他独立去搞。哪个组说我们要搞个教学研讨会，专家论证会，没问题，支持。不要事事面前先由你校长说，人家提出三样，你恨不能否定两样，都是你能，我都不灵。好了，下次你再说出十样来，他也没有积极性了。现在我校的干部都特别主动，都能独当一面，跟学校整体的管理文化很有关系。"2013年年初，北京大学率先提出与中学合作开设"大学先修课程"，在培训说明会上,当各校还在观望、酝酿、等待行政班子的讨论结果时,我校的聘书已经送到了大学教授们的手中。如此行动力,毫无疑问得益于学校扁平式的自主管理决策模式。

三、项目团队自主管理模式的管理优势

1. 用"共同愿景"凝聚团队成员

"共同愿景"是指组织中所有成员共同的、发自内心的意愿,这种意愿不是一种抽象的东西,而是具体的能够激发所有成员为组织这一愿景而奉献的任务、事业或使命,它能够创造巨大的凝聚力。我校精心选拔那些在相关课程中经验丰富、改革热情高、干劲十足的干部和教师担任项目团队的负责人和核心组成员,而不是论资排辈,这就为"共同愿景"的树立提供了组织基础。在各个项目团队开展工作的过程中,重视加强对本项目的意义、责任、使命的培训,使成员通过认真学习各团队的工作宗旨、育人目标,深刻理解所从事的工作的本体价值、社会价值、短期价值和长远价值,从而对自身工作赋予新的、崇高的意义,这就为"共同愿景"的树立提供了思想基础。

如文科优秀人才培养与成课程建设团队,其核心组成员都是由对文科实验班有着深厚感情、深刻理解和强烈改革愿望的中青年教师组成,围绕文科实验班历史传承、办班宗旨、文科人才培养的社会意义、文科教师的职责和使命、东西方文科教学模式之比较等主题进行了认真的学习和讨论。正是继承优良传统、在新的历史形势下探索文科人才培养新途径这一使命感和责任感把成员们凝聚在一起,才有了现在这种主动思考、集思广益、互相启发、不计得失的团队工作氛围。当然,所有项目团队都隶属于学校课程改革的整体,"共同愿景"是推动课程改革,促进学校内涵发展,由学校层面来树立。

2. 用系统思考指引工作推进

项目团队以"学习·定向""发现·推进""巩固·开拓"为整体推进思路,该思路基于对"过去·现在·未来"这一"时间轴"的系统思考,旨在处理好课程建设中"继承""发展"与"创新"之间的关系。"学习·定向":学习,目的是充分了解特色班办班经验,把团队成立之前的成功做法坚

持下来；定向，目的是结合课改的新任务、新目标，确立新的目标和任务。"发现·推进"：发现，指的是为完成目标和任务，通过在教师、学生、家长等相关群体中进行广泛调研和统计，理清问题和困难，了解实际需求；推进，指的是根据掌握的材料展开有针对性的研讨，制定解决方案并付诸实施。"巩固·开拓"：巩固，指的是在新方案新课程取得一定成效之后，提炼出理论支撑和实施策略，使之成为实施的常态；开拓，旨在寻找新课题、新问题，开始新一轮的"学习·定向"活动。文科实验班的"促进高中生大量课外阅读的能力指标和实施策略""联合教学""人文学术课程"，项目实验班的"项目基础课程""6个领域和方向的项目实践课程"，理科实验班的"阅读与写作课程""自主研修"课程等成果，均是在这样的运作思路下获得的。

一位文科工作组的教师这么写道："在'文科实验班大量阅读'的研究中，不断提高自身素养，有意识地在教学中把课内阅读和课外阅读结合起来，促进学生提高阅读的质和量，形成了比较有特色的阅读指导方法。同时，在文科学生素养的探讨中，尝试与语文、历史教师合作教学、同头备课，研究和学习新的领域，用学科知识解读和学科思维解读《论十大关系》《矛盾论》《共产党宣言》《孟子》《荀子》等教学内容。这个过程不仅积累知识、提高涵养，并且打开视野，重新认识文科学生的核心素养是什么？如何新路径培养等问题。"

3. 用团体学习提升工作品质

项目团队肩负着研究、决策、开发、实施、监控、反馈、改进等多项任务，每一个环节的科学性、实效性都要依靠工作品质来保证，工作品质不仅来源于教师的态度，更来自于视野和学识。团体学习包含三项基本内容：一是依靠课程、教学、管理学、学科等多领域的专家支持，定期开展研讨会、培训会。以项目实验班团队为例，从课程筹建到实施的过程中就聘请了来自北京师范大学、清华大学、北京理工大学、清华大学、中科院等高校和研究机构的十几名专家。二是秉承"工作即科研""管理即科研"的理念，每一个项目团队都承担着一项研究课题。例如，文科项目团队就承担着中国教育学会"十二五"国家级重点课题"普通高中文科实验班课程改革的实践研究"这一课题。有了这一课题研究的驱动，教师可以入乎其内，也可以出乎其外，把自己的本职工作和行动研究紧密结合起来。三是团队内部成员之间的相互学习，在项目团队例会中，来自不同学科和不同管理岗位的团队成员，从自身的工作视角和学科背景交流经验、分享理念和策略；或由团队成员围绕一个课程建设中的具体问题真诚交流，开展"头脑风暴"，这些都起到了集思广益的作用。

4. 用分工合作保障团队效能

项目团队由三类成员组成。项目负责人职责是"做项目团队的发动机"，要具备四种素养：思考力——对所负责项目有深刻认识、能潜心研究、做清晰规划；执行力——提出问题是为了解决问题，对所做的工作有必成的决心；主动性——能主动承担而不推卸责任，能主动沟通而不形式主义；业务全面——能以参与者身份深入各项工作，能指导成员开展工作。核心组成员既是学科骨干，也是管理骨干，还应是研究骨干，要有一技之长。其职责之一是独当一面，即承担其项目团队赋予的某一方面的具体任务，如文科团队的核心组成员，根据各自的专长和兴趣，就分别承担着"文科生思维特点与课堂教学改进""人文特色活动的组织与开发""地域文化考察的优化与改进""文科课堂教学方式变革的研究""指导大量阅读的组织与实施"等任务。其职责之二是随时为其他核心成员在研究、实施等方面提供帮助。项目团队的参与成员是各实验班、特色班的其他任课教师。项目团队不定期举行全体会议或研讨活动，对参与教师进行培训和布置任务；项目团队经常邀请不同年级、学科的教师参加核心组例会，广泛听取意见。

通过上述分工与合作，项目团队工作如心使手、如手使臂、如臂使指，能够使先进的教育理念、合理的课程构想在教师群体中统一认识，迅速、高效、高质量地得到实施。项目团队之间在课程领导小组的组织下也经常开展交流和分享活动，使得不同团队的成果能得到借鉴和推广，促进学校的整体发展。

现如今，以项目团队为单位的学习、研究在我校已成为常态。团队和项目专题都具有较大的包容性、伸缩性和灵活性，便于根据需要进行调整、重组和增添新鲜的内容，课题的选择与方法的运用更是不拘一格，课堂教学、课堂管理等一系列课堂教学中发生的问题都可以成为教师的研究对象。如此带动和提高了教师队伍的自主发展，促进了工作和管理模式转变，形成了"学习—研究—实施"一体化的工作方式以及跨学科教研、跨学科教师合作教学的良好态势。在教育教学过程中，相互听课、研讨、项目研究等诸多活动都可以成为关键事件而为教师的专业发展提供契机，引发教师的自我澄清和自主发展。一言以蔽之，我校项目组的工作方式带来了教师专业发展、学校管理以及学校文化等方面的多重重要改变。

项目团队对教师的影响(摘自一位教师的随笔)

1. 提升自身理论素养：作为思维子课题成员，阅读大量与思维方面相关的书籍，如《学会提问》([美]尼尔·布朗著)、《思维导图》([英]东尼·博赞著)、《批判性思维工具》([美]理查德·保罗著)等，开拓自身思维路径，升华了专业理论，并应用于教学，培养学生的学科思维品质。

图1 与课题有关的部分书籍

2. 探索新的教学模式(方法)。

(1)小组合作学习：

图 2　小组合作学习讨论"夏商周频繁迁都的原因"问题

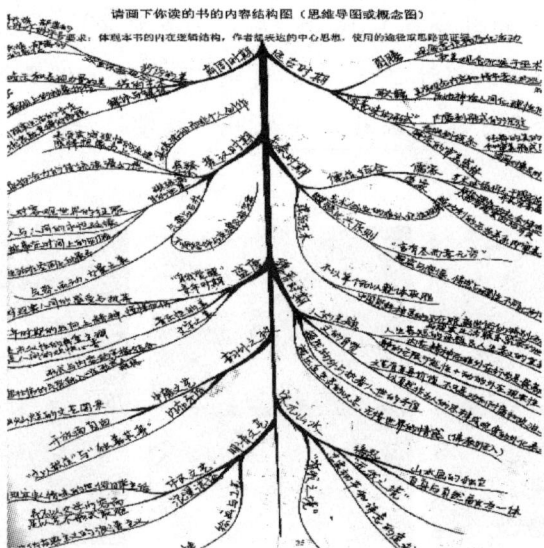

图 3　学生用思维导图形式写的读书笔记(书籍内容的逻辑结构)

　　(2)整合创新课程：语文、政治、历史合开人文学术课程(即共同解读一篇名著，如毛泽东《论十大关系》、马克思《共产党宣言》、《孟子》和《荀子》等，使学生能从不同角度解读文献，提升阅读理解能力，使阅读有效，并积淀文科学生的人文素养)。

3. 项目团队读书课题实践论文获奖：论文《从思维品质入手提升历史思维能力》获 2014 年北京历史教学论文评选二等奖，并发表于国家级刊物《历史教学》2015 年第 3 期。

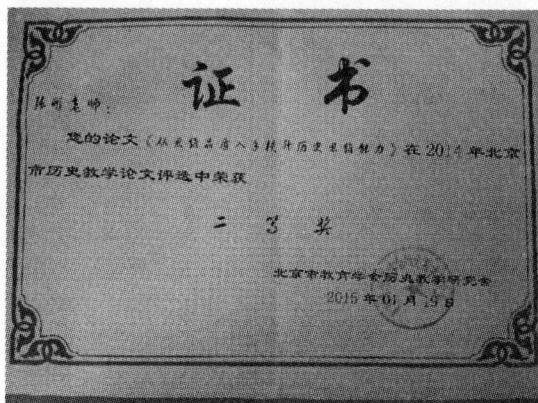

图 4　论文获奖证书

第九章

指向更好未来的课程反思

在《我们怎样思维》中杜威将"反思"描述为"对于任何信念或假设性的知识，按其所依据的基础和进一步结论而进行的主动的、持续的和周密的思考。反思的思考一旦开始，它便具有自觉的和有意的努力，在证据和合理性的坚实基础上，形成信念"[1]。这样的信念体现着一种连续性（即包括行动的过程和结果）、复杂性（即交织着人的意志、情感、价值观念和思考）、探究性（即反思激励人们去探索），信念明确的包含有理智的和实际的信仰，并且必然的或早或晚要求我们去调查研究，找出它们所依据的理由。同时，杜威还认为反思是一种思维习惯，一种意愿，即反思"有一种意愿，对其经验范围之内的事物愿意做出认真周密的思考，这种意愿和那种单纯以风俗、传统、偏见等等作为基础，避开思维的艰难去进行判断的倾向相比较，是大不相同的"[2]。杜威关于反思的理解启示着我们反思可以表现为一种主动的、持续的和周密的思考，以及自觉、有意的探究态度与意愿。从哲学上说，反思是一个使我们的"原意识"得以"显现"的过程，具有使我们对已经发生的事情进行解释和澄清，对即将要发生的事情进行预测的功能。所以，诚如杜威所言，反思并非纯粹思维层面的事情，它自然而然地引向行动。基于对反思的这样一种看法，在本书的结尾部分，对于我校多年的课程改革的探索加以反思，既是改革本身的必然趋向，也是改革前行的必由之路。

第一节　学校核心价值引领课程改革

学校价值观是人们对整个学校核心价值或基础价值的看法或观念，对其他的教育观念有直接或间接的影响作用，与其他的教育观念一起规范着、指导着或调节着人们的教育行为。[3] 鉴于价值观的主体是学校这

---

[1]　杜威. 我们怎样思维. 姜文闵，译. 北京：人民教育出版社，2005.
[2]　杜威. 我们怎样思维. 姜文闵，译. 北京：人民教育出版社，2005.
[3]　石中英. 学校文化的核心：价值观建设. 教育科学研究，2005(8)：18—21.

一特殊的社会组织，具体而言："学校核心价值观在内涵上是指学校这种培养人的社会组织所应当遵守的核心价值观。简而言之，学校核心价值观从性质上说不是一种个体的核心价值观，而是一种组织的核心价值观。它要激励、维系和约束的并不是学校中哪一个个体或哪一类个体的行为，而是学校中所有成员的行为，是对学校中所有成员行为的期待、要求和规范。……是学校在实现学生预期发展目标中应该反复应用和始终坚守的价值原则。"①

我校积多年经验与探索，形成并坚持着"人文""自主"两个核心价值观。该价值观是学校在多种价值观之间选择、比较、论证的结果，因而已经弥散到学校工作的方方面面。育人方面，学校坚持"尊重学生自主，倡导人文教育，重视环境熏陶，强调道德实践"的教育主张，形成"人文素质教育"和"自主性发展"。管理方面，学校倡导"人文管理"，具体表现是"学校管理要'目中有人'，重视观念的定向和指导作用，发挥情感的亲和力与凝聚力，营造博爱思想的高品位文化氛围"，核心是"人本"与"和谐"。德育方面，学校实施"欣赏型德育"，倡导德育的人文性，自主性，强调通过立美创造实现德育过程德美交融，引导学生在欣赏中完成道德自主构建。教学方面，学校倡导"有效教学"的理念，保持优质的教学质量，满足不同层次学生的情感需求、认知需求和升学需求。

一、人文关怀促进学生自主成长

新课程的实施，使学校人文环境的建设更加深入，有利于学生更多维得发展。新的课程体系和与之相对应的丰富的课程资源，满足了学生多方面的需求，帮助学生更加充分的发展。新的课程文化营造的平等、合作、和谐的课堂和校园氛围，促进学生健康地发展。发展性和过程性的学生评价体系，更重视过程的积累，重视对学生反馈和引导，使学生能够更全面、有效地发展。我校的"学生指导体系"，通过学生指导中心、班主任和导师的分工合作，使学生得到更加专业、及

---

① 石中英. 论学校核心价值观及其形成. 中小学管理，2008(10)：4—7.

时和有针对性的指导，使学生得到的更多、更细、更深切的人文关怀，保证了学生有规划、有个性地发展。以 2011 年为例，我校共有 100 多名学生获得北京市、西城区的各种表彰奖励。其中获得北京市优秀学生称号 1 名（全市共 14 名），获得北京市金帆奖、银帆奖的有 3 名，获得北京市优秀干部的学生有 6 名，三好学生称号 13 名，获得西城区各项表彰的有近百名。

新课程改革以来，学校的文化熏陶和国学积淀，让学生从传统文化中源源不断汲取精神养分，在形成健全人格和高雅的审美趣味的基础上，更加关注国家和时代的发展，关心社会现实，关爱他人。在奥运会、世博会志愿者队伍中，在南方雪灾、汶川地震的救援前线，在红十字会、妇女和儿童基金会等公益组织中，在敬老院、打工子弟学校里，都留下了我校学生的身影。在 2011 年学校组织开展各类社区服务 20 多次，开展各类志愿服务活动 20 多种（中国科技馆志愿服务项目、宋庆龄故居志愿服务项目、支教打工子弟学校与关爱打工子弟儿童项目、心目电影院志愿服务活动、太阳村志愿服务活动、爱校青年志愿者岗位等），参与服务达到 1300 多人次。

二、课程人文化落实学生自主成长

（一）人文学科拓展类校本选修课程

我校学科拓展类校本选修课程中有种类和数量丰富的人文类模块，约占所有学科拓展类校本选修课程的 50% 以上。这些模块对于开阔学生的视野，拓展学生人文知识的学习，加深学生人文积淀，促进学生学有所长，起到了重要的作用。

表 9.1 人文学科拓展类校本选修课程结构

分类		每学期开设的人文类模块数
通选类	语言文学类	6
	文科综合类	5
	大学先修类	2
	学科工作室	2

续表

分类		每学期开设的人文类模块数
特选类	文科特选类	8
	数理特选类	2
	项目特选类	2
	社科特选类	3
	数字特选类	1
	艺术特选类	4

(二)人文综合实践类校本选修课程

我校综合实践类校本选修课程的主要目标是通过丰富多彩的活动，激发学生的求知欲，发展学生的爱好和特长；通过活动中的合作交流和自主探究的体验，提高学生的合作意识和交流能力，培养学生的创新精神和实践能力。其中人文类的模块、课题、讲座和社团，为学生提供了很好的学习和实践平台，以多样的形式，提升学生的人文能力。

表 9.2　人文综合实践类校本选修课程结构

分类		每学期开设的人文类模块数
综合选修类	学术类	3
	文学类	3
	文化类	4
	职业类	2
	社科类	3
	体艺类	4
	生活类	2
	综合类	3
讲座类		6—8 个人文类讲座
课题类		40—50 个人文类课题
社团类		15—20 个人文类社团

(三)人文校本特色活动

学校整合部分资源，结合学校的育人传统，构建了六个系列的人文特色活动：大型主题活动系列、学论语讲修养系列、班级综合竞赛系列、专题社会实践系列、青年志愿服务系列和党团特色活动系列。在实施过程中，三年整体规划，将全校集中安排的大型活动与根据年级特点安排的主题活动相结合，统一安排的活动与自主设计的活动相结合，必须参加的活动与自主选择的活动相结合，为学生的人文实践提供更广阔的空间。

表9.3 人文校本特色活动

类别		项目
全校	国旗下讲话	学论语、讲修养；学人文，讲修养；学先贤，讲修养
	大型活动	运动会、科技节、艺术节、"博学杯"人文知识竞赛、系列主题班会、绿色生活周、文明礼仪月、"质朴杯"十佳志愿服务、学生党校活动、专题社会实践活动、诵读诗文活动
年级	高一	入学教育、拓展训练、"12·9"合唱比赛、篮球联赛、朗诵会
	高二	"方正杯"法律知识竞赛、"笃志杯"辩论赛、足球联赛、戏剧演出
	高三	高三成人仪式、毕业典礼、学长进校园、排球联赛

其中在专题社会实践活动中，我校特别重视学生"知行合一"，强调"读万卷书、行万里路"，形成了非常成熟的长线与短线相结合、科技与人文相结合的社会实践路线。

表9.4 人文社会实践活动

分类	课程实施
短线	走近两院院士、走进博物馆、走进历史名校、走进国家级实验室；参观：故宫、国子监、爨底下村、名人故居等
长线	江南名人故居行、徽文化考察、秦汉唐文化考察、晋文化考察、殷商文化考察、陕北老区文化考察、敦煌文化考察、京津文化考察

(四)艺术课程改革凸显人文性

按照"以美育德、以美启智和以美健体"的思路，对艺术课程的教学理念、教学内容与教学方法进行大胆改革，为理科实验班和社科特色班设置素质教育合唱课程，为数字化学习特色班设置素质教育舞蹈课程，为文科实验班设置中国书法与绘画课程，为项目式学习实验班设置创意设计课程，使艺术课程更加符合时代特征，更加契合班级特色，有利于学生身心和谐和全面发展，使其成为能够自信多样的表达与展示自我、乐于分享、擅于合作、富有创新意识和具有创新能力的高素质人才。

(五)学科教学中渗透人文教育

学科教学中本身就包含着大量的人文知识的学习，我们在此基础上根据不同学科的特点，挖掘和梳理学科教学中与人文教育相关的因素，在学科教学中注重人文精神的渗透，更好地促进学生人文能力的提升。学科教学中渗透人文教育不仅是学科教学评价中课堂文化维度的重要组成部分，同时也是学校德育工作的重要载体和途径。我校成立了"学科渗透人文教育"课题组，组织编写各个学科课堂教学中渗透人文教育的纲要，并整理成为《北京师大二附中学科教学渗透人文教育指导手册》，成为指导学科教学的依据之一。

化学教学中渗透人文精神

自教育部颁布《基础教育课程改革纲要(试行)》以来，新课程理念深入人心。新课程改革重视学生的情感、态度和价值观的培养，希望通过教学努力使科学文化与人文文化融合，重视在学科教学的同时对学生人文精神的培养。普通高中化学课程标准要求："以进一步提高学生科学素养，激发学生学习化学的兴趣，尊重和促进学生的个性发展；帮助学生获得未来发展所必需的化学知识、技能和方法，提高学生的科学探究能力；在实践中增强学生的社会责任感，培养学生热爱祖国、热爱生活、热爱集体的情操；引导学生认识化学对促进社会进步和提高人类生活质量方面的重要影响，理解科学、技术与社会的相互作用，形成科学的价值观和实事求是的科学态度；培养学生合作精神，激发学生的创新潜能，提高学生的实践能力。"上述化学教育原则处处体现了对高中学生进行人文精神教育的指导思想。这与二附中一直提倡和注重的人文精神不谋而合。通过几年的摸索和教师们的反复探讨，我们化学学科教学中如何渗透人文精神教育的方法和途径有了一些体会。

1. 充分挖掘教材的社会功能，增强学生的社会责任感

"化学——人类进步的关键"是高中化学新课程的总主题，在整个高中化学教学过程中应该尽可能体现这一主题。教学中要注意使学生了解化学在科技发展和社会进步中的重要作用，如化学在促进生产发展、资源开发、材料制造、保障健康等方面的巨大贡献；使学生知道其他相关科学如医学、生命科学、环境科学、材料科学、信息科学等与化学科学的密切关系。如在元素化合物知识教学中以及硅和硅的化合物知识学习中，让学生认识到半导体工业的发展引起了当前全球信息技术飞速发展，促进了工业、农业、科技、医疗等革命性改变，进而改变了我们的生产、生活方式；在化学电池知识的教学中，让学生认识到一次电池中的传统锌锰干电池到银锌纽扣电池，直至最新的燃料电池，以及二次电池中传统铅蓄电池到镍氢电池，直到最新的锂电池、太阳能电池的发展，才使得我们所用便携式电子产品重量更轻、性能更优，人造卫星在太空中可长期工作，其中无不闪耀着化学科学的光辉；其他如糖类、油脂、蛋白质、维生素 C 等教学中可学习健康知识。让学生进一步理解化学知识在社会和生活中的应用，让学生在尽情领略化学带给人们的便捷与舒适的同时，增强回报社会、服务社会的责任感和义务感。

同时，应该看到，科学技术的发展也带了一些负面影响甚至灾难。教学中，我们也要毫不回避地向学生说明，由于对科学技术应用的考虑欠缺，人类正面临着如环境污染、温室效应、人口膨胀、能源枯竭等严重威胁。环境是人类赖以生存的物质基础，培养学生对大自然和周围世界的高度责任感，是公民素质教育中不可或缺的内容。高中化学教学内容中涉及能源、环保的问题很多，如二氧化硫、氮氧化物、氟氯代烷等，大气污染、水污染的原因及防治办法，垃圾处理特别是废弃电池处理方法等知识都涉及环境教育，教师可结合原子经济性、绿色化学等概念渗透环保理念，从而增强学生保护环境、珍惜资源的自觉性，从中也

可培养学生的社会责任意识和环保意识，让学生理解人与自然、人与社会和谐发展的重要性，树立可持续发展的科学意识。

表1　案例一

教材章节	实施方式	人文教育内容	实施内容
人教版选一第四章第二节	查阅相关历史资料，电子演示文稿呈现，学生思考讨论	在爱护水资源这一节，通过对水资源污染与污染处理方法的探讨，使学生认识到：化学是把双刃剑，在给人类带来极大的便利的同时，也带来了污染问题。化学污染带来的后果是极其严重的，化学污染的治理是迫切需求的；化学污染不是不可治理的，不同的污染有不同的治理方法；治理化学污染的根源不是思考如何解决或减少污染，而是不污染。	1923年，水俣工厂在日本九州岛南部熊本县的一个叫水俣镇的地方，生产氯乙烯与醋酸乙烯。其制程需要使用含汞的催化剂。由于该工厂任意排放废水，这些含汞的剧毒物质流入河流，并进入食用水塘，转成氯甲基汞等有机汞化合物。50年代初，当地出现了一些口齿不清、面部发呆、手脚发抖、精神失常的病人，若久治不愈，就会全身弯曲，悲惨死去。这个镇有4万居民，几年中先后有1万人出现此种病状，其后附近其他地方也发现病情。1956年8月，日本熊本国立大学医学院研究报告证实，这是由于居民长期食用了水俣湾中含有汞的海产品所致。当人类食用这种水源中或原居于受污染水源的生物时，甲基汞等有机汞化合物通过鱼虾进入人体，被肠胃吸收，侵害脑部和身体其他部分，造成生物累积。该事件被认为是一起重大的工业灾难。 位于中亚的咸海曾经是地球上第四大内陆湖，而现在是一个荒漠中的坟墓。20世纪60年代起，苏联执行的灌溉计划引走了大量水源，导致像爱尔兰一样大的咸海在之后的50年间缩减了90%。曾经的湖泊变成了盐分奇高的沙漠。按此速度，专家估计到2020年咸海将完全消失。咸海污染事件还造成了严重的生态后果。干涸的咸海成了一个大盐库，风把这些盐吹到周围，严重地污染了农田。含盐量奇高的空气也对周围的居民健康产生了灾难性的影响，很多人因此患上了各种癌症和肺病。当地的夏天更炎热干燥而冬天更加寒冷。干涸的湖床形成沙尘暴。

续表

教材章节	实施方式	人文教育内容	实施内容
人教版选修一第四章第二节	查阅相关历史资料，电子演示文稿呈现，学生思考讨论	在爱护水资源这一节，通过对水资源污染与污染处理方法的探讨，使学生认识到： 化学是把双刃剑，在给人类带来极大的便利的同时，也带来了污染问题。化学污染带来的后果是极其严重的，化学污染的治理是迫切需求的； 化学污染不是不可治理的，不同的污染有不同的治理方法； 治理化学污染的根源不是思考如何解决或减少污染，而是不污染。	莱茵河污染事件、松花江水体污染事件、水体富营养化、原油泄漏……随着科技的发达，越来越多的污染事件映入我们眼帘。在人类日益改造自然的过程中，污染也时刻警醒着人类。面对污染，人类也想到了各种应对手段，混凝法、中和法、沉淀法等方法可以在一定程度上缓解污染带来的严重后果，污水处理厂的建立、污染检测条例的制定体现了人类治理污染，创造美好生活条件的决心。但是污染事件依然层出不穷。 面对污染，人类能做到的是有限的。所有的治理办法都只能是缓解污染，而不能彻底根除污染。大部分污染的解决都是靠自然界去吸收、稀释污染物，实现污染不良后果的最小化。但是在这个过程中，已经造成了局部生态体系的破坏，甚至毁灭性打击。而且在全球这个大环境中，污染的扩散已经导致偏远地区的生物也不能幸免。所以，即使人类想尽一切办法，也不能在污染发生以后使大自然恢复原貌。因此，最好的治理方法就是不污染。

2. 科学技术是一把双刃剑

科学技术可以作为人类认识和改造客观世界的锐利武器，为人类造福，也可以助纣为虐，给人类带来灾难，关键是看它被谁掌握，如何应用。化学药物的提取与合成，挽救了许许多多人的生命，但不法分子用来合成毒品、炮制假冒伪劣产品；炸药的发明大大加快了人们改造自然的步伐，但也可用来制造杀人武器；放射性同位素的发现，医学上用来治疗肿瘤，也可用来制造核武器，毁灭世界。因此在化学教育中，教师加强对学生人文价值取向——正确的人生观、价值观的指导尤为重要，要通过正、反两方面的事例教育学生学会应用所学知识为社会服务，而不是危害社会。

表2　案例二

教材章节	实施方式	人文教育内容	实施内容
人教版必修一第四章第四节	查阅历史资料，电子演示文稿呈现	在氨气的这一节学习中，通过对哈伯所取得成就的介绍，让学生直观地感受到：科学是把双刃剑，关键看如何使用；同时也从一位科学家身上看到他人性中的弱点和光辉的一面；认识一件事或者一个人也应该从多角度来了解，而不是一概而论。	弗里茨·哈伯：氮肥天使和毒气战魔鬼。1918年12月，他们宣布当年的化学奖获得者是德国人弗里茨·哈伯(Fritz Haber)。他同时也是第一次世界大战中德国毒气战的科学负责人。 将诺贝尔奖授予一个战犯，这需要很大的勇气和决心。但瑞典皇家科学院还是这样做了。瑞典皇家科学院更看重科学本身。他们认为哈伯获奖当之无愧。理由是他在9年前发明的工业化合成氨法，"使人类从此摆脱了依靠天然氮肥的被动局面"。哈伯就像一个可能"解救世界粮食危机"的天使。 哈伯的合成氨对于德国非常重要。正是有了哈伯的合成氨，德国化肥能让德国的土地产出足够的粮食；德国硝酸能生产出足够的TNT和硝化棉，让德国的大炮得以犁遍协约国的阵地。没有合成氨，德国就没有发动第一次世界大战的本钱。合成氨，一方面，造就了化肥工业，从根本上改变了粮食生产，使农作物单产在十几年内上升了数倍，这世界能养活50亿人，如果没有合成氨，根本无法想象；另一方面，没有合成氨就没有硝酸的大规模生产，而所有炸药、火药都以硝酸为基本原料。仅仅依靠智利、印度的硝石，也许全世界仅能维持20万近代军队的弹药供应，也许不会有两次世界大战，不会有现在的多元化世界秩序。

续表

教材章节	实施方式	人文教育内容	实施内容
人教版必修一第四章第四节	查阅历史资料，电子演示文稿呈现	在氨气的这一节学习中，通过对哈伯所取得成就的介绍，让学生直观地感受到：科学是把双刃剑，关键看如何使用；同时也从一位科学家身上看到他人性中的弱点和光辉的一面；认识一件事或者一个人也应该从多角度来了解，而不是一概而论。	1914年，第一次世界大战爆发，民族沙文主义激起的盲目爱国热情，冲昏了威廉物理化学及电化学研究所所长哈伯的头脑。他把自己的实验室变成了为战争服务的军事机构，并担任德国毒气战的科学负责人。不仅专门为部队派遣科研人员，还亲临前线选定氯气部队的驻扎地点。第二年在哈伯的建议下，德军首次在战场上使用毒气，并有效地打击了敌人。 即便是在获得诺贝尔奖之时，哈伯也无暇享受这份喜悦，更无暇顾及外界的非议。他正忙于设计一种从海水中提取黄金的设备与方案，以便帮助祖国尽快偿还战争赔款。实际操作后，他无奈地发现自己的努力失败了。 "没有人可以怀疑哈伯对国家的忠诚。"德国科学家马克斯·普朗克和冯·劳厄公开强调道。他们都是诺贝尔物理学奖获得者，这些话是他们在缅怀哈伯时所言。

3. 充分挖掘化学史中科学家人格魅力的榜样示范作用，塑造学生的高尚人格

一部化学科学的发展史，也是人类的奋斗史。挖掘存在于化学知识背后的一些活生生的事例，用科学家在创造伟大业绩时所表现出的伟大人格魅力去影响教育学生，对帮助学生形成良好的世界观，会起到潜移默化的影响。例如，讲到元素氟时，向学生介绍：由于氟单质的活泼性和毒性极大，因而长期未能分离出来，为了研制它，英国化学家戴维曾受氟的毒害病倒好几个月，乔治和托马斯也为研制氟而严重中毒，鲁耶特和尼克雪为研制氟不幸殉难。在这种情况下，法国化学家莫瓦桑不畏艰险，不怕牺牲，仍坚持不懈，终于在1886年获得成功。让学生走进化学家丰富而多彩的精神世界，与大师们交流对话，沐浴人性光辉，逐步使学生在挫折前表现出一种顽强的斗志，从而在学习中自觉地去砥砺自己的意志。

　　道德伦理能净化心灵。在高中化学教材中，大部分思想教育内容并不占明显的地位，这就需要教师认真钻研教材，充分发掘教材中潜在的德育因素，把德育贯穿于对知识的分析中。在学习有机化学时，学生曾遇到一个号称20世纪最伟大的发明：阿司匹林。阿司匹林的前身是名叫 Spirsaure 的一种药品，这种药有很大的副作用，有机化学家霍夫曼的父亲因患风湿性病需要服用 Spirsaure。但他对这种药过敏而无法服用。霍夫曼为了给父亲治病，就潜心研究改进这种药的方法。后来对这种药的结构进行修饰，减除了药的副作用，经过修饰的药被命名为阿司匹林。这样的例子在化学史中还有很多，只要教师充分挖掘新课程教材，是可以找到德育的素材的。

表3　案例三

教材章节	实施方式	人文教育内容	实施内容
人教版必修二第一章第一节	查阅历史资料，电子演示稿呈现	科学理论是对客观规律的正确反映。科学研究是"求真"的过程。科学家坚信，世界是有规律的，而这种规律是可以用一种美的形式来表达的，这往往成为科学家进行研究的原动力。	居里夫人 Marie Curie（1867—1934），法国籍波兰科学家，作为杰出科学家，居里夫人有一般科学家所没有的社会影响。尤其因为是成功女性的先驱，她的典范激励了很多人。这位伟大的女科学家，以自己的勤奋和天赋，在物理学和化学领域，都做出了杰出的贡献，并因此而成为唯一一位在两个不同学科领域、两次获得诺贝尔奖的著名科学家。 　　妈妈和大姐在她不满10岁时就相继病逝了。她的生活中充满了艰难。玛丽从小学习就非常勤奋刻苦，15岁时，就以获得金奖章的优异成绩从中学毕业。她从小就十分喜爱父亲实验室中的各种仪器，长大后她又读了许多自然科学方面的书籍，更使她充满幻想，她急切地渴望到科学世界探索。但是当时的家境不允许她去读大学。直到24岁时，她才终于来到巴黎大学理学院学习。艰苦的学习使她身体变得越来越不好，但是学习成绩却一直名列前茅。1894年年初，玛丽接受了法国国家实业促进委员会提出的关于

续表

教材章节	实施方式	人文教育内容	实施内容
人教版必修二第一章第一节	查阅历史资料,电子演示文稿呈现	科学理论是对客观规律的正确反映。科学研究是"求真"的过程。科学家坚信,世界是有规律的,而这种规律是可以用一种美的形式来表达的,这往往成为科学家进行研究的原动力。	各种钢铁的磁性科研项目。在这过程中,她结识了理化学校教师比埃尔·居里,他是一位很有成就的青年科学家。玛丽结婚后,人们都尊敬地称呼她居里夫人。1896年,居里夫人以第一名的成绩,完成了大学毕业生的任职考试,但是她不满足已取得的成绩,决心考博士,并确定了自己的研究方向。 1896年,法国物理学家贝克勒尔发表了一篇工作报告,详细地介绍了铀及其化合物具有一种特殊的本领,它能自动地、连续地放出一种人的肉眼看不见的射线,这使居里夫人发生了极大的兴趣。1897年,居里夫人选定了自己的研究课题——对放射性物质的研究。 居里夫人对已知的化学元素和所有的化合物进行了全面的检查,获得了重要的发现:一种叫作钍的元素也能自动发出看不见的射线来,这说明元素能发出射线的现象绝不仅仅是铀的特性,而是有些元素的共同特性。她把这种现象称为放射性,把有这种性质的元素叫作放射性元素。它们放出的射线就叫"放射线"。在实验中,她发现一种沥青铀矿的放射性强度比预计的强度大得多,这说明实验的矿物中含有一种人们未知的新放射性元素,且这种元素的含量一定很少,因为这种矿物早已被许多化学家精确地分析过了。她果断地在实验报告中宣布了自己的发现,并努力要通过实验证实它。经过几个月的努力,从矿石中分离出了一种同铋混合在一起的物质,它的放射性强度远远超过铀,这就是后来被列在元素周期表上第84位的元素,并且用自己的祖国波兰来给这个元素命名为钋。几个月以后,他们又发现了另一种新元素,并把它取名为镭。但是,居里夫妇并没有立即获得成功的喜悦。矿石中镭的含量还不到百万分之一。只是由于这种混合物的放射性极强,所以含有微量镭盐的物质表现出比铀要强几百倍的放射性。他们出于工作效率的考虑,分头开展研究。由居里先生试验确定镭的特性;居里夫人则继续提炼纯镭盐。有志者事竟成!1902年年底,居里夫人提炼出了十分之一克极纯净的氯化镭,并准确地测定了它的原子量。

4. 揭示化学规律的和谐统一，实施审美教学

实施化学审美教学，就是要结合中学生的审美心理特点和生理特点，向学生展示化学教材的结构美、化学方法的应用美、化学规律的内存美。通过揭示化学学的"真"与"美"，使广大中学生提高境界、和谐关系、陶冶心灵、开发智能、活泼气氛、增强情趣，培养学生健康、积极的审美情感和欣赏美、创造美的能力，从而使学生的感性和理性协调发展，塑造健全人格。

表4　案例四

教材章节	实施方式	人文教育内容	实施内容
人教版必修一第三章第一节	查阅历史资料，电子演示文稿呈现	审美艺术教育是人文素质教育不可缺少的组成部分。其实在化学学科中也有它的美学、哲学内容。如金刚石的璀璨夺目、水晶的玲珑剔透、金属晶体的天然光泽等，一种"真"——"真"与"美"相统一；再如焰火的五彩缤纷无不与其化学反应的"真"相联系。	这些外在美无不与它的内在结构美相统一，而其内在的天然结构正是现在使用的元素周期表的形式"美"，正是元素递变规律的"真"使然；又如"酚酞遇碱显红色"这一化学反应的"真"用于制作喷泉就会使人产生美的悦感，如果用于巫术骗人"捉鬼治病"就会使人产生"恶"的愤慨。因此，科学的"真"与"美"和"善"自有其辩证统一的道理。所以，在教学中，一方面可充分挖掘化学科学美的事物和现象，并利用这些事物和现象来熏陶学生，培养学生高尚的情趣和健康的审美观，同时引导学生利用化学美的特征与规律来分析和理解化学问题，使学生的感性和理性协调发展，这也是培养学生人文精神的有效途径之一。

5. 辩证唯物主义的哲学思想教育

在分析影响化学反应速率的因素时，可以联系内因与外因的辩证关系。例如，在选修四第二章的教学中，我们知道反应物的结构和性质是内因，是影响化学反应速率的主要因素；而反应物的浓度、温度、压强以及催化剂等则是影响反应速率的外部条件，外因通过内因而起作用。对于氧化还原反应的氧化过程与还原过程，化学平衡体系中的正反应与逆反应，它们都属于一个统一的整体，但二者既相互依存又相互对立，又在一定条件下相互转化，体现了唯物辩证法的对立统一规律。元素周期律、元素周期素以及元素性质的相似性与递变性，从自然科学上有力地论证了事物变化从量变引起质变的规律性。

6. 创新精神和科学品质的教育

科学探索贵在创新，化学科学的许多概念、原理就是在不断地创新过程中得以完善和发展的。例如，人类对原子结构的认识，从中国古代墨子所说的"端"、古希腊哲学家德谟克里特的古代原子观到道尔顿、汤姆生、卢瑟福、玻尔等科学家先后建立的原子模型，直到现代物质结构学说建立的电子云模型，人类对原子的认识经历了逐步深化的演变过程。

科学家之所以可以成为科学家，其中很重要的一个原因就是他们有科学的态度：尊重科学，实事求是，精益求精，不畏辛劳。卤族元素氟、氯、溴、碘的发现史，就是一部化学家求真求实的历史。可以说轻信和主观使人们丧失及早认识氯的真面目的机会，但化学家孜孜不倦地追求才使它真相大白。拉瓦锡不盲从当时占统治地位的错误理论燃素说，敢于质疑和批判，坚持不懈地进行科学实验，证明了空气的成分，最终建立了燃烧的氧化学说。凯库勒研究苯分子结构时，日思夜想，执着追求，连做梦都在思考碳原子的连接方式，最终提出了著名的凯库勒式结构。我们既要学习凯库勒这种锲而不舍、不达目的决不罢休的执着追求精神，又要认识到科学研究的曲折和艰辛。

实验探究是学习化学的基本方法，在新教材中将实验探究作为一项重要内容，并且打破了原来的演示和学生实验的束缚，将实验探究作为课堂的一部分，激发了学生的求知欲，培养学生的怀疑批判精神、开拓创新精神和求真求实的科学品质，同时也训练了思维的严密性、条理性和考虑问题的全面性。

总的来说，科学是真善美的统一，化学教学过程必定也是德育实践的过程。利用化学教学渗透人文教育是很好的途径之一，但在具体实践中一定不能喧宾夺主。在渗透的时候注意好尺度，才能面向全体学生，由把学生当容器来"灌"转到把学生当成有思想、有感情的人来"育"。

三、多元课程体系支撑学生自主发展

(一)多元课程赋予学生自主选择权

我校既有面向全体学生的统一课程，也有面向不同类型学生的特殊课程。文科实验班特选课程宗旨是满足对人文科学具有浓厚兴趣、并有志于将来从事人文社会科学工作的学生的需求，为高校培养高素质的复合型文科预备人才，适应社会发展对高素质文科人才的需求。数理优秀学生特选课程宗旨是满足对自然科学有浓厚兴趣，具有扎实的学科基础的学生的发展需求，为高校输送全面发展、专长突出的高水平理科预备人才，适应国家未来发展对高素质人才的需求。项目实验班特选课程宗旨是满足有较强的学习能力和动手实践能力的学生的需求，培养具有综合运用知识技能解决实际问题能力和创新精神的科学技术领域预备人才。普通班特选课程宗旨是面向全体学生，在突出全面发展的基础上，适应学生的特点和发展志向，有针对性地培养学生的团结协作能力、发展学生的兴趣和特长，激发学生的学习兴趣和创造性思维，焕发学生的精神面貌，提高学生的综合素质。PGA(全球通用证书项目)高中课程班特选课程宗旨是满足大学本科阶段有出国留学意愿的学生的需求，培养具有中华民族文化底蕴，具有多元国际视野，为未来成为跨文化国际人才打下坚实基础的优秀高中毕业生。创办"拔尖创新人才工作室"的宗旨是对于具有拔尖创新潜质的学生，通过工作室的形式进行个性化的培养。

(二)创设有利于学生自主学习的教学模式

第一，课堂教学中坚持"双主体互动式"教学原则，重视学生自主。通过精心设计教学环节，充分调动学生学习的积极性和主动性，鼓励学生在过程中参与和体验、思考和表达、合作和探究，将学生学习知识的过程和形成能力的过程统一起来。

第二，指导学生大量阅读经典作品，开展创作实践。各学科在教学中大力激发学生阅读兴趣，有计划地推荐必读、选读、精读、泛读书目供学生自主选择。教师分组指导学生合理分配课余时间进行阅读，指导学生养成阅读与思考并重的读书习惯。定期通过文学沙龙、读书会、知识竞赛、随堂检测等不同的考查方式检测学生的阅读效率和效果，鼓励学生边阅读边进行创作实践。统计结果显示，高中阶段文科实验班学生平均精读文史哲和社科类经典书籍30多种，泛读书目百种以上；文科实验班学生平均每年在正式出版物发表文章近百篇。

第三，扩大教学资源，开展自主研修。学校为学生提供丰富的学习资源，鼓励学生自主选题深入研究，使学生学有所长。教师凭借先进的教学理念、丰富的教学经验和出色的教学实践能力，使学生懂得了自主，学会了选择，掌握了人文学科学习和研究的基本方法。经过高中三年的学习，文科实验班学生的学习兴趣和动力并没有因为高考的结束而终结，反而与日俱增。他们收获的不仅是优异的高考成绩，更是扎实的文科积淀和可持续发展的学习能力。追踪调研发现，我校的毕业生在大学里不仅学习成绩在各院系继续名列前茅，获得各类奖学金，而且广泛参与学生组织、社会活动和科学研究，成为学生会、社会团体、学术机构和公益活动中的领军人物，得到了清华大学、北京大学、中国人民大学、复旦大学、北京师范大学等高校的普遍认可。

第二节　课程改革是在继承中的创新

冯友兰先生在其《三松堂自序》中回顾自己的治学历程时，将诠释中国古典的态度明确区分为两种路径，即"照着讲"和"接着讲"。前者的重点是要说明以前的人对于某一问题是如何说的，后者的重点是要说明自己对某一问题是怎么想的。自己怎么想，总要以前人怎么说为思想资料，但也总要有所不同。"接着讲"是冯友兰先生建设中国哲学的基本立场。"接着讲"的方法，事实上是一种熔旧以铸新、推陈以出新、返本以开新，即承先启后、继往开来的"继承"与"创新"的统一。"继承"一定要落实到"创新"，不"创新"就不算"继承"，这就是"继往"与"开来"的统一。

一、课程理念的薪尽火传

从外界对于整个北京师大二附中的印象来看，质朴、踏实、不哗众取宠，往往是人们首先想到的。遍访我校的"老人"们，谈及学校给他们的印象，"继承"更是出现频率极高的一个词。在访谈林福智老校长时，他对曹保义校长有这样一段评价："总的来说，他的继承和发展处理得非常好，重视继承又重在发展，这一点是非常重要的。他聪明也聪明在这儿，站在巨人的肩膀上。他不标新立异，那是违反文化发展的规律。他接任校长以后，学校的理念还在坚持，在落实。但是我认为在他这一代校长当中，二附中的发展是最快的。"林校长补充道："这可不是我一个人创下来的，是二附中许多年、几代人积累的文化传统。"马克思早已说过："人们自己创造自己的历史，但是他们并不是随心所欲地创造，并不是在他们自己选定的条件下创造，而是在直接碰到的、既定的、从过去承继下来的条件下创造。"真正明智的人，永远站在历史与未来的交点，而不会盲目热情地攀住过去，或是过度热心地攫取未来。

正如霭理斯在一篇文章中曾经写到的：在道德的世界上，我们自己是那光明使者，那宇宙的历程即实现在我们身上。在一个短时间内，如我们愿意，我们可以用了光明去照我们路程周围的黑暗。正如在古代火把竞走——这在路克勒丢思看来似是一切生活的象征——里一样，我们手持火把，沿着道路奔向前去。不久就会有人从后面来，追上我们。我们所有的技巧便在怎样的将那光明固定的炬火递在他手内，那时我们自己就隐没到黑暗里去。

相比之下，曹保义校长大概就是那传递炬火的使者。他接任校长以后，学校的基本理念依旧遵从原来的提法。与此同时，我校的传统绝非凝结成型、可以简单传递的"实体"，相反，它是一种流动于过去、现在、未来整个时间性中的"过程"，一种生生不息的精神力量。进一步地，所谓"批判地继承"，也绝非简单在"过去已经存在"的东西中挑挑拣拣，而是对它们的整体进行调整和规划，从而实现真正的薪尽火传。

我们知道，对于任何一所学校来说，管理层尤其是一把手校长的平稳，对发展是难得的福气。只有核心保持稳固，才能真正长久地推行一些事情。走马灯似的推行所谓改革，甚至新官上任三把火，对学校来说弊远大于利。而在这一点上，曹保义校长保持得非常好，作为土生土长的二附人，他了解学校的整个发展，自然地传承与创新，得天独厚。早在 1999 年，二附便明确提出"三兼优、一发展"：人格发展和身心发展兼优，知识基础和能力基础兼优，人文素养和科学素养兼优。这样一种培养目标汇集了全体二附教师的人文教育理想和追求。曹保义校长接手北京师大二附中之后，提出要实现这样的目标，首先要提高教师自身的素质。具体来说，教师必须结合自身的发展目标去学习和读书，成为学习型、科研型的教师。为进一步强化组织学习的职能，教学处在制订学期计划时，特地把开展"读一本书"的活动作为教研组建设的一项重要工作。每学期开始，各教研组都会上报学习书目，由学校图书馆统一购买录入后分发到各教研组，各教研组根据学科特点和组内的实际情况，有计划地开展学习读书活动。学期末，大家还会组织学习交流活动。2003年，借着我校建校 50 周年的机会，曹保义校长带领全校教师梳理多年积累下来的办学经验，特别是文化传统方面的内容。现在，人们一说起我校，比较公认的几条，如人文、自主，都在曹保义校长的手里坚持下来，并且得到很好的发展，进而塑造了整个学校集体的"文化"与"人格"。

二、课程建设的继往开来

早在林福智校长时期，"人文"便已成为我校学校文化的核心关键词。当时他们提出人文教育有层次之分，即人文知识、人文精神和人文能力。在实施过程中，以人文知识教育为切入点，作为整个人文教育的基础。待师生对人文知识形成认同，把知识所体现的价值观念等加以内化，逐渐形成人文精神，培养人文能力。之前提到的文科实验班，更是在引领学校人文特色方面起到了不可低估的重要作用。"自从办了文科实验班以后，有一些好的东西，别的年级、别的班级都想用，这就等于推广了。慢慢地，文科实验班把整个学校的人文教育给带动起来了。现在二附中人文教育的特色，其实有好多东西都是从文科实验班的成功经验中提炼出来的。"

　　社科特色班的王同学说："我们这个班有点尴尬，名字叫作社科特色班，但经常被误解成文科实验班的'落榜'班。其实我感觉，除了入学时候的分数略有差别，更主要的是具体方向的不同。他们更侧重人文科学领域，而我们的兴趣偏向社会科学领域。""我当初坚定学文，是因为喜欢法律专业，将来想从事这方面的工作。但是，跟许多文科生相比，我没那么'文艺'和'诗意'，对偏重文学性的课程并不特别感兴趣。所以，主动选择了这个班。进来之后发现，确实选对了。老师会根据我们班的特点，设计社会专题的综合教学。我觉得，只要向更多的人宣传咱们班的特色，让外人真正了解我们这个班，慢慢就不会再出现被误解的尴尬局面。""前一段时间，钓鱼岛问题特别敏感，大家也都挺感兴趣的，但其实了解得并不真切，有时候只是简单地情绪发泄，或是人云亦云。所以，老师们设计了专题研究，帮助我们对事件的来龙去脉有更深入的了解，全面分析，之后再做判断。政治老师、历史老师还有地理老师一起给我们上课，特别有意思，收获也特别大。当时我们同学相互开玩笑，三个老师，同一个课堂，同一个梦想！"

　　如此特殊的课程设置，多少沾了文科实验班的光。"这个班很新……很多做法都还在探索中，"主管教学的王老师如是介绍，"但其实我们早些年前就开始琢磨了。"历年以来，在统招录取的高一新生中，我校都会发现一些学生对文科有着浓厚的兴趣，并且基本明确了经济、法律、管理——正是近年来社会需求不断上升的专业方向和领域——等社科类的学习方向。但是，正如王老师介绍的，原有的课程结构并不能很好地满足这批学生的学习需求。学校曾经尝试过在高一年级部分必修课程的修习方式上，进行"侧文"方向的安排，但是，由于涉及的领域和空间有限，不能很好地整合国家和校本课程，使得教学的系统性不强，教学难度不易把握，课程管理的难度也比较大，学生学习需求仍然不能得到很好的满足。

　　基于上述的考虑，我校认真论证了学生的实际情况，经过一系列全面细致的准备，于 2012 年 9 月正式开办了"社科特色班"，寄希望于既能充分满足学生社科方向的学习需求，增强学生的自我认同感，同时能够有针对性的推进课改实验和课程管理，探索优秀社科人才的培养途径。在保证学生全面发展的基础上，社科特色班着眼于培养学生文科学习的良好习惯，加强学生文科学习能力，提升学生自主规划和发展水平，为学生未来的发展提供更有针对性的专业支撑，如专修课程。

三、课改支持系统的持续存在

(一)延续到今的"长命"刊物

为了有效传播和推广教师们的科研成果，使教师们关于课程、教学方面的思考和探索成为学校中的热点话题，我校提供了交流的平台，这个平台一存在就是三十年。"咱们学校有两个特别好的刊物，老师的刊物，一个是《教研简报》，一个是《求索》。否则，大家平时不相往来，个人的成绩大家不知道，教学上有什么好的东西也没办法及时推广。就这样，从 1997 年开始，办了一个《教研简报》，一年出四本，每个老师人手一册，也用于跟外界兄弟学校交流。《求索》更早，1985 年就创刊了，每年一本，把一年来老师优秀论文合起来。这是从高云校长那时候开始的，一直延续到现在，很难得的。"

(二)习惯了的"三人间"校长室

我校的校长办公室很大——这一点不稀奇，许多学校的校长室都宽绰有余，甚至不乏套间、豪宅；校长办公室三个人共用——这恐怕并不多见，尤其是在类似二附这样各方面实力和条件都允许的情况下。但这一"非常"现象在我校却很平常，平常到老师们从未想过这个问题，更是不以此为问题。"1962 年大学毕业我(指前校长林福智)就到二附中了。当时的环境可比现在差多了。房子特别紧张，校长、副校长好几口子人，就挤在一个屋子里头，习惯了。后来要建这个新楼，我还没退休，就征求他们几位的意见。我说咱们之前老在一块，挺挤的，现在新建一个楼，有条件了，要不要跟人家学校一样，校长单独待一个屋？我说我要退休了，用不了多久，关键看你们，所以问问你们的意见。结果大家都不愿意折腾，觉得麻烦，希望就原来这样，在一起挺好的，通知个什么事儿或是要商量个什么事儿也方便。那么我说好，尊重大家的意见。所以，设计建这个新楼的时候，校长室就这么一个大屋。"但透过功能主义之眼我们却能发现这简单的"习惯了"蕴含着特定的思想与内涵。他们并不看重许多学校那种"校长单独待一个屋"的形式，并且自然而然地继承下来"三人间办公室"反映出来的我校对踏踏实实办教育的尊重，对人的尊重，对传统中之精华的尊重。

　　任何关于教育教学的一揽子解决方案，都是我们要警惕和谨慎看待的。这可以称作一种"界限态度"，它不是一种拒弃的姿态，而是希望摆脱非此即彼的选择，转而深入具体情境，分析和反思不同方法的界限，把以必然性界限形式展开的批判，转化为以某种可能性逾越形式出现的实践批判。斯科特曾在《国家的视角》一书中分析了许多打着造福人民旗号的工程遇到重大失败的问题。一批自以为是先哲的领袖，抱着远大的目标，强行率领他们的子民，按照他们想象中的路线图，不管社会的现实是什么，要直达目的地。结果是他们陷入了灾难的深渊。"如果要我将这些失败背后复杂的原因归结为一句话，我要说这些计划的始作俑者往往将自己看得远比实际上更聪明和更深谋远虑，同时也将他们的对象看得远比实际上更愚蠢和低能。"那么，如何避免灾难？斯特科从行动和理念两个方面给出了解决的思路。比如任何社会规划都采取小步走的方式，前进的步伐缓慢一些，边看边走；再比如鼓励可逆性，在社会规划中鼓励那些一旦发现问题就可以倒退回来的机制；同时规划要有弹性，一旦出现意外的情况可以做出及时的调整。总之，避免灾难的出路绝不是一整套严格的设计方案，而只能是基于不断变化的实践的多种方法的综合考量。① 我校基于对学校历史的整体认知，基于对教育本真的真切尊重，基于对课程改革规律的全面把握，始终不急不躁、稳扎稳打、审时度势地进行课改探索和实践。诚如佐藤学所说："教育实践是一种文

---

　　① 詹姆斯·C.斯科特.国家的视角——那些试图改善人类状况的项目是如何失败的.王晓毅，译，胡博，校.北京：社会科学文献出版社，2004：译者序言.

化，而文化变革越是缓慢，就越能得到确实的果实。"①

第三节　学校教研精准推动课程改革

新课程改革给学校发展带来的影响是多方面的，然而最核心的当是转变了学校发展的理念，由课改而引发的向学校赋权的思想和行动使得学校越来越认识到发展的权利是掌握在自己手里的。因而逐渐地有了学校内涵发展的理念。那么如何实现内涵发展就成了学校思考的一个主题了。在此背景下，教育研究的力量和作用越来越受到重视。因为教研本身多是因学校发展中遇到的真实问题而出现的，研究的过程就是解决问题的过程，并且在研究的过程中教师不仅可以学习、掌握一定的研究方法，重要的是可以在研究的过程中学习新的思维方式，产生对教育更深刻的理解和感悟，进而实现自身的成长。

我校的"出身"是独特的，作为北京师范大学附属的实验中学，"实验""研究"是其命中注定的使命，建校之初，我校就有这样一个定位：教育改革的实验基地，教育教学的实习基地。正如我校五十周年校庆时，顾明远先生概括出来的学校使命："二附中不仅要培养优秀的高中毕业生，还要研究如何培养优秀的高中毕业生。"二附中在完成本职工作"出人才"之余，还要能够"出经验""出理论"。这样一种与生俱来的使命自然地转变为学校的教育研究意识。有研究指出衡量一所学校的科研是否成熟与深入的重要标准是该校的科研是个别教师"单打独斗"还是学校的整体行为。细数我校学校发展中的重要事件，如"人文、自主"核心价值的提出与坚持，"文科实验班""项目式学习实验班""数字化学习特色班""双主体教学模式"等的实施无一不是在学校教研的基础上得以提出和推进的。因此，我校的学校教研活动已经处于"有序状态"状态。该状态的特点是：（1）群体效应，科研已成为大多数教师的自觉行动。（2）科

---

① 佐藤学．静悄悄的革命——创造活动、合作、反思的综合学习课程．李季湄，译．长春：长春出版社，2003．

研自主、理论自觉。学校和教师不再盲目跟风，而是根据学校教育实践中出现的实际问题开展科研活动。（3）对学校科研有较深入的理解和认识，精耕细作，实事求是，不浮躁、不作"秀"，扎扎实实地研究问题、解决问题。（4）形成比较完善的学校科研环境文化、制度文化和精神文化。[①] 目前我校已经形成了"年度教学论坛""教研组交流活动""备课组交流活动"等具有可持续性、发展性的学校教研平台，构建出了激励和交流机制。

一、学校教育研究驱动课程改革实施

我校的课程改革不是一蹴而就，也不是仓促成行，而是秉着科学严肃的教改精神和教研态度去实施的。学校自 2007 年秋季入学开始在高中进行自主安排新课程实验。为做好这项实验工作，我校根据《基础教育课程改革纲要（试行）》《普通高中课程方案（实验）》《教育部关于普通高中新课程实验工作指导意见》和《教育部关于进一步加强普通高中新课程实验工作的指导意见》以及北京市有关文件，结合学校实际制订了相应的实验计划并按照计划实施课程改革。

第一阶段：实验探索阶段（2006 年 10 月—2007 年 3 月）。成立学校课程委员会，启动学校的课程改革工作。积极参加国家、市、区等各级培训、研修和考察，积极与实验省区兄弟学校建立联系并实地参观、交流和学习。初步建立学校的课程框架，形成各项配套管理制度的基本构想，开始着手进行配套设施规划。

第二阶段：深入研究阶段（2007 年 3 月—2007 年 7 月）。形成学校的课程方案，并广泛征求意见，不断修订。初步编制完成相关文本，包括：《高中新课程排课方案》《高中新课程学生选课指导手册》《高中新课程学分认定方案》《高中新课程校本研修实施方案》《高中新课程研究性学习课程实施方案》《高中新课程社会实践及社区服务实施方案》《高中新课程校本课程开发与管理方案》和《高中新课程实验学生综合素质评定工作方案》。开展各种宣传和解读活动。

---

① 吴增强. 论学校科研文化建设. 中国教育学刊，2006(1)：36—38，48.

第三阶段：具体实施阶段(2007年7月—2010年7月)。实施前期的主要任务是运用培训、示范等手段，迅速将全校起始年级的教师送入实施实验的轨道；实施中期的主要任务是运用培训、交流、研讨等手段，有效地将骨干教师引入研究实验的层面，广泛动员家长和社会的力量，支持参与课改实验、共同完成实验任务；实施后期的主要任务是适时建立规范，使学生能较科学独立的实施课程改革，使学校、教师研究课程改革的活动持续化。

第四阶段：研讨总结阶段(2010年8月—2011年7月)。针对上三个阶段具体任务，对各项目任务的工作进一步完善与深化，修订与创新、检验与评估及成果的总结与展示。

第五阶段：交流推广阶段(2011年9月—2012年7月)。对前一轮的实验工作做全面的总结，对存在的问题进行科学、深入地分析，对已有的经验、成果，在各个层面进行交流、推广，对存在的问题作一分为二地分析，研究出对策，初步实现实验工作目标。

以上是学校教育研究在学校整体课程改革中所起到的宏观的指导作用，但这并不是全部。我校真正做到了任何变革都是站在研究的基础上，如"如何开展阅读"以及"怎样指导学生进行阅读"也是调研先行。

北京师大二附中深刻认识到了阅读对于学生知识、思维、兴趣拓展的作用，在进行阅读教育之前对文科实验班的学生进行了相关的调查，结果发现：从目前文实学生素养来看，感性认识多于理性认识，缺乏逻辑思维和对社会的认识，与二附中培养高素质复合型文科人才的要求有一定差距。在与高一新生的交流中我们发现，当前高中文科学生尤其是高一新生在阅读方面存在的问题有：

(1)在原有初中阶段的学习中，由于繁重的课业压力压缩了学生的课余时间，用于阅读的时间少。

(2)阅读面狭窄，唯教材是从，阅读结构不合理。偏重有故事情节的文学类书籍，轻视涉及历史、政治、经济的社会科学书籍，缺乏培养学科素养和思维能力的专业性阅读。

(3)阅读层次不高，选择阅读经典作品的少，更多人愿意阅读看起来轻松、新奇的现代流行作品，更是难以提高个人思维深度和独立的思考能力。

（4）阅读目的不明确，没有形成良好的阅读习惯。有一项对 50 个城市的学生的问卷调查结果表明：只有 28.7％的同学有课外阅读习惯，而占 43.7％的同学只有感到无聊时才会读课外书，可见大部分同学都把阅读当作一种娱乐、消遣，而不是作为精神上的补偿，还有 2.6％的学生极少阅读课外书。部分学生读前没计划，读时不思考，读后不动笔，看书浮光掠影，不知如何读、读什么。

（5）随着大众传媒的发展，网络、微博、微信、游戏成为学生的课余选择，纸质阅读被一些人所摈弃，使学生对信息的获取是破碎的，缺乏体系。

从二附中实践状况来看，我们一直强调大量阅读，但是在书目确定、方法指导、过程检测等方面没有系统化和理论化的指导，多是因人而异，从而造成在阅读方面的两极分化。

二、学校教育研究保障课程改革实施

(一)建立课程开发与实施组织体系

课程建设涉及教育教学全方位的工作，为保障课程建设顺利、高效的实施，新课程改革伊始，学校建立了由课程指导委员会、学科指导组、备课组和任课教师四个层次组成的课程开发和实施的组织体系。在新课程实施过程中，各层次分工合作，从不同角度，运用不同方式，保证了课程开发、实验、监控、调整、完善等方面健康发展。

在课程建设各层次的工作实践中，强调多层面的自主管理，在统一观念和目标的基础上，在各自岗位上树立起强烈的责任意识和主动意识，充分发挥聪明才智，创造性地开展工作。首先，课程建设组织体系的各个层面针对学校统一目标任务，结合实际情况，自主确定工作重点，自主策划行动方案，自主组织方案实施，自主参与评估调控。其次，在课程实施过程中，重视情感支持，倡导信任、尊重和宽容，鼓励探索、尝试和创新；强调监控评价对师生发展的促进作用。最后，协调层级管理与项目管理的关系，层级管理重在服务和协调，项目团队直接承担起组织、决策和实施的职责，使课程建设中不同层级、不同团队能够独立思考，使具体工作的决策权尽可能下移，使师生的需求得到快速、真实的反映，从而提高科学决策水平。

（二）依据现实灵活调整课程方案

在新课程实施前，学校成立了课程管理委员会，并聘请校内外课程专家和学科专家成立专家组，在充分研讨论证的基础上，制定了《北京师大二附中自主排课方案（草案）》，通过教代会、教学工作会、学代会等多种途径，面向全体师生征求意见和建议。教学处、学生处等职能部门组织了多渠道、多维度的调查问卷。依据师生意见和调查数据统计结果，学校召开课程建设专题研讨会，反复修订并最终确定了《北京师大二附中高中课程方案》。

在课程方案实施过程中，学校课程管理委员会成员和学校聘请的专家组，深入备课组，深入学生，深入课堂，广泛了解教师的疑难问题，了解学生的感受，体验课堂教学过程。对课程改革落实情况、课堂教学实效性以及校本选修课的实施进行调研，为学校课程改革提出建议，为相关人员提供咨询指导。

教学处等职能部门通过召开专题研讨会、年级会、学情分析会、任课教师及学生座谈会，征求对课程改革实施意见和建议，并将调查结果反馈给相关组织。每学年，教学处都多次在不同年级组织新课程实施情况反馈调查。调查重点放在学科拓展类校本选修课的教师准备、对必修课的补充、课堂纪律以及课后收获等关键点，并密切关注学生的选课情况、课时长短的调整以及学生与导师的交流情况。切实保证在实施过程中及时发现问题、适时调整方案，准确把握课改实践方向，使改革的进程少走弯路，使学生发展需求得到充分满足。

（三）通过课题带动课改创新

新课程改革以来，我校坚持"改革即科研，工作即科研，管理即科研"的工作策略，针对新课程改革带来的新情况、新任务、新问题，围绕"人文教育特色学校建设"和"多样化人才培养途径"两大主题，建设了多种类型的课程改革项目团队，以工作组和课题组相结合的方式开展工作，这些团队或课题组有：人文教育课题组、"欣赏型"德育课题、"学生指导工作组"、文科实验班课题组、理科实验班课题组、项目实验班课题组、艺术特色课程建设团队等。这些项目团队在继承传统的基础上总结反思，在课题研究的过程中结合实际，循序渐进的前提下注重落实，根据不同的研究对象，开展了高质量的行动研究，不仅顺利完成和规范推进了"十一五""十二五"科研规划课题，还在实际工作中推动学校重大改革项目的实施，引领学校的课改创新，得出了有创新性和推广价值的科研成果，促进了教师和学生的共同发展。

三、学校教育研究反馈课程改革的落实

课程改革没有现成的蓝本可以模仿，也没有固定不变的格式可以套用，它需要根据不断变化的教育现实情况、学生接受程度来进行调试甚至有可能局部修改。而不断的调试乃至修改才是课程改革应该具备的现实的理想状态，这种基于事实而进行的课改反馈才能使得课程改革"不忘初心"。以下是我校通过学校教育研究对学校课程改革情况的了解、反馈和反思。

北京师范大学第二附属中学多元化课程学生认同度调查报告(2013年)

课程改革的目的在于促进学生的发展，满足学生的需要。评价任何教育改革都不能停留在"学校做了什么""教师们做了什么"，改革的终极评价权在于"学生们学到了什么""学生们怎么样认为"，一项课程改革若在学生身上没有良好效果的呈现，该改革的进展就是需要商榷的。因此，学校组成了科研队伍，专门对学校新课程的实施结果进行调查研究，研究结果如下。

1. 调查对象

本研究调查对象为北京师大二附中高一至高三共计18个班级的学生。基于三个年级在多元化课程的类型及发展历程方面存在客观性差异，即文科实验班课程(简称"文实")与理科实验班课程(简称"理实")是学校开发最早、发展最为成熟的课程，因此，这两类课程在三个年级各随机抽取一个行政班级进行调查；项目式学习实验班课程(简称"项目")是2011年正式启动的，因此调查对象为高二和高一两个年级共3个行

政班；数字化学习特色班课程（简称"数字"）和社科特色班课程（简称"社科"）是 2012 年最新开发的特色课程，因此仅在高一年级对应的班级进行调查。舞蹈特选课程（简称"舞蹈"）和合唱特选课程（简称"合唱"），作为学校艺术特色课程的典型代表，考虑到其开设方式为——高一年级是必修课程，高二年级是选修课程，因此，这两类艺术特色课程分别在高一和高二开设的班级进行调查。

本次调查对象的具体分布如表 1 所示：

表 1　北京师大二附中多元化课程学生认同度调查对象分布

班级	调研对象	学生人数
高一 1 班	理实	33
高一 2 班	合唱	34
高一 3 班	项目	29
高一 4 班	项目	29
高一 5 班	舞蹈	38
高一 6 班	数字	38
高一 7 班	数字	38
高一 8 班	社科	30
高一 9 班	文实	31
高二 1 班	理实	34
高二 3 班	项目	27
高二 4 班	舞蹈	33
高二 5 班	舞蹈	34
高二 7 班	合唱	34
高二 8 班	合唱	33
高二 10 班	文实	29
高三 2 班	理实	42
高三 9 班	文实	30
		共计 596

2. 研究内容

课程评价是系统地运用科学方法，对课程的过程和产物，收集信息资料并做出价值判断的过程。广义的课程产物，主要有课程目标、内容的选择和组织、课堂教学、学业评价。这些产物，其载体为课程改革总纲、各科目的课程标准、各科目的课程资源和教科书、教师备课计划、教师的实际课堂教学、学业评价中纸笔考试的试卷或者学生档案袋中的作品等。就运作过程而言，主要包括课程设计、课程管理、课程实施等。所以，一项全面系统的课程评价，就会涉及上述各类成分，这就是课程评价的对象。

与此同时，纵观当前诸多的课程评价模式，美国教育评价家斯塔弗尔比姆所倡导的 CIPP 模式应用最为广泛、最为成熟。CIPP 即背景评价（Context Evaluation）、输入评价（Input Evaluation）、过程评价（Process Evaluation）、结果评价（Product Evaluation）。该模式的基本观点是：评价最重要的目的不在证明，而在改进。它主张评价是一项系统工具，为评价听取人提供有用信息，使得方案更具成效。因此，该模式成为"过程性评价"中最为经典的模式。

综合上述课程评价的关键因素，研究者将调研内容设定为如下两个方面：

（1）从整体的角度，以模糊提问的方式来考查学生对特色课程的"总体"认同度。

（2）从局部的角度，考查学生在课程学习过程中，对"目标""方式""过程""效果""反思"5 个子维度的认同度。

3. 调查工具和研究思路

（1）研究工具

本研究采取的研究方法是问卷调查法和访谈法。

表2　北京师大二附中多元化课程学生认同度调查问卷设计维度

一级指标	二级指标	题号
总体	班级整体状况是否与特色称号对应？	0
	特色课程是否促进个性化发展？	1
目标	学生明确自己的任务	2
	对学习的内容有兴趣，有强烈的求知欲	3
	具备必要的知识准备	4

续表

一级指标	二级指标	题号
方式	体现学生的主体地位	5
	能采用有效的学习方式，掌握学习方法，学生在探究学习中能发现、提出问题	6、7
	能利用已有的知识和经验建构新知识	8
过程	参与状态：主动参与学习的态度、广度、深度	9
	交往状态：和教师、学生之间的多向交往、信息沟通的程度	10、11
	思维情绪状态：敢于发表见解，保持适度的紧张和愉悦	12、13
效果	知识技能：根据课程目标，学生对有关知识、技能学习的目标达成度	14
	方法能力：学生通过参与教学活动，科学探究能力、合作能力、实践创新能力的发展和提高	15、16、17
	情感态度价值观：学生对学习的兴趣和自信，正确的学习态度和良好的学习习惯，学生的情感态度以及个性品质的发展情况	18、19、20、21、22
反思	是否及时发现学习中的问题？	23
	是否选择适合自己的学习方法，在解决问题中学习？	24
	在课程学习过程中有哪些具体的收获？个性是否得到发展？	25

（2）研究思路

课题组首先借助于统计分析软件对回收的问卷进行数据录入，随后对已有数据进行全面的量化统计分析。在前期数据分析的基础上，根据客观调查结果，找出各类课程所存在的优势，并探寻可能存在的不足；结合各类课程专业教师团队的访谈资料，对可能存在的原因进行探讨；最后，适当地归纳出有关结论，并对此次调研所反映出的一些现象提出有针对性的政策建议。

4. 调查结果

（1）北京师大二附中多元化课程获得了学生普遍性的认可

(2)针对"文实""理实""项目""数字""社科"五大课程

五大课程的总体认同度得分均值为 4.27 分(即 4＜M＜5,位于"比较认同"和"完全认同"之间),学生选择"接受＋比较认同＋完全认同"的百分比为 93.15％,可以明显看出:大部分学生对学校多元化课程的认同度比较高。

(3)针对"舞蹈""合唱"两大艺术课程

两大艺术特色课程的总体认同度得分均值为 3.36 分(即 3＜M＜4,位于"接受"和"比较认同"之间),共有 78.6％的学生选择"接受＋比较认同＋完全认同",这在一定程度上说明将近 8 成的学生对学校艺术特色课程持认可的态度。

(4)北京师大二附中多元化课程呈现出显著性的改革成效

A. 注重"目标"引领

五大课程在"目标"维度认同度的平均值为 4.02(即 4＜M 目标＜5,位于"比较认同"和"完全认同"之间)。多元化课程遵循"基于学生差异"的课改理念和宗旨,紧扣"目标",在提升学生学习兴趣的同时,激发学生强烈的求知欲望,促使学生"目标"更为明确,大部分学生的自主性得到进一步引导和强化。

B. 关注"过程"状态

五大课程在"过程"维度上的均值得分都超过了 4 分。"过程"维度认同度的平均值为 4.13(即 4＜M 过程＜5,位于"比较认同"和"完全认同"之间)。多元化课程能够在比较广泛的层面吸引学生的注意力,关注"过程",使得学生在参与、交往、思维情绪等方面均处于积极的状态。

C. 追求"效果"提升

五大课程在"效果"维度认同度的平均值为 4.1(即 4＜M 效果＜5,位于"比较认同"和"完全认同"之间)。多元化课程能够满足大部分学生的需求,促使学生在知识技能、方法能力、情感态度价值观等方面实现全面提升,课程实施"效果"显著。

D. 强调"全面"发展

"舞蹈"与"合唱"在"方式""过程"和"效果"维度上,基本上超过

85%的学生选择"接受＋比较认同＋完全认同"。多元化课程中的艺术课程强调学生的积极参与和互动，通过在课程中提供大量美的体验和美的创造，激发学生自我追求的欲望。艺术课程审美化改造促成了学生艺术素养的全面发展。

(5)北京师大二附中多元化课程存在局部需要完善的方面

五大课程在"方式"维度认同度的平均值为 3.946，在"反思"维度认同度的平均值为 3.872(即 4＜M＜5，位于"接受"和"比较认同"之间)。因此，学生在"方式"和"反思"维度上给出的认同度得分都不是特别理想。

这反过来从侧面提示学校特色课程的设计团队，在后期对多元化课程的完善中，教师需要引导学生积极采取探究式的方式进行学习，善于发现并提出问题，增强学生利用已有的知识和经验建构新的知识的意识，进一步发挥学生学习的主动性；与此同时，适时地引导学生在阶段性学习之后，学会对学习中的不足进行反思，养成反思的习惯，鼓励学生通过自我调整学习策略以更好地习得知识，进而促成学生的真正成长和发展。

5.反思与提升

调查结果充分显示：北京师大二附中多元化课程得到了绝大部分学生的认可。学校课程改革的成果是值得高度肯定的！实践证明，北京师大二附中特色课程普遍满足了学生多元化的需求，学生在知识技能、方法能力等方面获得全面发展的同时，他们的精神面貌愈加积极、健康。与此同时，学习方式和手段的丰富促使学生学习的自主性得到进一步提升。尽管如此，学校始终将课程的持续改革与推进视为学生全面成长和学校永续发展的原动力。专业教师团队在课程设计、管理和实施等方面不断进行研究、调整和完善，并邀请相关领域专家学者给予指导和论证，以期用最佳的策略和方式促进学生综合素质的提升。

诚然，课程改革是一项整体的、复杂的、系统的基础教育建设工程。在课程实施的具体过程中，由于时间、空间、校内外环境、教育教学经验、软硬件设备等影响因素的客观存在，学校在课程改革中必然会面临诸多的困难和挑战。但是，基于课程改革是一种教育思想和课程范式转型的过程，这就要求教师团队不仅需要有强劲的专业话语的声音，更需要在实践中不断变革思维方式，打破瓶颈，大胆地进行尝试。当前，学校结合新时期高中教育发展的诉求，积极探索开发"大学先修课程""研究性课程""自主研修课程"等，并在全校范围内广泛开展"艺术课程改革"，在"教"与"学"方面不断探索创新。

随着时代的发展，高中教育的课程在当前"多元化"的氛围和基础上，如何进一步达成课程的"个性化"，为每一位学生的成长提供发展空间——这是一个值得持续深入钻研和探讨的课题。

第四节　面向未来的自主课程建设

一、新的教育改革带来的新挑战

在全校师生的共同努力下，我校的资助课程改革取得了阶段性的成果。实践证明，适合的就是最好的。通过自主招生选拔出的文科实验班学生志向明确、兴趣浓厚、具有适合文科学习的潜能，在施以科学有效的培养之后，其内在学习动机更容易得到激发，学业水平提升空间很大。因此，尽管文科实验班的中考平均分与我校统招录取分数线基本持平，但经过师生三年的共同努力，其高考平均分始终位于北京市第一名。优异的高考成绩得到了学生、家长和社会的普遍认可，为文科实验班课改实验的顺利实施提供了充分保障。

与此同时，我们也必须看到，社会环境的变化和教育改革的推进不断在向学校提出新的课题和更高的要求。2001 年 6 月，教育部发布了《基础教育课程改革纲要（试行）》和义务教育阶段各学科课程标准，新课程改革进入实验阶段。2007 年，教育部办公厅印发《关于 2007 年推进普通高中新课程实验工作的通知》，决定北京、湖南、黑龙江、吉林和陕西省全面进行普通高中新课程实验。2010 年，国家和北京市的中长期教育改革和发展规划纲要（2010—2020 年）相继颁布实施，明确提出全面提高普通高中学生综合素质，深入推进课程改革，全面落实课程方案，推动普通高中多样化发展，鼓励普通高中办出特色。我校也正在这样的背景下，开始了对自主课程建设的探索。

2014 年 9 月，国务院公布《关于深化考试招生制度改革的实施意见》，提出到 2020 年基本建立中国特色现代教育考试招生制度，形成分类考试、综合评价、多元录取的考试招生模式。2014 年 12 月，教育部公布《教育部关于普通高中学业水平考试的实施意见》《教育部关于加强和改进普通高中学生综合素质评价的意见》，"学业水平考试"和"综合素质评价"提出实施指导意见。为落实教育部公布的《教育部关于普通高中学业水平考试的实施意见》和《教育部关于加强和改进普通高中学生综合素质评价的意见》，北京市将从 2017 年秋季起开始实施高中学业水平考试，从 2018 年起落实高中招生考试改革，推进高等学校考试招生改革，从 2020 年起，调整统一高考科目，探索普通高等院校基于统一高考和高中学业水平考试成绩、参考综合素质评价的多元录取机制。到 2020 年，北京市高考考生总成绩由统一高考的语文、数学、外语 3 个科目成绩和高中学业水平考试 3 个科目成绩组成。统一高考的语文、数学、外语三个科目分值不变，不分文理科，外语科目提供两次考试机会；计入总成绩的高中学业水平考试科目，由考生根据报考高校要求和自身特长，在思想政治、历史、地理、物理、化学、生物等科目中自主选择。

高考对高中教育有着直接的引导作用，此次大规模的高考改革对普通高中的办学也必将产生深远的影响，对我校而言同样如此。新高考改革体现了对学生个性化发展、基础性与综合性素质发展的高度重视。我校的自主课程建设与新高考改革所体现的精神和价值诉求具有一致性，这为我校在新形势下的发展打下了坚实的基础；另外我们也应当看到，学校在新高考改革背景下面临新的挑战。

（一）课程设置上的挑战

在新的高考改革背景下，学生在高考科目上将获得更大的自主选择权，学生的自主化、多样化选择会直接导致学生学习课程的多样化需求，多样化、有特色的学校课程体系成为一种必需。根据新高考改革的要求，学生一方面必须参加所有科目的高中学业资格考试，因此学校需要提供全面覆盖的基础课程，另一方面由于学生可以自主选择3门选考科目，并有可能可以自主选择在哪个阶段完成考试，因此在不同的科目、不同的年级阶段，学生的学习需求变得非常多样。在这样的背景一下，建立一种符合学校自身实际情况的课程体系，不再只是一项"锦上添花"的工作，而变成了一种适应新高考规则的必须。我校进行的自主课程建设，有利于我们更好、更快地适应学生对这种多样化、个性化课程的需求，但要完全适应新高考对学校课程设置的要求，还需要我们在现有的自主课程建设成果基础上，根据北京市对于新高考改革的具体政策，进一步变革、完善我校的课程体系。

(二)教学组织形式上的挑战

新高考改革中，学生除了必考科目，在3门选考科目中选择的科目会有不同，原来的一个班教授同一门学科的方式将改变。学生根据自己选择的科目上课，走班将成必然。同一科目有的学生会将其作为选考科目，有的学生则会将其作为学业水平考试科目。选择权一旦交给学生，课程的组合必然多种，这就迫使学校要创建符合学校实际情况的课程体系，推行新的教学组织形式，以此配合课程的多样化实施，满足学生的个性化需求。如何结合我校的自主课程建设，进一步完善我校的教学组织形式，使之满足即将到来的新高考对学校课程教学的需要，是我校未来自主课程建设需要面对的新课题。

(三)师资上的挑战

新高考改革在师资上带来的挑战，首先反应在学校层面的师资匹配上。随着课程设置和教学组织形式的变化，由于学生在学习科目的阶段和难度上自主权的增大，学校很难再像以前一样精确匹配学校各个科目的师资资源，学生的课程选择和学校的师资配置会出现不匹配的问题。这需要学校在学校管理、课程设置、教学组织等方面探索更为灵活的解决问题的方式。新高考改革在师资上带来的挑战还会直接反应在教师个人能力上。教师只有真正成为"学习型、研究性"教师，才能够满足学生更加多样化的需求，满足新高考改革对教师在学科教学、师生交往、学生评价等方面的要求。

（四）学校管理上的挑战

学校管理涉及学校工作的方方面面，我校提出人本和谐的管理理念和制度先行的管理策略，这在我校的整体发展和学校的自主课程建设中都发挥了巨大的作用。但随着新高考的来临，学校进一步的课程和教学变革势在必行，这对学校优化学校内部的治理结构、变革学校内部具体的管理制度提出了迫切要求。在这样的背景下，我们需要在我校人文、自主的办学理念引领下，在坚持人文和谐的管理理念的基础上，积极探索适合新的课程设置、教学组织形式下的一系列具体的管理制度。

我校对自主课程建设的探索，是伴随整体的教育改革应运而生的，作为"更好未来"的自主课程建设，必须把握和顺应我国教育改革的脉络和趋势，迎接挑战，并以自己独有的方式对教育和时代的需要做出回应。促进学生全面有个性的发展，代表了教育改革的发展方向，符合教育本身的基本规律。可以看到，我校顺应教育改革需要展开的自主课程建设，在价值诉求和精神气质上，与新高考改革具有内在的一致性。这种内在的一致性，为学校在新形势下的稳步、健康发展奠定了坚实的基础，使我们对学校未来的发展、对自主课程建设的进一步深入开展充满了信心。

二、未来自主课程改革的空间

新高考改革给学校的工作提出了新的要求和新的挑战，同时也为学校未来的工作指明了方向。我们要在坚持我校人文、自主的核心教育理念的前提下，在已经取得阶段性成果的自主课程建设的基础上，进一步深化学校的课程改革，满足新形势下社会、家长、学生对学校的期待。

（一）结合当前课程结构，建立更加灵活、多样的课程体系

经过 6 年的探索、实践，目前我校已经形成为了以国家课程（学科领域）、学科拓展类校本课程和综合实践类校本课程三类课程为核心的"6＋1＋1"的宏观课程结构，努力促进学生全面而有个性的发展。从我们的实践结果来看，这一课程体系得到了社会和家长的高度认可，从2014 年 9 月教育部公布的《关于深化考试招生制度改革的实施意见》中传达的新高考改革精神来看，我校的课程改革思路是符合我国中等教育改革的发展趋势的，并且体现出一定的前瞻性。

新高考改革中一个重要的变化是增大了学生对考试科目的自主选择权，并且这种自主选择是必需的。这种变化反映到学校的教育工作中，就是学生对课程的自主选择权加大。在我校目前的课程体系是与现阶段的高考制度对接的，尽管我们尽可能的帮助学生实现个性化发展，但可以看到，以国家课程的行政班统一授课仍然占据了绝大部分的比重，学生的自选课程只是作为一种可能性，所占比例较小。要使我们的课程体系符合即将到来的新高考改革的要求、符合学生更为个性化的发展的需求，我们就需要在目前"6＋1＋1"的宏观课程结构基础上，逐渐探索、发展出一种更为灵活、多样的课程体系。新高考改革一方面要求学生完成普通高中学生学业水平考试，要求学生的全面发展，另一方面在高考中，学生可以自主选择3门选考科目，甚至有可能可以自主选择在哪个学习阶段完成考试，极大地增强了学生的自主选择权。中国教育学会钟秉林会长指出："中小学要打破以教师和学科为中心的传统教学模式，优化课程体系，更新教学内容；要关注基于互联网的教育技术和教学方式带来的变革，结合学校实际情况，创造性地探索参与式教学、探究式学习、'翻转课堂'等新的教学模式和学习方式，重视培养学生的独立思考能力、问题意识和创新精神。"[①]

我校目前的课程体系虽然为学生在各个学科上的差异化学习需求留有了余地，但仍然难以应对新高考背景下的这种学生学习需求的全面差异化。要满足学生在不同学科、不同阶段的个性化学习需求，有赖于我们在当前"6＋1＋1"的课程结构基础上继续探索，发展出一套更为灵活、多样的课程体系。

(二)深化对教学班教学的实践探索，优化完善行政班与教学班上课的比例

课程组织形式服务于课程本身，课程结构的变化也需要课程组织形

---

①　钟秉林．中小学要应对高考招生制度改革的新挑战．中国教育学刊，2015(3)：卷首语．

式的相应更新。从当前来看，为了满足我校"6＋1＋1"的宏观课程结构的需求，我校的课程组织主要分为按照行政班上课(对应国家课程)、按照教学班上课(学科拓展类校本课程)以及按照社团、课题组、教学班或其他的组织行式进行活动(对应综合实践类校本课程)三种形式。

应当说，与传统的统一按照行政班上课相比，我校的课程组织在一定程度地打破了行政班统一上课的"一刀切"的方式，尊重学生在不同学科上的学习兴趣、学习深度的差异化需求，取得了很好的教学效果。但与此同时也可以看到，目前我校的教学组织仍然是以行政班上课为主，学生在自己行政班的统一上课占据了绝大部分的比重。随着新高考改革的推进，学生在学科学习上的差异化需求会有显著的增加。除了语文、数学、外语三门高考必考科目，学生可以自主选择 3 门选考科目，甚至可以选择在哪一阶段完成选考科目的考试，这无疑使得学生在学习哪些科目、具体科目的学习深度乃至具体科目的学习进度上出现了差别，以统一的行政班授课为主的教学组织形式显然难以满足这种广泛的差异化需求。华东师范大学教授霍益萍认为："新的考试招生方案要求每个学生选择三门学科作为等级考试成绩列入高考总分，可以纯文纯理，也可以文理兼备。选择权一旦交给学生，课程的组合必然多种，这就迫使学校一要创建校本的课程体系，二必须推行新的教学组织形式，以此配合课程的多样化实施，满足学生的个性需求。由此，之前在学校层面很难推进的课程多样化和学分制、分层教学、走班制、跨班跨年级选课等教学组织形式，就有了实施的现实需要，相信这些举措一定会很快在各高中学校普遍推行，并成为高中学生健康成长的支撑。"[1]钟秉林先生也指出："高考改革将带动中小学教育改革。比如，'考哪门学哪门'的模式行不通了，中小学要积极尝试选课制、分层教学、分组教学、走班教学等模式。过去一些学校在这方面有所探索，今后可能成为常态。"[2]

我校一直坚持、推广的教学班上课的形式，正是这里所说的走班教学、分层教学的一种实践形式。为满足新高考的要求，我们需要将课程

---

① 霍益萍 . 理性看待高考改革对普通高中教育的影响 . 文汇报，2014-09-20.
② 钟秉林 . 高考改革对学生有何影响 . 光明日报，2015-03-15.

组织形式改革与学校课程结构的进一步调整结合起来，改变目前行政班教学为主导的课程组织模式，进一步扩展对教学班上课的实践探索，结合学校自主课程改革，逐步扩展教学班上课的适用范围，优化完善行政班与教学班上课的比例，适应学生更为个性化的学习需求。

（三）进一步提升教师队伍水平，促进教师综合素质提升

我校一直非常重视学校师资队伍建设，一直致力于建设一支高素质、专业化、有特色、创新型的教师队伍。在学校队自主课程建设的探索过程中，我们始终坚持把教师的专业发展作为推进学校课程改革的重要力量，同时我们通过项目团队建设、教师校本研究等形式，积极搭建平台、提供环境，使教师能够积极投入到学校的课程改革之中，并在这一过程中使其专业知识、专业技能、专业情意等方面都获得提升和成长。

面对新高考，我校需要一如既往地鼓励、支持教师的成长，结合新高考对教师工作提出的新要求，对教师的专业发展给予引导。钟秉林先生指出："应对高考招生制度改革带来的新挑战，关键是教师队伍整体水平的改善和教师综合素养的提升。中小学要认真研究教育教学改革的新趋势，调整教师队伍建设的思路和重点，修订教师队伍建设规划；要重视和加强校本培训工作，推出切实可行的举措和措施，提高教师的能力、水平和综合素养，尤其是要重视提高教师发现学生特长和潜力、指导学生选课和规划学习生涯的能力。"[①]

在师资队伍建设方面，我们要尤为重视教师以下几个方面能力的培养。第一，课程开发能力。有研究指出，尽管在新高考的推动下，很多学校进行了课程改革，但教师课程开发能力、课程理解能力上的不足已经成为限制学校课程改革的因素之一，教师在理解、选择、规划、编制、整合、实施以及评价课程的能力上有待进一步提升。[②] 新高考改革

---

① 钟秉林．中小学要应对高考招生制度改革的新挑战．中国教育学刊，2015(3)：卷首语．

② 黄晓，李春密，黄端文．浙江省普通高中选修课程开发与实施的成绩、问题与建议．教师教育研究，2015(2)：60-66，98．

必将促使我校自主课程建设的进一步推进，教师是推进课程改革的重要力量。教师需要在深入理解我校人文、自主的核心教育理念的基础上，结合新高考对学校课程的要求，提升自己的课程开发能力。第二，学科教学中满足学生多样化需求的能力。在新高考的背景下，不同学生对教师教授的某一学科在学习的深度上会产生不同需求，教师需要在不同的班级中满足学生的这种差异化需求。第三，师生交往能力。由于教学组织形式变化，走班制将改变教师和学生原有的关系模式和交往方式，教师需要在这种新的交往方式中寻找到与学生良好交流、有效开展教育活动的感觉和方法。第四，学生评价能力。这一方面是在学生个性化发展空间显著增大的背景下，教师需要具有对学生个性、特长、兴趣、潜力进行评估的能力，以便队学生的个性化发展提供积极的引导，另一方面是教师需要根据新的改革要求，完成对高中学生的综合素质评价，作为高校招生的参考因素。

（四）在人本和谐的理念引导下进一步优化学校具体管理制度

在学校管理上，我校一直倡导以人为本，坚持人本和谐的管理理念，力求实现"德治"与"法治"的结合，增强学校的精神凝聚力，激发师生的工作和学习热情。这种人文管理的理念与我校人文、自主的办学理念是一脉相承的。为配合自主课程建设的实施，我校一直在探索包括教学班与行政班分离在内的多种新型管理制度，收到了很好的效果。

新高考改革将带来学校在课程设置、教学组织等多方面的变革，教学班教学、分册教学将被更加广泛地应用，甚至成为一种常态，这些变革的实施，都对与之相匹配的管理制度提出了迫切的需求。面对即将到来的新高考改革，我们需要本着以人为本的管理理念，坚持以教师为本、以学生为本，立足于新高考对学校变革的需要，积极探索适合于广泛的教学班教学、分层教学、分组学习、选课制等新学校将要面临的新情况的具体管理制度，适应新形势下学校发展对管理工作提出的新要求。